Jost Müller-Bohn · Der Choral von Leuthen

Jost Müller-Bohn

Der Choral von Leuthen

Preußen-Saga

Band 2

JOHANNIS LAHR

Die Deutsche Bibliothek – CIP-Einheitsaufnahme

Müller-Bohn, Jost:
Preußen-Saga/Jost Müller-Bohn. – Lahr : Johannis
Bd. 2. Der Choral von Leuthen. – 1995
(TELOS-Bücher ; 2369 : TELOS erzählendes Paperback)
ISBN 3-501-01245-4
NE: GT

ISBN 3-501-01245-4

TELOS-BÜCHER
TELOS-Erzählendes Paperback 72 369

Umschlagbild: Friedrich II. in der Schlacht bei Zorndorf am 25. August 1758 (Ausschnitt). Kopie eines verschollenen Gemäldes von Carl Röchling (1904) von Joachim Tietze, 1991 © Bildarchiv Preußischer Kulturbesitz, Berlin
Gesamtherstellung:
St.-Johannis-Druckerei, 77922 Lahr
Printed in Germany 11880/1995

Inhalt

Ausmarsch aus Berlin

Seit Mitte August war in Preußen für alle Infanterie- und Kavallerieregimenter erhöhte Alarmbereitschaft angeordnet. Tagtäglich kamen neue Rekruten zu den Kompanien, die Freiwächter wurden ins Regiment zurückbeordert.

In den letzten Tagen segelten mit Kanonen und Proviant voll beladene Schiffe und Lastkähne auf der Spree flußabwärts in Richtung Süden.

Berlin erlebte noch einmal einen erdrückenden Hochsommertag. Bei Sonnenuntergang waren die Ziegel auf den Dächern noch immer glutheiß.

Hinter den streng bewachten Toren und Mauern der preußischen Garnisonsstadt hallten die Schritte und das Rufen der Patrouillen sowie der Offiziersronden durch die nächtlichen Straßen.

Im Quartier des Sergeanten Hermann Wuttke schnarchten die Musketiere Reinhold Friesicke, Leo Tafelski und Heinz Zittelmann nach den anstrengenden Übungsdiensten des vergangenen Tages. Alexander Blankenburg aber war schon kurz nach Mitternacht erwacht und konnte nicht wieder einschlafen. Noch immer lag bleierne Schwüle in dem niedrigen Raum. Unruhig wälzte sich der Pfarrerssohn hin und her, bald streckte er das linke, bald das rechte Bein unter der leichten Decke hervor. Gedanken über Gedanken reihten sich aneinander und jagten durch sein Gehirn. Je mehr er sich Mühe gab, um wieder in den Schlaf zu kommen, desto wacher wurde er. Er dachte an die vergangenen Wochen, an die überraschende Begegnung mit Fräulein von Priegnitz, an ihren Brief und an das ihm übersandte Medaillon. Immer wieder hatte er das kostbare Schmuckstück geöffnet und sich das liebe Antlitz seiner ihm zugeneigten Jeannette angeschaut, sie in Gedanken ans Herz gedrückt und das herrliche Miniaturportrait geküßt. Noch immer klang ihm ein Lied aus vergangenen Zeiten im Ohr:

»Sag mir, wo die Liebe wohnt,
mein junger Gardeoffizier,
sag mir, wo die Sehnsucht thront,
ach Liebster, sag es mir.«

Jeannette hatte ihn aber auch mit Vorbedacht in die preußische Armee gelockt und dabei in ihm die Hoffnung geweckt, daß er bald, Sprosse um Sprosse erklimmend, die Höhe der Offizierslaufbahn erreichen könnte. Statt dessen war er in die gnadenlose Maschinerie des preußischen Drills geraten.

Nach dieser bitteren Ernüchterung war ihm bewußt geworden, daß er niemals Offizier, geschweige denn Gardeoffizier werden könnte. Trotzdem fühlte er sich nach ihrem eindeutigen Liebesgeständnis von der Anmut und dem Charme ihres Liebreizes erfüllt und durchdrungen.

Jetzt, mitten in der Nacht, vernahm er aus der Ferne das dumpfe Grollen eines nahenden Gewitters, das grelle Wetterleuchten wurde immer intensiver. Die schwüle, feuchtwarme Luft hatte ihre höchste Konzentration erreicht. Mit stärker werdendem Getöse zog ein mächtiges Unwetter heran. Blitze durchzuckten den hohen Himmel über Berlin, blendendes Licht erhellte immer wieder in Sekundenschnelle die kleine Schlafkammer der preußischen Soldaten. Ein sintflutartiger Wolkenbruch ging auf die heißen Dächer und Mauern der Stadt hernieder. Der scharfe Wind riß die Fenster auf. Dann begann es heftig zu prasseln. Kirschkerngroße Hagelkörner flogen auf das Kopfsteinpflaster und die Dachziegel. Endlich entlud sich ein schon vor Wochen erwarteter Regen über Stadt und Land.

Bei einem besonders kräftigen Blitzschlag schreckte Heinz Zittelmann hoch.

»Donnerlittchen!« rief er. »Was ist los?«

»Ein Gewitter ist das. Jetzt gibt es frische und gereinigte Luft. Schlaf weiter, Heinz«, beruhigte ihn Alexander.

Grunzend legte sich Zittelmann auf die andere Seite und schlief schnell wieder ein. Bald ließ der Schauer nach, es hörte auf zu regnen. Alexander schlummerte langsam wieder ein.

Schwer ging der Atem der beiden Schläfer in der stickigen Zimmerluft. Die kräftigen Glockenschläge der Stadtkirche erklangen dreimal.

Plötzlich dröhnte ein Schwall von unzähligen Trommeln in der ganzen Stadt. Sergeant Wuttke sprang aus seinem Bett. Draußen riefen Offiziere und Unteroffiziere: »Alarm! Alarm!« und schlugen mit ihren Spontons und Piken gegen die Haustüren. Durch alle Straßen der Stadt konnte man es hören: »Alarm! Alarm!«

Wuttke klopfte an die Türen der Soldaten: »Aufstehen, Ihr Kerls, aufstehen und fertigmachen!«

Die Soldaten griffen nach ihren Kleidern. Zittelmann saß noch einige Sekunden auf der Bettkante und kratzte sich am Hinterkopf: »Weeßte wat . . ., jetzt werden wir für längere Zeit keen richtiges Bett mehr zu Gesicht bekommen!«

Auch im Nebenraum rumorte es bereits. Schnell sprangen Reinhold und Leo aus den Betten. Die Soldaten drehten sich gegenseitig die Zöpfe, die Stiefeletten wurden zugeknöpft und darüber der blaue Rock angezogen. Alexander hängte sich behutsam das goldene Medaillon von Jeannette um den Hals.

Heinz grinste: »Ja, ja, Junge, Junge, vergiß die Liebe nicht.« Dann ging er an seinen Schrank, holte ein Stück Brot und eine harte Dauerwurst heraus. Stehend aß er gierig einige Happen. »Ein guter Magen kann allet vertragen, nur keene Eile«, er verschluckte sich und begann mächtig zu husten.

Sergeant Wuttke steckte schon wieder den Kopf in den Türrahmen: »Schockschwerenot, – seid Ihr Kerls immer noch nicht fertig? Der Feind wartet nicht, bis Ihr satt seid. Vorwärts! Raus mit Euch zum Abmarsch!«

Flink schnallten sich die beiden ihre weißen, breiten Säbelgurte um, dann wurden Patronentaschen mit je sechzig Schuß Munition über die linke Schulter geworfen.

»Schwer wie Blei macht bleich und frei«, fabulierte Heinz schon wieder. Dann wurden die Tornister übergeschnallt, sie waren mit Wäsche und anderen Utensilien vollgestopft, was man eben beim Marsch und im Krieg brauchte. Zuletzt kam noch eine Feldflasche aus Metall zu dem übrigen Gepäck. Das Gewehr wog allein schon achteinhalb Pfund. Trotzdem begann Heinz Zittelmann leise vor sich hinzusingen:

»So leben wir, so leben wir, so leben wir alle Tage . . .«

Alexander stöhnte: »Ich muß schon sagen, eine ungeheure Last für alle Tage.«

Prompt antwortete Heinz: »Erst trag die Last, dann kommt die Rast. Marschieren wollen sie alle, nur fressen will keener!« Sein Mundwerk stand selten still.

Im Vorraum prüfte Wuttke beim Schein eines Talglichtes den Sitz der Uniformen, der Waffen und des Gepäcks. »He, Tafelski«, schrie er den Polen an, »Ihm liegt wieder der Puder pfundweise auf der Schulter. Ordnung und Sauberkeit waren wohl nie seine Taufpaten, wie?« Er klopfte ihm mit der flachen Hand die weiße Spreu von der Uniform.

Soldaten der bekannten Stadtregimenter rannten auf der Straße in verschiedene Richtungen und schleppten große Gepäckstücke mit sich. Bei manchen Ausländern herrschte trotzdem freudige Erregung, denn endlich war der langweilige Garnisonsdienst vorüber. Darüber hinaus schien ein leichtes Landsknechtsleben sehr verlockend zu sein. Gar manches fragwürdige Abenteuer wartete nun auf sie. Viele Ausländer, die man wie Alexander in die Armee gepreßt hatte, dachten an die verschiedenen Fluchtmöglichkeiten beim Marsch durch Feindesland oder aber auch während des Getümmels einer Schlacht.

Die arme Frau Wuttke fiel ihrem Mann zum letzten Mal um den Hals und weinte bitterlich.

»Nur keine Weichlichkeiten, Frau Sergeant!« herrschte der drahtige Preuße seinen Ehegemahl an, »Sie heult ja wie ein jüdisches Klageweib! Haltung, Frau Wuttke! Wenn der König ruft, müssen alle anderen Dinge zurückstehen, hat Sie verstanden?«

Frau Wuttke nickte und schluckte heftig, während ihr die Tränen über die Wangen liefen. »Gott behüt dich, mein herzensguter Mann«, brachte sie gequält über ihre Lippen. Vom Leid geschüttelt, sah sie ihm nach, wie er mit seinen vier Musketieren in der Dunkelheit verschwand.

Von allen Seiten marschierten Gruppen und Abteilungen heran und nahmen in der Krausenstraße Aufstellung.

»Siehste, det sind alles Männer von's Regiment ›Donner und Blitz‹«, sagte Zittelmann, »so nennt man die Soldaten des Regiments Itzenplitz.« Er machte mit seiner Rechten ein zuckende Abwärtsbewegung: »Die kommen alle wie een Blitz aus heiterem Himmel und dienen König Fritz auf seinem großen Schimmel.« Stolz auf sein dichterisches Talent, tippte sich Heinz auf die Brust.

Das Regiment hatte zwölf Kompanien zu je einhundertfünfzig Mann. Junge Bräute und Frauen, Väter und Mütter und auch Großeltern standen dicht gedrängt bei den abmarschbereiten, jugendlichen Männern. Sie umarmten und küßten einander. Man hörte ein lautes Schluchzen und auch Zurufe, die irgendeinem guten Bekannten oder Verwandten galten.

Junge Bräute und Frauen, Väter, Mütter und auch Großeltern standen dicht gedrängt bei den abmarschbereiten Männern.

Familienvater Friesicke stand bei seiner Frau und seinen Kindern. Im Vergleich zu anderen mußte Alexander bei ihnen feststellen, daß die beiden, die ebenso unter dem Abschiedsschmerz litten, diese letzten Minuten vor dem Abmarsch irgendwie gefaßter und getragener erlebten. Alexander, der ziemlich einsam in der Menge verharrte, hörte, wie Reinhold seine Frau tröstete:

»Mein Liebes, sei ganz getrost. – Gestern, ehe ich mich zu Bett legte, las ich in der Heiligen Schrift das teure Gotteswort: ›Wenn auch tausend fallen zu deiner Seite und zehntausend zu deiner Rechten, so wird es doch dich nicht treffen, denn er hat seinen Engeln befohlen, daß sie dich behüten auf allen deinen Wegen, daß sie dich auf den Händen tragen und du deinen Fuß nicht an einen Stein stoßest‹«. Er umarmte seine Frau, die das kleinste der Kinder auf dem Arm trug: »Der Herr segne dich und behüte dich, mein allerliebstes Weib. Ich werde immer an dich denken und täglich für euch beten.« Er legte seine Hand jeweils nacheinander auf die Köpfe seiner Kinder: »Gott lasse sein Angesicht leuchten über euch und gebe euch Frieden.« Noch einmal küßten sie sich.

Alexander war gerührt von dieser Abschiedsszene und den glaubensstarken Worten, die er so deutlich mithören konnte.

Jetzt wurde der Marsch geschlagen, die Trommeln grollten, die Querpfeifen fielen ein. Überall hörte man Kommandorufe. Das ganze Regiment setzte sich in Marsch.

Umgeben von mitlaufenden Bürgern der Stadt, von Soldatenfrauen und Kindern, die heulend und schreiend die Truppe noch eine kleine Strecke bis zum Spitalmarkt begleiteten, gelangte die Kompanie zur Köpenicker Landstraße. In Reih und Glied marschierte man eine Weile an der Spree entlang, bis man im Morgengrauen das Köpenicker Tor durchquerte. Hinter dem Regiment zogen die Packpferde der Offiziere. Jede Kompanie hatte einen Munitionswagen, der von vier Pferden gezogen wurde, und einen Brotwagen. Die Ladungen der Pferdewagen waren mit Planen abgedeckt, worauf jeweils der Name des Regiments in Verbindung mit dem Namen des Eigentümers gemalt war.

Leo Tafelski, der neben Alexander marschierte, blickte finster drein.

»Leo, nimm's nicht so schwer, jede Kugel trifft ja nicht«, tröstete dieser ihn. »Hast du eigentlich mal von Ella etwas gehört?«

»Ja, is sich wiedergekommen – is sich hier bei den Marketenderinnen.«

»Wie? Uns begleiten Frauen und Mädchen?«

»Hat sich Oberst für jede Kompanie zehn Frauen gelassen, für waschen und Wäsche und stopfen und sonst dergleichen.«

»Na, Mensch, freust du dich denn nicht, wenn deine Braut mitmarschiert?«

»Weiß nicht, kriegen ein Kind, weiß ich nicht von wem? Haben Oberst nicht gesagt.«

»Junge, Junge«, fiel jetzt Heinz Zittelmann ein, »det sind ja Zicken, die deine Braut dreht.« Er zischte derweil durch die Zähne. Dann frotzelte er: »Ein schönes Weib ohne Zucht ist wie eine Sau mit einem goldenen Haarband. – Stimmt's Reinhold, det steht doch schon in de Bibel.« Provozierend blickte er zu Friesicke hinüber.

»Das ist auch wohl das einzige, was du aus der Heiligen Schrift kennst, wie?« konterte Reinhold. »Man sollte dem Leo lieber helfen . . .«

»Ruhe im Glied!« schrie Wuttke von vorn.

Das Gewitter in der Nacht hatte kaum eine Abkühlung gebracht. Um die Mittagszeit wurde die drückende Schwüle fast unerträglich. Zuerst hatten noch einige gesungen, dann aber verstummte einer nach dem anderen. Schweigend zogen die Truppen, in eine gelbbraune Staubwolke gehüllt, weiter. Mit der Zeit schien das umgehängte Gepäck zur Zentnerlast zu werden.

»Menschenskinder, ist det ne Sauerei. Een breiten Buckel hab ick ja, aber wat zuviel ist, det ist einfach zuviel«, stöhnte Zittelmann.

Während die Patronentasche rechts, sechzig Kugeln schwer, und der Felltornister, der die linke Schulter beschwerte, das Gleichgewicht des Körpers halten sollte, hatten die Männer bei der Länge des Marsches den Eindruck, von der mörderischen Last fast zu Boden gedrückt zu werden.

Bei dieser Hundshitze lief den Soldaten unter ihren Monturen der Schweiß über den ganzen Körper.

Alexander litt sehr darunter. »Ich habe einen entsetzlichen Durst«, keuchte er vor sich hin.

»Ja, ja, Durscht is schlimmer als Heimweh«, Heinz wischte sich mit der Hand ständig über die Stirn.

Nach vier Stunden erreichte das Regiment das kleine Städtchen Köpenick. Die erste Etappe war erreicht. Bei jedem Gehöft wurden dreißig bis fünfzig Grenadiere einquartiert. Sergeant Wuttke wurde mit seinen vier Männern und anderen Soldaten der Kompanie in einem bäuerlichen Anwesen untergebracht.

Der Bauer behauptete, nicht mehr allzuviel Vorräte von der letzten Ernte zu haben. Leutnant von Wartenberg schrie den verdutzten Bauern an: »Vorwärts, elender Geizkragen, öffne Er hier die Falltür. Für jeden Mann bekommt Er einen Groschen Essensgeld. Des Königs Soldaten müssen fürstlich bewirtet werden, sonst zieht er sich sofort den Uniformrock selber an und marschiert mit ins Feld!«

Vor Schreck erblaßt, holte der Bauer sofort den Schlüssel. Unter einer Falltür kamen herrliche Dinge zum Vorschein: Schinken, Wurst, Käse, Speck, schönes Brot und ein Fäßchen Bier. Wie ausgehungerte Wölfe fielen die Männer darüber her. Zunächst aber soffen sie wie durstige Pferde literweise Wasser, Milch und Bier. Als der Bauer sich noch einmal zu Wort meldete, brüllte

Unteroffizier Mengke: »Kanaille, schaffe Er alles her, was die Soldaten des Königs verlangen, sonst stöbern wir aus dem äußersten Winkel noch das Letzte hervor.«

Erschrocken sah der Wirt, wie die Soldaten Stroh herbeischafften und alle Fußböden damit bedeckten. Als er wieder reklamieren wollte, schrie der schiefnasige Mengke noch lauter: »Was will Er noch mehr? Er bekommt pro Soldat ein Groschentraktament, wenn Er sein liederliches Maul nicht halten will, lasse ich Ihn in Arrest setzen! Hat Er mich verstanden?«

Endlich gab der Bauer Ruhe.

Am Abend wurde der Truppe ein Extrablatt von beiden Berliner Zeitungen gebracht. Alexander als der Intellektuelle las den Männern in seinem Quartier den Text vor:

»Wir, Friedrich, von Gottes Gnaden, König von Preußen, Markgraf zu Brandenburg, haben Unserer Armee den Befehl zum Einmarsch in Sachsen gegeben, um dem Angriff der österreichischen Armee zuvorzukommen. Maria Theresia, Königin von Böhmen und Ungarn, hat einen Komplott aller europäischen Staaten gegen Preußen geschmiedet. Uns ist bekannt, daß diese Staaten zum Krieg gegen Preußen rüsten. Entlang der schlesischen Grenze liegen bereits Waffen- und Munitionsdepots der österreichischen Armee. Deshalb sind Wir gezwungen, den Krieg zu beginnen, bevor Österreich und seine Verbündeten ihre Aufrüstung beendet haben. Mit dem heutigen Tag marschiert die Preußische Armee in Sachsen ein.

So gegeben zu Berlin am 29. August 1756

Friedrich.«

Ein geworbener Ausländer aus Frankreich, der sich auch unter den dreißig einquartierten Männern befand, sagte: »Ja, ja, jetzt ist es wohl auch dem Dümmsten klar, wohin der König von Preußen uns führt, mit welcher Brutalität und Kaltschnäuzigkeit wir einfach durch Sachsen vordringen müssen, um die Österreicher anzugreifen. Das ist eine Frechheit, die ihresgleichen sucht. Macht geht eben doch vor Recht. Aber was kümmert den großen Fritz Recht oder Unrecht . . .«

Zittelmann unterbrach den Franzosen: »Det is im Leben ebenso. Jeder hat soviel Recht, wie er Macht hat. Also, haste die militärische Macht, so haste eben det Recht auf Erden. Det is der Lauf der Welt.«

Der Franzose, der nie einen Hehl daraus machte, bei bester Gelegenheit fliehen zu wollen, setzte noch hinzu: »Das bedeutet aber, daß das Recht des Stärkeren eben auch zum größten Unrecht unter den Menschen werden kann.«

Jetzt schaltete sich Sergeant Wuttke in das Gespräch: »Der König von Preußen ist das lebendige Gesetz seines Landes. Deshalb nennen ihn seine Bürger auch Friedrich den Großen.«

Wuttke blickte auf Reinhold Friesicke: »In des Königs Wort ist Allgewalt, und wer darf zu ihm sagen: ›Was machst du?‹ So steht's geschrieben, nicht wahr, Musketier Friesicke? Das hat Er mir doch einmal vorgelesen.«

Reinhold gab der Wahrheit die Ehre, indem er hinzusetzte: »Ja, es steht geschrieben: ›Den Königen ist Unrecht tun ein Greuel, denn durch Gerechtigkeit wird der Thron befestigt'. Gott allein weiß, ob dieses Wort auf Friedrich zutrifft.«

Der Franzose lachte hell auf: »Also doch ein Reichsfriedensbrecher.«

Friesicke setzte aber dann erklärenderweise hinzu: »Es steht aber auch geschrieben: ›Fürchte den Herrn und den König und menge dich nicht unter die Aufrührer!‹«

»Deshalb will ich ja auch weit fort von hier . . .«, lachte der Franzose, »so weit wie nur möglich.«

»Ruhe jetzt!« schrie Wuttke. »Für den König von Preußen zu arbeiten und zu kämpfen, ist unser aller Pflicht. Vor Gott haben wir es beim Fahneneid geschworen.«

Bald schliefen und schnarchten die erschöpften Musketiere auf dem frischen Stroh. Schon in aller Herrgottsfrühe standen die Kompanien wieder abmarschbereit. Auf allen Wegen und Straßen, die nach Süden führten, wälzten sich die Heersäulen der Preußischen Armee auf das Königreich Sachsen zu. Vier Gardebataillone und fünfundzwanzig Infanterieregimenter, darunter auch die vier Prinzenregimenter, Prinz von Preußen, Prinz Ferdinand, Prinz Karl und Prinz von Württemberg, befanden sich auf dem Marsch.

Über die sandigen Wege und Straßen stampften zigtausend Hufe der überaus farbenprächtigen Kavallerie, weiße, blaue, rote

Auf allen Wegen und Straßen, die nach Süden führten, wälzten sich die Heeressäulen der Preußischen Armee auf das Königreich Sachsen zu.

und grüne Husaren, hellblaue Dragoner und weiße Kürassiere. Das größte Aufsehen erregten die schwarzen Husaren, als sie, die schwarzen Pelzjacken über die Schulter gehängt, auf dem Kopf die verwegene schwarze Filzmütze tragend, mit dem abschreckenden Totenschädel und einem vollständigen Skelett mit der Aufschrift »Der ganze Tod«, an den marschierenden Blauröcken vorbei jagten. Diesem folgten die stolzen Angehörigen des Gardes du Corps, die weißen Leibröcke mit Kürassen aus blinkendem Eisen und Silber geschmückt. Die Armee des großen Königs zählte im August 1756 mit Infanterie, Kavallerie, Artillerie, Zimmerleuten und Pionieren 126 000 Mann.

Waren die preußischen Truppen am ersten Tag nur vier Stunden marschiert, so mußten sie am zweiten bereits zehn Stunden durchhalten, ehe sie nach zwei kurzen Pausen das verträumte Städtchen Fürstenwalde erreicht hatten.

Viele Soldaten waren am Ende ihrer Kräfte, einige brachen einfach zusammen, so daß sie auf die Packwagen gelegt werden mußten. Nachdem sie später den brennenden Durst gelöscht hatten, sanken sie in ihrem Quartier ins Stroh und schliefen sofort ein.

Erst am dritten Tag, nachdem die Truppen wieder acht Stunden marschiert waren, wurden drei Rasttage eingelegt. Der Marsch unter wolkenlosem Himmel war sehr kräftezehrend, zumal die Armee den Langstreckenmarsch noch nicht geübt hatte.

Die Bauern in der Umgebung stöhnten unter der militärischen Einquartierung. Obwohl die meisten Soldaten kaum noch ein Stück Kommißbrot bei sich hatten, waren manche Brotsäcke mit allerlei besseren Dingen prall gefüllt.

Leo Tafelski war der gerissenste Dieb. Keiner verstand es wie er, den Hühnern und Gänsen den Hals umzudrehen, um sie dann im »Habersack« verschwinden zu lassen. Sein Brotsack sah aus wie eine fetter Schmerbauch.

Jeden Abend hatte das Quartett aus der Krausenstraße seine »Geflügelmahlzeit«. Heinz und Alexander schüttelten, trotz des furchtbaren Gezeters der Bauern, von den überladenen Obstbäumen Birnen und Äpfel herunter. Nur Reinhold Friesicke beteiligte sich nicht an diesen »Plünderungsfeldzügen«. Als Christ aß er nicht einmal von dem Diebesgut mit, sondern teilte sich seine Portionen gut ein und fastete lieber mal. Später, als aus Berlin die Nachschubwagen anrollten, regulierte sich die Verpflegung von selbst. Tag um Tag zogen vier, manchmal auch sechs Pferde die Proviantwagen mit Lebensmitteln, Pulver, Gewehren, Kugeln und anderen militärischen Dingen. Jetzt gab es die beste Versorgung: Fleisch, frisches Brot und Wein dazu. Jede Mahlzeit war ausreichend und gut.

»Wie geht's?« fragte Alexander seinen Freund Heinz.

»Ach weeßte«, lächelte dieser, »ick will lieber die ganze Woche faulenzen, um mich dann wenigstens am Sonntag richtig ausschlafen zu können.« Er war und blieb der Spaßvogel der Kompanie, er verlor kaum einmal seine gute Laune.

Vom siebten bis zum dreizehnten Tag kamen die Infanterieregimenter über Guben, Spremberg und Hoyerswerda schnell voran, bis sie das letzte Örtchen auf einheimischen Boden erreicht hatten, wo die Soldaten in festen Quartieren untergebracht waren.

In Eilmärschen zogen die preußischen Regimenter durch Sachsen. Alle nach Süden führenden Wege waren von blauen Uniformen und hell aufblinkenden Grenadiermützen erfüllt. Das neutrale Sachsen galt aber schon als gefährdetes Gebiet, deshalb kampierten die Truppen von jetzt ab nur noch in großen Zeltlagern unter freiem Himmel.

Eines Abends hatte das Regiment Itzenplitz sein vorläufiges Ziel erreicht, nämlich ein böhmisches Dorf mit einem unaussprechlichen Namen. Hier wurden die Truppen wieder in Bauernhöfen untergebracht. Der Armeebefehl lautete: Kein Biwak, um die eigenen Absichten zu verschleiern, da sich der Feind in Reichweite befand.

Die böhmischen Landsleute nahmen die preußischen Soldaten weder feindlich noch freundlich auf, waren aber bereit, sie für ein geringes Entgelt zu versorgen. Heißhungrig stürzten sich die Musketiere auf die herzhaften Speisen. Soweit Reinhold Friesicke anwesend war, sprach man wie selbstverständlich ein Tischgebet:

»Speise, Vater, deine Kinder, tröste die betrübten Sünder,
sprich den Segen zu den Gaben, die wir jetzt so vor uns haben,
daß sie uns zu diesem Leben Stärke, Kraft und Nahrung geben,
bis wir endlich zu den Frommen an die Himmelstafel kommen.
Amen!«

Die Bäuerin, die stehend ihre Hände gefaltet hatte, bekreuzigte sich und wiederholte laut und vernehmlich: »Amen!«

Dann brachte sie die dampfenden Knödel mit Geflügelragout auf den Tisch. Danach gab es Backobst und einen leichten Wein, den die Bauern an den Südhängen ihrer Weinberge geerntet und gemostet hatten. Heinz Zittelmann ließ es sich mit den anderen gut schmecken.

»He, junger Mann«, rief er einem Bauernburschen zu, »können Sie mir noch einmal een bißchen Wein einschenken, aber een bißchen viel, wenn ick bitten darf. Det Zeug schmeckt nämlich vorzüglich. Daran könnt ick mir direkt gewöhnen. Auf alle Fälle schmeckt er besser, als immerzu nur Gänsewein aus dem Brunnenrohr.« Er aß mit größtem Wohlbehagen. »Mensch, so een Soldatenleben ist doch wat Gutes. So laß ick mir den Krieg gefallen«, lachte er, »det könnte immer so weitergehen.«

Am nächsten Tag marschierte die Kompanie weiter. Überhaupt sollte durch Märsche und Kontramärsche der Feind getäuscht werden. Selbst bei sternklarer Nacht zogen die Truppen von Ort zu Ort und gelangten so wieder auf sächsisches Gebiet. Am 10. September erreichten sie die Gegend der Stadt Pirna.

Die sächsische Armee wurde von allen Seiten eingeschlossen. Das Gelände war unübersichtlich. Felsige Hänge fielen steil bis zur Elbe ab und zogen sich auf der anderen Seite des Tales zerklüftet wieder hinauf. Sanft abfallende Hügel waren mit alten, verzweigten Weinstöcken bewachsen. In der Ferne sah man hoch auf dem Felsenplateau des Tafelberges die Festung Königstein. Die zur Elbe gerichteten, wuchtigen Festungsanlagen waren von Wachttürmen flankiert, durch die eine gute Beobachtungsfunktion über das weite Land gegeben war. Zur Westseite hin glich das trotzige Felsmassiv einer offenen Schere, eine gefährliche Falle für jeden anstürmenden Feind. An der Westbebauung der Festung hatte man über eine verbreiterte Felsschlucht ein Torhaus errichtet. Nur über diese unüberwindliche Toranlage war es möglich, in die Festung einzudringen. Das gesamte Felsenplateau war umgeben von einer geschlossenen Brustwehreinfassung mit den dazugehörigen Wachttürmen und Schießscharten für Geschütze. König August von Sachsen hatte sich mit seinem Hofstaat in die Festung Königstein geflüchtet. Aus dieser schwindelnden Höhe konnte seine Generalität über die große Elbschleife hinüber zum Lilienstein, einem sehr markanten Bergfelsen, sehen. Im weiten Vorland dieser Festung lagerte die sächsische Armee.

Um dieses riesige Sachsenlager postierte sich ein Teil der preußischen Armee, unter ihnen auch das Regiment der Itzenplitzer. Zuerst wurde der Lagerplatz abgesteckt, dann der Raum in so viele Gassen zergliedert wie Kompanien lagerten. Kleine Zeltflaggen trennten die Bataillone und einzelnen Regimenter voneinander. In der Mitte des Regiments wurden Trommeln und Fahnen aufgerichtet. Die Fahne wurde wie der Adler bei einer römischen Legion mit großer Ehrfurcht betrachtet. Wenn sie vor den Linien vorbeigetragen wurde, begrüßte man sie, wie den König selbst. Dabei ertönte die ganze Feldmusik. Die Kompanien und Regimenter nahmen die Waffen, und die Offiziere standen mit entblößten Häuptern andächtig da. Selbst der König gab dieses Zeichen der Ehrerbietung, indem er seinen Dreispitz vom Kopf zog, um die farbige Standarte mit dem schwarzen Adler und der goldenen Krone zu huldigen.

Das ganze Lager war durch ein engmaschiges Sicherheitsnetz geschützt. Neben jedem Bataillon postierte sich, etwa 200 Schritt entfernt, eine Feldwache von 40 Mann. Diese wurde wiederum von Schildwachen und weiteren Doppelposten bewacht, die sehr nahe beieinander standen. Bei Nacht patrouillierten Streifen- und Offiziersronden von Posten zu Posten. Das gesamte Lager wurde außerdem noch von einer Husarenwache und anderen Kavallerieeinheiten gesichert, so daß eine Flucht aus diesem Bereich so gut wie ausgeschlossen war.

Die Zeltgemeinschaft des Sergeanten Wuttke wurde neben Alexander, Leo, Heinz und Reinhold auch von anderen Soldaten gebildet, die ausschließlich in Preußen geboren, und mit ihrem jugendlichen Elan ihren König geradezu vergötterten. Der Kompanie von Kapitän von Möllendorf hatte man einen neuen Feldwebel zugeteilt. Dieser galt als ein »Erweckter«, ein besonders frommer Mann. Er genoß in der Kompanie sofort eine gewisse Achtung, weil er bei aller Strenge doch sehr gerecht urteilen und auch liebenswürdig sein konnte.

Der September dieses Jahres war grün, warm und sehr fruchtbar. Die Sonne schien mild. Das große Lager der Armee glich einem Ameisenhaufen, alles wimmelte durcheinander. Die Grenadiere, Musketiere und Füsiliere saßen vor ihren Zelten und brachten ihre Sachen in Ordnung. Von den Kochstellen stieg bläulicher Rauch empor. Mit großer Hingabe rührten die Soldaten ihre Suppen und brutzelten in ihren Pfannen Fleischstücke. Der Schuhmacher der Kompanie war zu einer begehrenswerten Persönlichkeit geworden, den man mit Geld oder Naturalien bestechen mußte, um rechtzeitig sein Schuhwerk repariert zu bekommen. Neue Sohlen mußten aufgesetzt werden, Absätze erneuert, Risse im Oberleder mit Flechtdraht geflickt werden.

Alexander schlenderte mit Heinz Zittelmann durch die Marketendergasse. Hier konnte man für wenig Geld Äpfel, Birnen, Pflaumen und anderes Obst kaufen, Metzger boten frisches Fleisch an. Große Käsestücke verschiedener Art, in Blätter gewickelte Butter, wurden feilgeboten. Es gab auch ein reiches Angebot an Gemüse. Das ganze Lager erschien wie ein aufs Feld verlegter Marktplatz.

Alexander und Heinz setzten sich auf eine frisch gezimmerte Bank vor einem rohen Tisch nieder und bestellten sich Bier.

»Meinst du, wir müssen die Festung erstürmen?« wollte Alexander wissen. Er blickte besorgt zu dem über 200 Meter hohen Felsen hinauf.

»Mitnichten, mein Guter.« Wie ein kleiner Feldherr saß Heinz vor ihm: »Die sächsische Armee beherrscht zwar mit ihrer Artillerie das Vorgelände und hat sich sehr gut durch Verhaue und Palisaden verschanzt. Auch ist sie durch die

Festungsanlagen eigentlich uneinnehmbar.« Er tippte sich gewichtig an die Stirn: »Weeßte, man dachte an fast allet, an det Schwert und an de Waffen, aber die armen Sachsen haben darüber einen weit fürchterlicheren Feind vergessen, einen Feind, der schon seit Jahrtausenden so viele Heere besiegt und Feldherren gestürzt hat . . .«

»Denkst du an das Wasser?« fragte Alexander.

»Nee, mitnichten, Wasser gibt'det da oben genug, denn sie besitzen einen sehr tiefen Brunnen. Nee, die haben nich genug zu fressen. General Hunger wird sie besiegen. Wie man munkelt, haben die Sachsen nur für 15 Tage Lebensmittel im Lager, und det reicht eben nicht hinten und nicht vorn . . .«

Aus den Marketenderzelten erklangen fröhliche Reden und das Jauchzen der leicht geschürzten Mädchen, die die Soldaten bedienten.

»Weeßte, die Sachsen, die haben bald so eenen Hunger, det se nich aus noch ein wissen. Außerdem werden'se bald nich mehr wissen, wo'se schlafen sollen, weil et doch öfter geregnet hat, und det gibt'nen nassen Hintern. Die armen Teufel sind wirklich zu bedauern.«

Alexander fand die originelle Art des Berliner Humors immer wieder neu erfrischend.

Im Lager herrschte ein fröhliches Treiben. Nicht weit von ihrer Bank entfernt spielten Soldaten mit ihren Kegeln, einige putzten ihre Gewehre und wieder andere wuschen ihre Wäsche. Die preußischen Soldaten erhielten täglich eine Ration von 2 Pfund Brot, wöchentlich 1 Pfund Wurst und Rindfleisch.

Sergeant Wuttke kam mit Leo Tafelski die große Lagergasse herauf. Als er seine beiden Musketiere am Biertisch sah, rief er: »Schockschwerenot, da schau mir doch einer diese Windhunde an, sitzen vor ihrem Maß Bier und lassen ihren alten Sergeanten verdursten.« Er strich sich über seinen grauen Schnurrbart.

»Willkommen, Herr Sergeant«, Alexander stand auf und lud Wuttke ein. »Ein Bier, wenn's gefällig ist?«

Wuttke besah sich die Krüge, die auf dem Tisch standen: »Nichts als gefärbtes Wasser, was man hier so Bier nennt. Aber was tut's, Durst ist der beste Kellner. Mein Durst ist groß, das Glas ist klein, das Bier, das will getrunken sein.«

»Richtig, Herr Sergeant«, lachte Heinz Zittelmann, »bei die Hitze wird selbst det Fuselwasser zur Delikatesse. Wer nichts trinkt, hat im Marketenderzelt nischt verloren.«

Leo Tafelski setzte sich auch an den Tisch. »Leo, Mensch, du hast doch die besten Beziehungen zum Bierfaß. Wo steckt denn deine Ella?« fragte Heinz ihn ganz unvermittelt. »Ick gloobe, heute sind wir Gast bei dir, oder?«

Leo bestellte mit saurer Miene vier Bier. Der Sergeant schien ganz aufgeräumt zu sein.

»Heute früh ritt der König mit seinem Adjutanten hier vorbei, um die Stellung der Feinde zu erkunden.« Wie von etwas ganz Heiligem sprach er. »Die Sachsen sitzen fest in der Falle«, erklärte Wuttke mit Nachdruck wie ein Feldherr, dabei malte er mit seinem Stock neben der Bank die Umrisse der sächsischen Stellungen auf die Erde.

»Hier lagern die Sachsen«, er zog kräftige Ringe um das Lager der Feinde, »und hier stehen die Truppen seiner Majestät.« Er blickte in die Runde. »Nun, Kerls, was folgt daraus? Na? – Ist doch sonnenklar: Wir hungern die Sachsen aus, und bald müssen sie kapitulieren. Habt Ihr verstanden, Kerls?« Siegesbewußt schaute er seine Leute an. Da niemand sich zustimmend äußerte, fragte er gereizt: »Oder sind die Soldaten des Regimentes Itzenplitz etwa anderer Meinung?«

Tafelski zeichnete mit seinen Hacken einen Querstrich durch beide Kreise: »Und wenn sich nun kommen Österreicher und befreien ihre sächsischen Freunde?«

Wuttke starrte den Polen entgeistert an. Er begann hysterisch zu lachen: »Hör sich doch einer den polnischen Feldherrn an, die Österreicher sollen einen preußischen Belagerungsring auseinandersprengen? Hat Er wohl Seinen Verstand verloren? Man merkt Ihm auf Schritt und Tritt an, daß Er den Angriff der Truppen Seiner Majestät bei der Schlacht von Hohenfriedberg und Kesselsdorf nicht miterlebt hat. Wie die Hasen haben wir die Weißröcke gejagt. Wenn Friedrich das Kommando führt, dann sind die Preußen unbesiegbar«, er klopfte sich auf die Brust, »so wahr ich Hermann Wuttke heiße . . . Wir werden diesmal in Wien unsere Winterquartiere einnehmen.« Drohend sah er den finster dreinblickenden Polen an: »Oder zweifelt Er an meinen Worten, wie?«

Alexander dachte an das Gespräch in der Kutsche zwischen Karlsruhe und Mannheim. »Herr Sergeant, wenn ich mir eine Frage erlauben darf. Zu Beginn der Schlacht bei Mollwitz wurde doch die preußische Kavallerie durch eine wuchtige Attacke der Österreicher zurückgeworfen. Sie jagte damals in wilder Panik davon, und der König konnte diese fliehende Masse trotz größter Anstrengung nicht zum Stehen bringen, bis er endlich selbst von dem Strom der Flüchtenden mitgerissen wurde. Daraufhin gab er doch Feldmarschall von Schwerin das Kommando und verließ heimlich das Schlachtfeld . . .?«

Wuttke stemmte seine Fäuste in die Seite und rief erregt: »Seine Majestät, der König, hat niemals das Schlachtfeld verlassen, und schon gar nicht heimlich. Er hat lediglich nach einem schwachen Punkt in der feindlichen Schlachtordnung gesucht, um dann als Held wieder auf das Schlachtfeld zurückzukehren. Alles andere sind infame Verleumdungen durch die Feinde.« Mit großen Augen blickte er von einem zum andern. Ein fast heiliger Glanz lag auf seinem Gesicht: »Ihr hättet sehen sollen, wie die preußische Infanterie sich zum Widerstand formierte. Sie war von allen Seiten eingeschlossen! Österreichische Infanterie vor uns, die feindliche Kavallerie im Rücken und an beiden Seiten!« Er war aufgestanden und stützte sich mit beiden Händen auf den Biertisch.

»Die preußischen Linien standen wie Mauern, sie wankten nicht, das Schnellfeuer der Preußen war so präzise und fürchterlich, daß alle Feinde zurückwichen. Zuerst kämpften wir die österreichischen Reiter nieder, und dann die feindliche Infanterie. Schließlich gingen wir zum Sturmangriff über. Mit wehenden Fahnen und wildem Trommelschlag, Mann an Mann gereiht, wie auf dem Exerzierplatz, so haben wir sie geschmissen.«

Der Sergeant nahm Haltung an: »Hört, Kerls, die preußische Infanterie ist die beste der Welt, und wenn der König bei ihr ist, dann ist sie unbesiegbar.«

Während der kleinen Ansprache des Sergeanten war auch Reinhold Friesicke dazugekommen. Begeistert bestätigte er die Worte Wuttkes: »Der König ist ein großer Siegesheld, auch Gott, der Herr, steht ihm sichtbar bei.«

Heinz Zittelmann bemerkte: »Det stinkt aber mächtig nach

»Mit wehenden Fahnen und wildem Trommelschlag, so haben wir sie damals bei Mollwitz geschmissen.«

Bibel. König David hat ooch nich immer gesiegt. Det kann doch auch einmal anders kommen.«

Friesicke verteidigte seine Ansicht: »Wenn ein König das Gesetz Gottes mißachtet, fällt er in Ungnade, ansonsten ist Gott auf seiner Seite.«

»Ach, und Friedrich ist so een unfehlbarer König Gottes, der immer den Willen Gottes tut? Det gloob ick aber nicht.«

»Herr Gott, Sakrament!« schrie Wuttke zornentbrannt. »Glaubt Er etwa nicht, daß der Herrgott mit Seiner Majestät ist? Hab ich Euch nicht auf dem schönsten Exerzierplatz der Welt die Unbesiegbarkeit des Königs von Preußen in die Knochen hineinexerziert? Wie kommen Euch denn solche dämlichen Gedanken ins Gehirn? Ich werde Euch noch den Glauben an Seine Majestät beibringen, so wahr ich Hermann Wuttke heiße und meinem Vaterland, dem Königreich Preußen, schon über 30 Jahre diene.«

Betroffen starrten seine Männer auf die Erde. Wie ertappte Sünder standen sie um den Sergeanten herum. »So, nun schert euch davon!« Voller Verachtung und im Zorn trank der Sergeant allein seinen Krug Bier aus.

Noch bis zum Anbruch der Dunkelheit saßen die Truppen vor ihren Zelten oder am Wachtfeuer. Alexander hatte sich zu Reinhold Friesicke gesetzt. Rücken an Rücken betrachteten sie die aufleuchtenden Sterne. In der Ferne vor dem Lilienstein flackerten die Wachtfeuer der Sachsen. Aus den Elbniederungen stiegen milchige Nebelschwaden auf. Reinhold erinnerte sich an das Gedicht von Paul Gerhardt. Leise sagte er es vor sich hin:

»Nun ruhen alle Wälder,
Vieh, Menschen, Städt' und Felder,
es schläft die ganze Welt;
ihr aber, meine Sinnen,
auf, auf, ihr sollt beginnen,
was eurem Schöpfer wohlgefällt.«

Der neu ernannte Feldwebel der Kompanie Liebler kam durch die Lagergasse und hörte Reinhold sprechen. »Ist's gestattet, Kameraden, mich zu Euch zu setzen?«

Reinhold und Alexander wollten aufstehen, um ihre Ehrenbezeugung zu machen.

»Bleibt sitzen, Männer«, sagte der Feldwebel, »bleibt sitzen. Jetzt nach dem Dienst will ich ganz privat bei Euch sein, wo ich hier solche frommen Worte höre. Redet nur weiter.«

Auf einer Kiste ließ er sich nieder, faltete seine Hände und bat: »Sprich weiter, Kamerad, sag uns das schöne Abendlied noch einmal auf.«

Reinhold nickte, dann sprach er ganz melodisch weiter:

»Wo bist du, Sonne, blieben?
Die Nacht hat dich vertrieben,
die Nacht, des Tages Feind:
fahr hin, ein' and're Sonne,
mein Jesus, meine Wonne,
gar hell in meinem Herzen scheint.«

Alexander dachte an die Heimat und an sein Elternhaus. Er sah den Vater vor seiner geöffneten Bibel sitzen, am Tisch die Mutter, Marie-Luise und Georg. Wie mochte es ihnen gehen? Wochenlang hatte er keine Post von ihnen bekommen. Die Nacht war nicht dunkel. Im milden Mondenlicht konnte man die Konturen einzelner Berge des Elb-Sandsteingebirges erkennen. Oben auf der Burg

Königstein flackerten die Wachtfeuer der Feinde. Die Fenster des Kommandantenhauses waren zum Teil hell erleuchtet. Reinhold sprach unterdessen weiter:

»Der Tag ist nun vergangen,
die güld'nen Sternlein prangen
am blauen Himmelssaal:
also werd ich auch stehen,
wenn mich wird heißen gehen
mein Gott aus diesem Jammertal.«

»Wenn der Herr Feldwebel mit uns noch das Abendgebet sprechen wollen«, bat Reinhold.

Wie selbstverständlich faltete Liebler die Hände und sprach: »Wir danken dir, o treuer Herr und Heiland, daß du uns heute den ganzen Tag über an Leib und Seele vor allem Schaden und Übel so gnädiglich behütet hast. Wir bitten dich, du wollest uns alles, wo wir heute mit Herz und Mund, aber auch mit der Tat gesündigt haben, um deines teuren Blutes willen gnädig vergeben. Zu dir fliehen wir, wenn uns Angst befällt. Bei dir finden wir Frieden und Ruhe. Laß uns auch diese Nacht durch deinen Schutz sicher ruhen und schlafen.«

Bis tief in die Nacht hinein dachte Alexander über die Worte, die der Feldwebel gebetet hatte, nach. Es beeindruckte ihn, mit welcher Glaubensgewißheit er den Herrn anrief. Während die Zeltgemeinschaft schon schlief, hörte er durch die Zeltwand die Rufe der Patrouillen und der Offiziersronden. »Halt, wer da?« erscholl es hin und wieder.

»Gut Freund!« kam es zurück.

»Gebt Feldgeschrei und Losung!«

»Wartburg! Für König und Vaterland!«

»Passieren!«

In der Ferne quakten die Frösche. Alexander dachte noch an Jeannette. Große Sehnsucht überkam ihn, die ihn nun ganz gefangennahm. Er spürte ihre zärtlichen Hände, berührte im Geist ihre duftigen Lippen, teilte ihr Haar im Nacken, um ihren Hals und ihre Schulter zu küssen. Dann aber schlief er ein.

Ein Tag nach dem andern verging im Einerlei des Lagerlebens. Die Feinde ergaben sich nicht. Das Sonderbare war, daß von beiden Seiten kein Schuß fiel. Zwar bedrohten die schweren Geschütze der Preußen die Festung Königstein. Ganze Batterien richteten ihre gefährlichen Schlunde gegen das Lager der Feinde vor dem Lilienstein. Vergebens warteten die Kanoniere auf den Feuerbefehl. Immer wieder ritt der König mit seinen Generälen die Frontlinie ab. Seine Truppen begrüßten ihn stürmisch, doch zur Schlacht kam es nicht. Überall in Sachsen waren gut bewachte Magazine angelegt. Hinzu kamen eine immer bewegliche Proviantabteilung, selbständige Feldbäckereien und einige Feldlazarette. Im Lager gab es ein Feldpostamt und eine Feldapotheke. Hunderte von Marketenderinnen und Krämern umschwärmten das Lager und sorgten für das Wohl und die Abwechslung der Soldaten.

Eines Morgens schlugen die Trommler Alarm. Die Zelte wurden abgerissen und verpackt, die Zeltstangen an den Riemen befestigt und verladen. Spaten, Hacken, Beile, Feldkessel und Schaufeln wurden auf dem Rücken festgeschnallt. Innerhalb einer halben Stunde stand das Regiment Itzenplitz abmarschbereit hinter seinen Fahnen. Oberst von Lattorff ritt mit seinem Stab voraus.

Beim Abmarsch sangen die Soldaten das neu enstandene Lied:

»In drei Kolonnen frisch aufmarschiert,
der König geht voran.
Er gibt nun aus das Feldgeschrei
und kommandiert: ›Heran!‹«

Zur Befreiung der bei Pirna eingeschlossenen sächsischen Armee rückten die Österreicher unter ihrem Feldmarschall Browne heran. König Friedrich warf ihnen einen Teil seiner Streitkräfte entgegen.

Jeden Tag rückten mehr preußische Soldaten über die sächsische Grenze nach Böhmen ein. Jedes Dorf an den Aufmarschstraßen wurde belegt. Obwohl sich der König noch in Sachsen aufhielt und der größte Teil seiner Hauptarmee die Festung Königstein und die sächsische Armee bei Pirna fest umschlossen hielten, ging der rechte Flügel der preußischen Armee unter Prinz Ferdinand von Braunschweig südwärts dem Feind entgegen. Täglich stießen Husarenpatrouillen und berittene Feldjäger weit ins Böhmische vor. Ihnen folgte in strammen Märschen die Infanterie. Es ging über verschlungene Pässe in Richtung Süden. Die Sonne brannte unbarmherzig auf die marschierenden Preußen nieder.

»Mensch, wenn ick mir det so recht überlege, wat haben wir eigentlich hier in Böhmen verloren? Det arme Volk will doch keenen Krieg. Wenn wir uns verteidigen, gut, aber det is doch ein wahrer Eroberungskrieg«, meinte Zittelmann, indem er sich den Schweiß vom Nacken wischte.

»Das ist der ewige Kampf der Natur«, erklärte Alexander, »Macht geht vor Recht. Die Wölfe gehen auf Raub aus. Alle haben Hunger auf Beute. Jeder will die eigene Macht vergrößern und die fremde schwächen. Was am Ende zählt, ist die Gewalt, die aus den Gewehrläufen und den Kanonen kommt. Den Erfolg schaffen die schnelleren Bewegungen, wie man kommandiert, und die Disziplin der Regimenter. Jeder strebt nach Ausdehnung auf Kosten des Nachbarn.«

Plötzlich pfiff es von den Höhen und aus den Büschen: »Pfft, Pfft!« Von rechts und links aus den Wäldern des von Hügeln und Schluchten umgebenen Weges zischte es feindselig heran.

»Hilfe! Mutter! O Gott . . .!« schrie jemand aus den ersten Gliedern der Kolonne. Er sank nieder und wurde beiseite geschafft.

»Mensch, Junge, Junge!« rief Heinz, »wir bekommen Feuer! Jetzt wird's ernst!«

Alexander verspürte ein ziehendes Gefühl in der Herz- und Magengegend. Ob ich wohl auch bleich geworden bin? dachte er.

Tafelski kniff seine Augen zusammen und schniefte hastig mit der Nase. Mit angstverzerrten Zügen starrte er nach links und rechts. Hinter jedem Gebüsch vermutete er Heckenschützen. Das Pfeifen kam immer näher, die Kugeln zischten über ihre Köpfe hinweg.

»Panduren!« schrie ein Musketier, aber das Wort blieb ihm im Munde stecken. Er fiel seinem Hintermann in die Arme. Zwei Mann schleppten ihn aus dem Glied und legten ihn an den Grabenrand. Aus seinem Munde quoll Blut.

»Det wird ja immer schöner, elende Teufelsbrut! Die schießen uns ab wie die Kaninchen!« rief Zittelmann voller Angst.

Reinhold begann zu beten: »Von allen Seiten umgibst du mich

Die Soldaten stürzten sich auf einen Brunnen. Ächzend knarrte der alte Hebebalken. Unzählige Male wurde der große Holzeimer heruntergelassen.

und hältst deine Hand über mir.« Auch seine Stimme verriet ängstliches Rufen.

Oberst von Lattorff sprengte auf schäumendem Pferd vorbei. »Ruhe, Kerls!« schrie er, »gleich schießt die Regimentsartillerie und das Pack läuft davon!«

Sergeant Wuttke umkreiste seine Gruppe. »Nur keine Panik!« rief er.

Bald jagten die Regimentskanonen ihr Eisen in das Gebüsch, und sofort verstummte das Gewehrfeuer.

Nach stundenlangem Marsch wurde eine Rastpause eingelegt. Die Soldaten stürzten sich auf einen Ziehbrunnen. Offiziere hatten ihn hinter einem Hügel entdeckt. Ächzend knarrte der alte Hebebalken. Unzählige Male wurde ein großer Holzeimer immer wieder in die Tiefe heruntergelassen. Wenn das kalte Naß gerade den hölzernen Brunnenrand passierte, kämpften die Männer wie um ihr Leben. Sie versuchten, das wertvolle Wasser sogar in ihren Hüten fortzuschaffen.

»Es trinken tausend eher den Tod, als eener sterbt in Durstes Not«, reimte Zittelmann.

Erst spät am Abend des 30. September erreichten die Itzenplitzer ihre vorgesehenen Positionen.

Die Dunkelheit hielt das unbekannte Land bedeckt. Als man lagern wollte, wurde es verboten, Zelte aufzuschlagen und Wachtfeuer zu entzünden. Das Gewehr durfte nicht aus der Hand gelegt werden. Auf dem Boden hockend und frierend verbrachten die Truppen die Nacht in der kalten feuchten Herbstluft.

Die vier Soldaten aus dem Quartier des Sergeanten Wuttke saßen hinter einem Gebüsch Rücken an Rücken beieinander. Die Brotwagen lagen um Stunden zurück, man teilte das letzte Brot untereinander auf.

»Wir haben Brot, und wir haben auch noch einen Schluck Wein«, sagte Reinhold. »Ich glaube, daß wir morgen eine Schlacht erleben werden, weil wir in unmittelbarer Nähe der Österreicher liegen. Da der Feldprediger nicht in unserer Nähe ist, würde ich vorschlagen, daß wir das heilige Abendmahl feiern.«

»Dürfen wir denn als Laien das Sakrament des heiligen Abendmahls spenden?« fragte Alexander.

»Weshalb denn nicht?« erklärte Reinhold. »Die Christen der ersten Gemeinde waren täglich zusammen und brachen das Brot hier und dort in den Häusern. Sie freuten sich über die Gemeinschaft und hielten mit Freuden die Mahlzeiten miteinander. Es gab also damals noch keine sogenannten Amtsträger. Deshalb dürfen wir es nach dem biblischen Prinzip auch tun.«

Reinhold drehte seinen Tornister mit der flachen Seite nach oben, stellte einen Becher mit Wein darauf und legte ein Stück Brot daneben.

»Dieses heilige Mahl wollen wir auch würdig nehmen und deshalb unsere Schuld dem Herrn Jesus bekennen.«

Er öffnete sein Gebets- und Gesangbuch und las daraus: »Allmächtiger Gott, barmherziger Vater! Ich armer, elender, sündiger

Mensch bekenne dir alle meine Sünden und Missetaten, die ich begangen mit Gedanken, Worten und Taten . . .«

Zwischen den einzelnen Wortabschnitten ließ er die Sätze von den drei Kameraden nachsprechen. Sie taten es ohne jeglichen Widerstand. Die Tränen rannen Leo Tafelski über die Wangen, als er dem Vorredner nachsprach: »Sie sind mir aber alle herzlich leid und reuen mich sehr . . .«

Alexander wurde es ganz seltsam ums Herz. Auch er sprach jedes Wort mit großem Ernst: »Ich bitte dich um deine große Barmherzigkeit um des unschuldigen und bitteren Leidens und Sterbens deines lieben Sohnes Jesu Christi willen . . .«

Heinz Zittelmann faltete seine Hände und wiederholte in bestem Hochdeutsch: »Du wollest mir armem, sündhaften Menschen gnädig und barmherzig sein, mir alle meine Sünden vergeben und mir zu meiner Besserung deine Geisteskraft verleihen. Amen!«

Hinter ihnen hatte es leise geraschelt. Alexander war erstaunt, Sergeant Wuttke mit gefalteten Händen dort stehen zu sehen. Über dieser andächtigen kleinen Gruppe, die hier in der Dämmerung zusammen war, lag eine geheimnisvolle Weihe.

Während Reinhold jedem das Brot und den Becher mit Wein reichte, sprach er die Worte des Kirchenvaters Augustinus: »Du Sohn des lebendigen Gottes, der du als das wahre Brot des Lebens alle betrübten Seelen, geängsteten Gewissen, hungrigen und durstigen Herzen mit deinem Leib und Blut sättigest, speisest und tränkest, auch zu dieser himmlischen Mahlzeit jedermann aufforderst und ladest: nimm mich auch in Gnaden an, erquicke und speise mit deinem wahren Leib und Blut meine arme Seele zum ewigen Leben. Amen!«

Es hatten sich auch andere Kameraden eingefunden. Auch sie wiederholten bestimmt und kräftig: »Amen!«

An diesem Abend legten sich alle auf dem kühlen Boden zur Ruhe.

Die erste Auseinandersetzung, den die preußischen Soldaten zu bestehen hatten, war der Kampf mit den Mücken und Schnaken. Diese ekelhaften Blutsauger machten sich in der Elbniederung sehr bemerkbar. Endlich stieg das erste Tageslicht herauf. Noch an keinem Morgen vorher war der Nebel so dicht gewesen wie an diesem. Der Herbst meldete sich mit den ersten Anzeichen. Die

Soldaten konnten die Elbe nicht erkennen. Man schrieb den 1. Oktober 1756. Die preußischen Regimenter sammelten sich und marschierten in die ihnen vorgeschriebenen Aufmarschstellungen. Wo aber befand sich der Feind? Welche Absichten hatte er? Man konnte zeitweilig keine hundert Schritte weit sehen.

Um sich zu orientieren, sandte der König die ersten berittenen Patrouillen in den milchigen Dunst. Ein Trupp der grünen Husaren schwärmte an den Itzenplitzern vorbei bergab der Elbe zu. Doch auf den Höhen der umliegenden Berge setzte sich bereits wärmender Sonnenschein durch. Die Ebene vor dem kleinen Ort Lobositz blieb aber von dichtem Nebel umhüllt. Aus dem geheimnisvollen Dunstschleier erschienen heranpreschende Adjutanten und verschwanden wieder. Seltsam hallten die Trommeln und Pfeifen in der gesamten Umgebung. Der Aufmarsch der preußischen Armee vollzog sich auf der dunstverschleierten Ebene. Dabei spürte man den Unterschied zwischen einem Exerzierfeld und einem ungepflügten Acker. Die Unebenheiten und Furchen machten den Truppen zu schaffen. Jeder, der aus dem Gleichschritt gekommen war, behinderte seinen Nebenmann, wodurch auch andere aus dem Schritt fielen und der Anmarsch ins Stocken geriet. Keiner vermochte die wirkliche Stärke des Feindes richtig einzuschätzen.

»Heute spricht mancher sein letztes Gebet...«, bemerkte Heinz Zittelmann, der seltsam ernst und gefaßt erschien. Der Nebel wurde etwas dünner. Vor ihnen lag die ausgedehnte Ebene der Elbniederung, die wie ein Becken aussah. Im Hintergrund kam eine kleine Stadt mit ihren Giebeln und Türmen zum Vorschein. Man war bereits in die Reichweite der österreichischen Batterien gekommen. Die ersten Geschosse explodierten, Dreck und Steine wirbelten empor. Die Turmuhr im entfernten Lobositz schlug zehnmal, als Alexander noch nie Gesehenes in seiner ganzen Breite erkannte.

»Großer Gott, was ist das?« rief er angstvoll.

Sergeant Wuttke lächelte wohlwissend und erfahren; seine Wangen bebten vor Erregung, die Enden seines Schnurrbarts zitterten: »Ja, Kerls, so etwas habt Ihr noch nicht gesehen, wie? Die dunklen und weißen Linien links und rechts vor Euch sind die Österreichischen Kaiserlichen Kavallerieregimenter. In der Mitte vor uns steht die feindliche Infanterie in sehr geschickter Schlachtordnung, links als Begrenzung die Elbe und rechts die Berge. Das wird ein heißer Tanz heute«, wie ein kleiner Feldherr hob er seine Partisane empor.

»Der Teufel soll mich holen«, rief Tafelski, »die Sache hier wird brcnzlig.«

»Wir jagen den Teufel aus der Höllc, falls einer drinsitzen sollte«, rief Leutnant von Wartenberg, der gerade auf dem linken Flügel auftauchte. Mit einem gewaltigen Donnern und Brummen begannen die kaiserlichen und preußischen Batterien ihr grausames Konzert.

Tafelski holte ein kleines Fläschchen mit Branntwein aus seinem Habersack, setzte es an und trank es mit einem Zug aus. Dann schmiß er die Flasche gegen einen Baum, daß sie klirrend zerbrach.

Das Artilleriefeuer wurde immer stärker, es stank nach Schwefel und Pulver. Sergeant Wuttke umkreiste seine Leute wieder wie ein Wachhund die Herde: »Nur keine Panik, Kerls, nicht für jeden ist die Kugel gegossen. Für Gott und König und . . .«, weiter kam er nicht. Mit einem wütenden Knall explodierte eine Granate in gefährlicher Nähe. Andere Artilleriegeschosse warfen mehrere Musketiere zu Boden; Steine, Lehm, Äste und Rasenstücke prasselten auf sie nieder. Die Kompanie hatte ihre ersten Toten. Man hörte rundherum ein jämmerliches Wehklagen und Schreien. Das Stöhnen der Verwundeten hörte nicht auf. Schreckliche Schmerzensschreie wurden ausgestoßen und vermischten sich mit dem Lärm der Schlacht.

»Diese elenden Hunde!« schimpfte Wuttke und wischte sich den Lehm aus dem Gesicht. Drohend schwang er seine Partisane gegen die in Rauch gehüllten feindlichen Batterien.

Alexander hörte hinter sich das Getrappel von Pferden. Er blickte sich um und sah den König umgeben von Generälen und Adjutanten. Er hörte seine durchdringende hohe Stimme:

»Wir sind scheinbar auf Brownes Nachhut gestoßen. Die Kavallerie reitet zum Angriff vor. Laßt uns der Sache da vorn ein Ende machen! Greift mir die österreichische Reiterei an! Vorwärts!«

Nach allen Seiten sprengten die Adjutanten davon. Hinter der Infanterie begannen Trompeten zu schmettern. Man hörte die Signale der Kavallerie, aber auch der Infanterie. Offiziere brüllten

Kommandos. Die Schwenkungen wurden mit solch einer Genauigkeit ausgeführt, als ob man auf dem Exerzierplatz stünde. Die Itzenplitzer machten der Kavallerie Platz.

Alexander hörte die scharfen Kommandos der Kavallerieoffiziere: »Die erste Schwadron, Marsch! Zweite Schwadron, zur Attacke! Vorwärts! Dritte Schwadron, zur Attacke! Vorwärts!«

Hufe donnerten vorüber, begleitet von aufreizenden Trompetensignalen. Sechzehn stolze Schwadronen der Bayreuther Dragoner stürmten auf den Feind los, Preußen-Kürassiere und die besten Reiter des Garde du Corps. Auch Kavallerieregimenter und Gendarmes mit den grünen Uniformen stürzten an ihnen vorbei. In gestrecktem Galopp, mit verhängten Zügeln, den Säbel in der Rechten, jagten die Kavalleriemassen auf den Feind zu.

Schmunzelnd sah ihnen Sergeant Wuttke nach. Stolz rief er: »Es lebe der König!«

Die preußische Kavallerie führte ihr erstes Treffen. Der Aufprall gegen die Österreicher war so heftig, daß das Klirren, das Donnern und das Wiehern der Pferde zeitweilig den Lärm der Artillerie übertönte.

»Großer Gott, sei ihnen gnädig«, flehte Reinhold Friesicke. Dabei wußte man nicht, ob er das nur für die Preußen oder aber auch für die Österreicher betete.

Der Kampf zeigte sein ungeheuerliches Gesicht. Alles wurde zu einer unübersehbaren Masse aus Reitern und Pferden. Kürasse funkelten sekundenlang im ersten Sonnenlicht. Wie feurige Schlangen beschrieben silberne Säbel Halbkreise. Am Boden wälzten sich immer mehr dunkle Knäuel von Pferde- und Menschenleiber. Es war kein Getümmel mehr, es war eine Raserei, eine blutige Schlacht, ein schwindelerregendes Aufwallen der Seelen und deren Mut, ein Gewitter von Eisenkugeln und Metall. Die preußischen Musketiere starrten entsetzt in das wilde Gemetzel. Auch Sergeant Wuttke beobachtete erregt das Treffen. Sein Lächeln, mit dem er zuerst den Kampf verfolgt hatte, verschwand mehr und mehr. Er zog jetzt eine bittere Miene auf. Dabei bewegte er seinen Kiefer, brachte aber kein Wort heraus.

»Unsere Kavallerie scheint geschlagen zu sein«, meinte Alexander.

»Sind denn die Kerle toll geworden?« schrie Wuttke. »Diese Schlappschwänze sind den Hafer nicht wert!« Wie gebannt starrte er in das Inferno der Schlacht.

Die Trompeter der Kavallerie bliesen das Signal: »Zurück, alles zurück!«

Wieder mußte die Infanterie Platz machen. In einem heillosen Durcheinander kehrten die geschlagenen, ausgepumpten Pferde verstört und teilweise blutig als eine verwirrte Masse aus verschiedenen Regimentern zurück. Die Infanterie schloß sofort die großen Lücken. Ununterbrochen feuerte die österreichische Artillerie.

Fast prophetisch klangen die Worte von Kapitän von Möllendorf, die er an seinen Premierleutnant von Wartenberg richtete: »Das sind aber nicht mehr die alten Österreicher, die Kerle haben was dazugelernt ...«

Hinter den schützenden Linien der preußischen Infanterie formierten die Kavallerieoffiziere mit großem Getöse ihre Schwadronen. Wieder ertönten die Trompeten: »Erste Schwadron im Schritt Marsch, zweite Schwadron im Schritt ...«

Wieder mußte die Infanterie eine Gasse bilden, und wieder schnaubten Hunderte von Pferden vorbei in die tödliche Ebene. Jetzt unternahmen etwa sechzig Schwadronen einen Durchbruchsversuch. Der Aufprall des zweiten Treffens war offensichtlich noch entsetzlicher als der erste Zusammenprall. Österreichische Husaren begegneten den Preußen. Alles wuchtete durcheinander.

»Es lebe die Kaiserin!« hörte man auf der einen Seite.

»Vorwärts für den König!« klang es bei den Preußen.

Alles war in Bewegung: Gesichter, Pferdeköpfe, Husarenmützen, Dreispitze und immer mehr Ausrüstungsgegenstände flogen durch die Luft. Pferde wälzten sich am Boden. Verwundete Reiter krochen aus der Gefahrenzone. Schnauzbärtige Ungarn schrien: »Vivat, Maria Theresia! Vivat!«

Und wieder kam für die Preußen der Befehl: »Zurück, alles zurück!«

Wieder mußte die Infanterie Platz machen, und wieder schnaubte Pferd an Pferd klitschnaß und abgekämpft an den Grenadieren, Musketieren und Füsilieren vorbei, die sie mit Spott und Hohn überhäuften. Seit Stunden war die Schlacht im Gange, und noch sah man auf beiden Seiten keine nennenswerten Vorteile.

Alexander blickte zur linken Seite, wo sich an den Hängen eines Berges leuchtende Weingärten befanden. Von dort her ertönte ein heftiges Gewehrfeuer, das immer näher kam. Vor ihm in der großen Kampfebene entstand ein grollender, dumpfer Ton.

»Was braut sich da zusammen, Herr Sergeant?« wollte Alexander wissen.

»Das sind die kaiserlichen Infanterietrommeln. Marschall Browne läßt sie offenbar zum Angriff schlagen«, entgegnete Wuttke mit besorgter Miene. Gar manches Gesicht war bleich geworden.

»Wahrscheinlich müssen wir auf das kaiserliche Zentrum Sturm laufen«, meinte er.

»Gott steh uns bei!« flehte Reinhold.

Immer wilder dröhnten die Trommeln in der Ferne. Die Spannung wuchs ins Unerträgliche. Noch standen sich beide Heere dicht gedrängt in großen Linien gegenüber.

Ganz unerwartet kam der Befehl für das Regiment Itzenplitz, kehrtzumachen. Die Anspannung und auch die versteckte Angst verschwanden aus den Gesichtern der Soldaten. Endlich durften sich die Kompanien aus dem gefährlichen Bereich entfernen. Der vermeintliche Rückmarsch vollzog sich fast fröhlich. Zwar mußten die Musketiere bergan marschieren, was sie aber gern auf sich nahmen, je weiter sie aus dem Gefahrenbereich der Schlacht herauskamen. Die Weinstöcke hingen voll roter Trauben. Jeder pflückte sich einige ab, soweit er sie erhaschen konnte, und aß mit Heißhunger die durstlöschenden Früchte.

Zittelmann hatte als erster seinen urigen Humor wiedergefunden: »Rin in de Weinstöcke und raus aus de Weinstöcke. Allet hat een Ende, nur die Wurscht hat zwee. Wenn wir immer so siegreich sind, denn kann der Krieg meinetwegen noch jahrelang dauern.« Er lachte und stopfte sich den Mund voll Weintrauben. Als das Regiment aber die Berghöhe erreicht hatte, schlugen plötzlich Kugeln von allen Seiten auf sie ein. Die Truppen schienen in ein Wespennest geraten zu sein. »Schweinerei nochmal!« schrie Wuttke, »jetzt sind wir wohl mitten in des Teufels Küche geraten.«

Zittelmann ließ vor Schreck seinen Hut, der mit Weintrauben gefüllt war, fallen: »Sind Se stille, Herr Sergeant, wenn man den Teufel nennt, kommt er angerennt!«

Oberst Lattorff ritt mit einem fremden Offizier heran, der silberne Adjutantenschnüre trug. Alexander hörte deutlich die Sätze: »Melden Sie Seiner Majestät: Das Regiment Itzenplitz bildet mit dem Regiment Bevern den äußersten linken Flügel. Wenn wir hier von den Panduren zurückgedrängt und gegen unser Schlachtzentrum gedrängt werden, so ist die Schlachtordnung stark gefährdet. Deshalb bitten wir dringend um Verstärkung, ansonsten können wir für nichts garantieren.«

Der Adjutant sprengte im wilden Galopp davon.

Aus den Büschen und Weinstöcken prasselte ein verheerendes Kleingewehrfeuer auf die preußische Infanterie nieder. Manchmal sahen die Musketiere, wie ungarische Panduren von Busch zu Busch sprangen, sehr geschickt jede Bodensenke nutzend, um aus den verschiedenen Lagen auf die Preußen feuern. Die Hecken und Mauern der Weinberge dienten den Österreichern als wertvolle Deckung. Am Fuß des Berges hielten die grünen Husaren, die in diesem Gelände untätig herumstehen mußten. Der Loboschberg schien uneinnehmbar.

»Ick gloobe, die Sache des Königs steht nicht gut«, rief Heinz Alexander zu, »wenn wir mal hier keene Dresche kriegen. Friedrich sitzt wohl mächtig in 'de Tinte.«

»Nur ruhig Blut, Kerls«, mahnte Sergeant Wuttke, »der König wird schon wissen, was er zu tun hat.«

Leo Tafelski kniete hinter einem Steinhügel und schoß verbissen auf die Kroaten, die sich mit ihren braunen Bärenmützen und roten Umhängen gut zu verstecken verstanden. Ein furchtbarer Kleinkrieg begann. Der Gegner war zäh und paßte sich geschickt dem unwegsamen Gelände an. Alexander fühlte, wie sein Arm vom ständigen Laden langsam erlahmte. Er hatte stechende Schmerzen in den Schultern. Seine Hände waren pulvergeschwärzt, der Mund vom Beißen der Patronen schwarz verschleimt. Der Lauf des Gewehres war so heiß geworden, daß er ihn kaum noch anfassen konnte. Es stank fürchterlich nach Pulver. Vom Tal drang der Schlachtenlärm herauf. Das Rumpeln vieler hundert Trommeln und ein Dröhnen anderer Feldmusik wurde stärker. Überall hörte man das Brüllen vieler Kommandos und das Geschrei angreifender Truppen, dazwischen die entsetzlichen Schmerzensrufe der Verwundeten aus zerquetschten und zerrissenen Leibern.

Endlich gelang es den Itzenplitzern in mühevollem Ringen, Meter um Meter den Berg zu erklimmen und die Weinberge von Panduren zu säubern.

»Mensch, det is aber höchste Zeit gewesen. Ick hab für keen Schuß Pulver mehr. Kannst du mir ein paar Kugeln geben, Alex?«

Alexander suchte mit seiner Rechten in der Patronentasche nach.

»Ooch zappenduster«, lachte Heinz, »wenn det Blei in de Flinte fehlt, nützt det beste Gewehr nischt.«

Der Lärm nahm zu. Hell erklang die Feldmusik der Österreichisch-Kaiserlichen Infanterieregimenter. Dumpf grollten die Trommeln über der gesamten Ebene.

Feldmarschall von Keith ritt mit Offizieren seines Stabes heran. Ihm folgten zusammengewürfelte Teile anderer Regimenter.

»Vorwärts, Preußen, jetzt gilt's!« rief der Schotte, der in preußischen Diensten stand.

»Kameraden, wir haben keine Munition mehr!« rief Sergeant Wuttke.

Die frischen Truppen teilten mit den abgekämpften Männern des Regiments Itzenplitz den Inhalt ihrer Patronentaschen.

Die weißen Linien kamen immer näher. Die bunten Fahnen der Österreicher wehten ihnen voran. Der linke Flügel der Preußen bestand nur noch aus einzeln kämpfenden Infanteriegruppen. Viel zu schnell waren auch die neuen Patronen verbraucht, und noch immer rückten in geschlossener Linie die Österreicher heran.

Alexander wurde von schrecklichem Durst geplagt. Zu seiner Rechten, in einem Bachgrund, blinkte frisches Wasser. Er hätte sich gern zur Seite geschlichen und sich gründlich satt getrunken. Doch die Weißröcke rückten immer näher heran. Das Gerassel der preußischen Trommeln ging wie Feuer ins Blut. Er fühlte eine merkwürdige Leere in der Magengegend. Es war ihm zumute, als ob er fliegen könnte. War es die Erregung des nahenden Feindes? War es nackte Angst? Jetzt konnte man auch schon die einzelnen Kommandos der österreichischen Offiziere unterschieden.

»Großer Gott«, flüsterte Alexander, »wenn nichts geschieht, geraten wir in das fürchterlichste Gemetzel und können uns vom Feind gefangennehmen lassen.«

Mit leergeschossenen und glühenden Läufen standen die

Preußen da, als plötzlich die eigenen Trommeln zum Bajonettangriff schlugen.

»Für König und Vaterland vorwärts!« schrie Major Lüderitz vom schnaubenden Pferde. Mit einem befreienden »Hurra« stürzten sich die Preußen auf die Feinde. Dicht bei dicht rannte die Infanterie vorwärts. Die moralische Wirkung des urplötzlichen Angriffs war so verheerend, daß die Österreicher sofort die Flucht ergriffen.

Wild schreiend und mit einer ungeheuren Energie stürzten Alexander und seine Kameraden dem Feind nach. Mit dem Kolben nach rechts und links schlagend, arbeiteten sie sich im Gewühl der Schlacht voran.

Sergeant Wuttke war nicht wiederzuerkennen. Seine sonst so gut gepflegte Uniform war zerrissen, die Seitenlocken seiner Haare hingen herunter, sein Hut war ihm vom Kopf gerissen worden, die Augen blutunterlaufen, das Gesicht verdreckt, kämpfte er sich mit seiner Gruppe durch das Gewühl der Soldaten.

Alexander sah vor sich einen hohen, österreichischen Offizier, der im Begriff war, die fliehenden Truppen zum Stehen zu bringen. Plötzlich scheute sein Pferd. Es erhob seine Vorderfüße und schmiß den Kommandeur rücklings herunter. Mit wenigen Sätzen sprang Alexander auf den österreichischen Oberst zu und krallte sich an seinen Tressen fest. Der schon betagte Offizier versuchte sich zu befreien, aber Alexander hatte ihn fest im Griff. Dabei schlug er ihm den Degen aus der Hand und umklammerte seine Beine.

»Laß mich los, du verfluchter Preuße!« schrie der österreichische Regimentskommandeur. Alexander aber kämpfte verbissen mit dem erfahrenen Offizier. Jetzt kam Heinz Zittelmann ihm zur Hilfe. Von hinten erfaßte er die Rechte des Obersten.

»Mensch, Alex, da haste aber einen tollen Fang gemacht«, keuchte er.

»Ihr dreckigen Mistkerle von Preußen, laßt einen ehrenwerten Offizier der kaiserlichen Majestät los!« rief der Österreicher verzweifelt.

Major Lüderitz ritt auf seinem Pferd heran. »Das hat Er gut gemacht!«

Heinz hatte die Hände des Österreichers mit den Fangschnüren gefesselt.

»Wer von Euch ist der Held?« wollte Lüderitz wissen.

»Alexander Blankenburg!« rief Heinz Zittelmann und deutete auf seinen Kameraden.

»Gratuliere, Blankenburg«, er reichte ihm vom Pferd aus die Hand. »Sie beide bringen den Obristen zum Regimentsstab und überreichen Oberst von Lattorff den Degen.«

Links und rechts von den beiden Preußen flankiert, wurde der österreichische Regimentskommandeur über das Schlachtfeld geführt. Der Gefangene fluchte, was das Zeug hielt.

»Lobositz brennt«, rief Heinz Zittelmann und deutete auf den kleinen Ort. Glutrot züngelten die Flammen aus den Dächern der Stadt. Jetzt sah man, wie vom Loboschberg zur Rechten ganze Scharen von Panduren und österreichischer Infanterie aus den Weinbergen die Böschung heruntersprangen. Gruppenweise setzten sie über die angelegten Mauern und Stufen, um so schnell wie möglich die rettende Ebene zu erreichen. Viele sprangen direkt in die Elbe und ertranken. Wie Furien stürmten die preußischen Soldaten vom Regiment von Kleist ihnen nach. Im Dunst des Rauches flatterten die blaugelben Regimentsfahnen der Preußen.

Auf der Ebene direkt am Wasser versuchten einige Panduren erneut eine Front aufzubauen und schossen tapfer zum Weinberg hinauf. Aber es nützte alles nichts, die Österreicher mußten das brennende Lobositz räumen.

Als Alexander und Heinz den Regimentsstab erreicht hatten, kam ein fürchterlicher Sturm auf. Der Himmel hatte sich mit dunklen Wolken bezogen. Oberst von Lattorff empfing den österreichischen »Kollegen« mit allem Respekt. Er ließ sich von Alexander den Degen geben, um ihn dann feierlich seinem Gegner zurückzureichen.

»Als Gefangener des Königs von Preußen dürfen Sie Ihren Degen weiterhin führen, Herr Oberst Esterházy, Sie sind bis auf weiteres erst einmal mein Gast.«

Er ließ ihn in sein Zelt führen. Dann wandte sich Oberst von Lattorff an Alexander: »Er scheint ja ein ganz brauchbarer Kerl zu sein. Wenn Er so weitermacht, können Seine Jugendträume wohl nochmal in Erfüllung gehen.« Der Oberst zückte seine Geldbörse: »Hier, trinke Er mit Seinem Kameraden eine gute Flasche Wein auf den Sieg Seiner Majestät des Königs von Preußen!«

Die beiden verabschiedeten sich.

Auf dem Rückweg brach ein heftiges Gewitter los und überschüttete das gesamte Schlachtfeld mit Regen und Hagel. Völlig durchnäßt erreichten Alexander und Heinz ihre Kompanie, die sich wieder sammelte. Es zeigte sich, daß das Regiment schwere Verluste erlitten hatte.

Feldwebel Liebler wies die Kompanie von Möllendorf in mehreren Scheunen im Ort von Lukowitz ein. Schnell teilten die Männer das Stroh und verstreuten es auf dem ganzen Boden.

Heinz Zittelmann rief dem Sergeanten zu:

»Triumph, Triumph, Viktoria, die Feinde sind geschlagen,
ein Preuße muß doch allezeit drei Kaiserliche jagen!«

Er schwenkte die gefütterte Bärenfellmütze eines österreichischen Husaren durch die Luft:

»Det gibt 'ne gute Nachtmütze, damit ick mir nich mehr die Ohren verfriere.«

Zunächst rissen sich die Soldaten die nassen Kleider vom Körper und hingen sie zum Trocknen auf. Die letzten Reste des Proviants wurden verzehrt. Dann schliefen die völlig erschöpften Kämpfer schnell ein.

Als die Sonne am Himmel erschien, stellten sich heraus, daß die kaiserlichen Truppen unbehelligt abgezogen waren. Es war dem König von Preußen nicht gelungen, sie operativ zu schlagen. Das österreichische Hauptheer stand noch immer unerschüttert da.

Am Tag darauf ließ Seine Königliche Majestät das »TEDEUM LAUDAMUS« unter Pauken und Trommelschlag auf dem Schlachtfeld anstimmen. Die Feldprediger beider Konfessionen standen einheitlich uniformiert um den Oberfeldprediger Balke herum.

Zwei übereinandergestellte Pauken dienten als Altar. Alle Truppen, vom General bis zum einfachen Mann, verharrten entblößten Hauptes im Kreis. Zu Beginn des Lobgottesdienstes erklang aus aller Munde der wehrhafte Lutherchoral:

»Ein' feste Burg ist unser Gott,
ein' gute Wehr und Waffen;
Er hilft uns frei aus aller Not,
die uns jetzt hat betroffen.«

Jetzt sah man, wie ganze Scharen von Panduren und österreichischer Infanterie aus den Weinbergen die Böschung hinuntersprangen.

Die tapferen Itzenplitzer standen Schulter an Schulter; Feldwebel Liebler, Sergeant Wuttke, Alexander, Reinhold, Heinz und Leo sangen mit Inbrunst:

»– und wenn die Welt voll Teufel wär',
und wollt' uns gar verschlingen,
so fürchten wir uns nicht so sehr,
es soll uns doch gelingen.«

Mit Andacht sangen alle den folgenden Lobpreis: »Dich Gott loben wir . . .«

Die Pauken und Trompeten vereinigten sich wieder. Durch die große Anzahl der Männer, die sich auf dem Schlachtfeld versammelt hatten, konnten nicht alle verstehen, was der Feldprediger verkündigte, obwohl er sehr laut sprach.

Nach dem Amen setzte sich die Armee unter den Klängen des Dessauer Marsches wieder in Bewegung. Bei Trommelwirbel und Pfeifenklang kommandierten die Korporale und Feldwebel: Links

– Rechts – Links – Rechts, und vor den Bataillonen flatterten die bunten Fahnen im Wind.

Noch am Abend saß Feldwebel Liebler an seinem provisorischen Tisch vor einem Brief, den er in die Heimat senden wollte:

»Meine herzlichst geliebte Frau, wie auch mein lieber Bruder und meine allerliebsten Geschwister, liebe Schwiegermutter und Freunde . . .«

Er blickte empor und erinnerte sich an die vergangenen Tage. Dann schrieb er:

»Gelobt sei mein Gott und Vater, der mich an Leib und Seele nach seiner großen Barmherzigkeit bis hierher so wunderbar erhalten hat.«

Er schilderte den Hergang der Schlacht in vielen Einzelheiten, den Anmarsch, die Strapazen und die großen Gefahren.

»Wir verlassen uns auf Gott. Gideon hat mit dreihundert Mann große Taten vollbracht. So wird auch Gott das Gebet derjenigen, die den Vater im Himmel im Geist und in der Wahrheit anrufen, erhören. Ich freue mich immer wieder im Herrn, wenn ich sehe, wie bei unseren täglichen Gebetsstunden, die stets um 10.00 Uhr für die gesamte Armee gehalten werden, mit großer Ehrfurcht auch einige von den Oberen dabei sind, deren gutes Vorbild doch so manchen Soldaten erweckt. Ich persönlich bete oft: ›Herr Jesus, erwecke sie doch alle, daß wir zusammen rechte geistliche Streiter werden zu deiner Ehre und zum Nutzen deiner christlichen Kirche . . .‹.«

Und wieder schilderte er das Leid und die Not des Kampfes und die Grauen des Schlachtfeldes. Dann beendete er seinen ausführlichen Bericht:

»Wir wissen also nicht, wie lange es hier mit uns dauern wird, denn unsere Gedanken sind nicht Gottes Gedanken. Wir wollen es dem Herrn anheimstellen, er wird's wohlmachen. Übrigens wünsche ich Euch allen, gesund zu bleiben und daß Ihr Euch untereinander im Gebet fleißig stärkt.

Grüßet alle die Meinen und die nach mir fragen. Ich küsse Euch alle.

Lebet wohl. Ich bin allezeit Euer aufrichtiger und treuer Mann, Bruder und Freund,

S. Liebler.«

Schon in den nächsten Tagen wurden die Itzenplitzer wieder nach Sachsen verlegt. Das Wetter war unfreundlich geworden. Die Wälder blinkten in den Farben Gelb, Braun, Golden, Rosa und tiefem Rot. Über die Höhen des Elbsandsteingebirges pfiff ein scharfer Herbstwind. Dann begann es ergiebig zu regnen. Diese kostbare Zeit benutzte Friedrich dazu, die Posten an der Elbe zu verstärken, seine Stellungen durch Verschanzungen und Verhaue zu befestigen. Der Boden auf der rechten Seite der Elbe bei Pirna und Königstein war durch die sprudelnden Bergflüsse, die von den hohen Bergen herabgeschossen kamen, grundtief verschlammt.

Die bei Pirna eingeschlossene sächsische Armee litt furchtbar. Zwar unternahmen die Österreicher Versuche, die Bundesgenossen zu befreien, aber der Transport der schweren kupfernen Pontons zu Lande mit ausgehungerten Pferden und manchen Unfällen, verzögerten den Übergang über die Elbe. Auch wurden die Sachsen mit dem Schlagen einer Pontonbrücke über den Fluß nicht zur festgesetzten Stunde fertig. Als sie endlich in strömendem Regen unterhalb des Liliensteins auf das rechte Elbufer übersetzten, mußten sie ihre schweren Geschütze vernageln, weil die entkräfteten Pferde zu schwach waren, um diese über die steile Uferböschung hinaufzuschleppen. Die österreichischen Truppen erreichten gerade noch den Ort Schandau, doch ein Vorrücken durch die engen Hohlwege des Gebirges war durch die großen Hindernisse, die die Preußen innerhalb weniger Tage errichtet hatten, unmöglich. Marschall Browne hatte also das Spiel noch nicht verloren gegeben. Während er in Budin seinen Truppen kurze Erholung gönnte, sandte er einen Geheimkurier in das sächsische Lager mit der Nachricht, er werde am 11. Oktober bei Lichtenhain stehen, und in der Nacht darauf sollten zwei Kanonenschüsse vom Königstein ihm das Zeichen zum gemeinsamen Angriff auf die preußischen Stellungen beim Lilienstein geben. Browne und seine Regimenter warteten bei Lichtenhain in strömendem Regen einen Tag und eine Nacht, dann noch einen Tag und noch eine Nacht: die Signalschüsse aber fielen nicht. Erst am Morgen des 14. Oktober gelang es den Sachsen bei Thürnsdorf, die Elbe zu überschreiten und sich unter dem Lilienstein zu versammeln. Eine Stunde später erfuhr ihr Oberkommandierender, daß sich die verbündeten Österreicher in der Nacht zuvor aus ihren unhaltbar gewordenen Stellungen nach Böhmen zurückgezogen hatten.

Am 16. Oktober mußten die ermatteten Sachsen kapitulieren. Links der Elbe waren preußische Regimenter im weiten Kreis aufmarschiert. Beim Dorf Rathen hatte man eine Schiffsbrücke über den Strom gelegt, über die nun die sächsischen Truppen abgezehrt und gebeugt hinübergingen.

Zehntausende Soldaten mußten in aussichtsloser Lage die Waffen strecken. König Friedrich von Preußen ritt ihre Front ab und befahl, sie nicht in Gefangenschaft zu schicken, sondern sie in die preußische Armee einzugliedern. Prinz Moritz von Dessau hatte dem König eingeredet, daß die Sachsen als Protestanten liebend gern für einen evangelischen Fürsten fechten würden. Doch mußte man bald einsehen, daß es auch unter den einfachen Soldaten Ehrgefühl und Heimatliebe gab. Schon in kurzer Zeit darauf war die Hälfte der 17 000 Sachsen desertiert. Sie hielten treu ihrem König, Kurfürst August, den Eid, den sie geschworen hatten.

Ende Oktober war der Feldzug des Jahres 1756 beendet; die preußischen Truppen räumten nach und nach die besetzten Gebiete von Böhmen. Alle Regimenter zogen sich nach Sachsen oder Schlesien zurück. Des Königs Überraschungsstrategie war nur zum Teil mit Erfolg gekrönt. Das große operative Ziel, die Zerschlagung der österreichischen Armee, wurde nicht erreicht. Bereits im November war der erste Schnee gefallen. Die Truppen des Königs von Preußen hatten vom Vogtland bis nach Schlesien ihre Winterquartiere bezogen.

Schloß Greiffenhain

Die Kompanie des Kapitäns von Möllendorf lag in einem sächsischen Dorf in der Nähe der böhmischen Grenze. Feldwebel Liebler hatte sich mit Sergeant Wuttke und seinen Männern in einem kleinen Schulhaus niedergelassen. Die kürzer werdenden Tage wirkten auf die Soldaten bedrückend. Langeweile breitete sich unter ihnen aus. Es wurden Briefe geschrieben, Karten gespielt, soweit man nicht zum Wachtdienst eingeteilt war.

Heinz Zittelmann hatte seinen schon stark zerschlissenen Uniformrock über die Knie gebreitet. Recht umständlich nähte er die Knöpfe fest.

»Det heißt ja: Arbeit adelt« – er räusperte sich, »da bleib ick lieber bürgerlich bei einer solchen Schinderei. Beschäftigung is schön und gut, aber det darf nich in Arbeit ausarten, det hat schon mein alter Herr gesagt.«

Alexander ließ sich durch die skurrilen Anmerkungen seines Freundes nicht stören. Er schrieb gerade einen Brief an seinen Bruder Thomas und berichtete ihm von den anstrengenden Märschen in den ersten Tagen des Krieges, von der Belagerung bei Pirna, von der Schlacht bei Lobositz und den Strapazen vor der Festung Königstein.

»Ich wünschte, ich könnte bei Dir sein, durch die Urwälder streifen, am Lagerfeuer Indianer belauschen, wilde Jagden auf Bären und Büffel machen«, schrieb er. Alexander blickte hinaus auf die Dorfstraße, wo die Schneeflocken munter wirbelten. Einige Patrouillen zogen vorüber. Die Gesichter der Soldaten waren vom Frost blaurot angelaufen. Bauern trugen auf ihren Rücken große Körbe mit Lebensmitteln, um diese bei den Soldaten und Offizieren zu verkaufen.

Eine stämmige Frau, die mit zwei Holzeimern zu einem Brunnen unterwegs war, kam ins Rutschen und fiel in den tiefen Schnee, so daß sie mit den Beinen zum Himmel emporstrampelte. Alexander lachte herzhaft über diese urkomische Szene. Auch Heinz Zittelmann brüllte los: »Mit de Beene ganz alleene macht man so 'ne Purzelbäume nich.« Er wischte sich die Tränen von

Zehntausende sächsischer Soldaten mußten in aussichtsloser Lage die Waffen strecken.

den Augen: »Die Olle hat sich wohl heute noch nich jewaschen, deshalb steckt'se den Kopf in den Schnee.«

Seit einiger Zeit besaß Alexander einen Freipaß, der ihm erlaubte, wann immer er wollte, den Dorfbereich und die Wachtkette zu verlassen. Major von Lüderitz war ihm seit der Gefangennahme des österreichischen Obersten wohlgesinnt und hatte bereits durchblicken lassen, daß er in Kürze mit einer Beförderung zum Unteroffizier rechnen könne.

In der Ferne sah Alexander, wie zwei rote Husaren vom Regiment Zieten einen gefesselten Soldaten aus seinem Regiment abführten. ›Schon wieder einer‹, dachte er. Auch Heinz Zittelmann hatte es beobachtet. »Armes Schwein, eener von denen, die man vor ein paar Wochen gezwungen hat, in de preußische Armee zu dienen, gegen det eigene Vaterland. Nun geht er durch die Spießrutengasse. Ick sag ja immer: ›Det Leben is ne kurze Zeit und dauert oft so lange, du kommst dabei nich allzuweit, drum klopft dein Herz so bange.‹

Det is wie da draußen in de Natur. Den Regen hört man oft

fallen, aber den Schnee nich. Wenn der sich durch die Gasse quält, wird er laut schreien, aber det Herz, det blutet weiter.«

Alexander seufzte und ergänzte: »Vor allem sinnlose Schmerzen brennen besonders tief im Herzen. In der letzten Nacht haben allein fünf Sachsen aus unserer Kompanie das Weite gesucht. Jetzt gerade zur Weihnachtszeit übermannt sie das Heimweh.«

Als er gerade weiterschreiben wollte, entdeckte er eine mächtige Schneewolke, die sich auf einem Weg vom Wald auf das Dorf zubewegte. Zwei dunkle Pferde rissen einen Schlitten mit unkontrollierter, wilder Macht kreuz und quer über die schneeverwehte Fläche.

»Heinz, los, komm! Da ist jemand in Gefahr . . .« Beide stürzten zur Tür hinaus und rannten den durchgegangenen Pferden entgegen. Jetzt stürzte ein Korbschlitten um. Schreiend fiel eine Person in den Schnee. Heinz, als Bauernsohn, rannte den Pferden nach, ergriff in einem günstigen Augenblick die Zügel und bekam sehr schnell die wildgewordenen Tiere unter Kontrolle.

Alexander hatte bald den Verunglückten erreicht, der sich stöhnend im Schnee wälzte. Er beugte sich über ihn. »Was ist passiert?« fragte er.

»Ooh. Ooh«, stöhnte der Mann im Schnee und hielt sich mit schmerzverzerrtem Gesicht seine rechte Hand. »Ooh, ooh, ich hab entsetzliche Schmerzen!« ächzte er.

Der Kleidung nach zu schließen schien er ein recht vermögender und einflußreicher Mann zu sein. Sein Gesicht war von Schweißperlen bedeckt.

»Die Pferde sind mir durchgegangen, – ooh, ooh«, stöhnte er wieder und biß sich auf die Lippen.

Heinz Zittelmann hatte inzwischen die Pferde abgeschirrt und den Schlitten wieder aufgestellt.

»Sie können unmöglich so weiterfahren«, sagte Alexander und half dem wehklagenden, vornehmen Herrn auf die Beine.

»Mein Arm, ooh, mein Arm tut mir entsetzlich weh, ooh, mein Arm«, jammerte er.

Alexander hob die kostbare Biberpelzmütze auf, schüttelte den Schnee ab und gab sie dem Unbekannten zurück.

»Ich werde Sie nach Hause bringen . . .«, sagte Alexander.

»Entschuldigen Sie, daß ich mich noch nicht vorgestellt habe«, er hielt immer noch seinen Arm. »Baron von Arnsberg

– ich wohne hier im Schloß Greiffenhain, keine vier Meilen entfernt.«

Jetzt kam Heinz mit dem Korbschlitten und den vorgespannten Pferden: »Die Biester haben sich wohl selbständig machen wollen?«

»Nein, nein, der Wachhund einer Patrouille am Waldrand griff sie an. Dabei scheuten sie und galoppierten davon . . .«

»Los Heinz, wir helfen dem Herrn in den Schlitten, ich werde ihn dann nach Hause fahren.«

»Können Sie denn so ohne weiteres Ihre Quartiere verlassen?« wollte der Baron wissen.

»Ja, Herr Baron, ich besitze einen Freipaß und auch das Vertrauen meiner Vorgesetzten. Ich hole mir nur noch Handschuhe und einen Wollschal.«

Alexander fuhr mit dem Baron von Arnsberg zum Dorfausgang, wo er sich bei der Wache ausweisen mußte. Feldwebel Liebler führte das Wachpikett. In kurzen Zügen erklärte er den Hergang des Unglücks und bat ihn, Sergeant Wuttke von seinem Verbleib zu unterrichten.

»Ist es nicht möglich, daß Sie bis morgen bei mir zu Gast sein können?« fragte der Baron von Arnsberg, »mein Kutscher könnte Sie dann in ihr Quartier zurückbringen.«

Alexander überlegte kurz: »Ja, das würde gehen, mein Wachtdienst beginnt erst übermorgen.«

»Natürlich kann der Musketier Blankenburg bis morgen Urlaub haben«, entschied Feldwebel Liebler.

»Ich bin Ihnen sehr zu Dank verpflichtet«, sagte der Baron und verneigte sich.

»Mach's gut, Alex, und schlaf dich einmal richtig aus. Fühl dich wie bei Muttern . . .«, lachte der Feldwebel und gab das Zeichen zur Weiterfahrt.

Das helle Geläut der Pferdeglöckchen erklang wieder. Alexander führte das Gefährt so sicher, als sei er schon immer Kutscher gewesen.

»Sie können aber famos mit Pferden umgehen«, anerkannte der Baron.

»Die Eltern meiner Mutter haben in Rußland ein stattliches Anwesen mit vielen Pferden, dort habe ich schon ein Dreigespann vor dem Schlitten gehabt.«

»So? In Rußland? Das interessiert mich aber sehr. Das müssen Sie mir heute noch alles erzählen.«

Sie fuhren durch prächtige, tief verschneite Wälder. Rehe wechselten den schmalen Weg. Als das Gefährt hinter einer Hügelkuppe den Wald verließ, sagte der Baron: »So, jetzt haben wir es geschafft, dort unten liegt Schloß Greiffenhain.«

Das ist wahrhaftig ein Schloß, dachte Alexander. Das weitläufige Gebäude mit den im Wald liegenden Stallungen lag im seichten Talgrund vor ihnen. Der zweistöckige, dunkelgelbe Bau war von einem Wassergraben umzogen, über den eine feste Eisenbrücke führte. Ringsumher befanden sich Parkanlagen mit schönen Hecken und altem Baumbestand. Hinter dem hohen Eisenzaun begann ein Hochwald. Als der Schlitten mit den Pferden unter dem ständigen Läuten der Glöckchen über die Brücke fuhr, kam auch schon ein Diener des Hauses dem Baron entgegen. Erstaunt blickte er auf den Kutscher in preußischer Uniform.

»Nun, Steffen, schau Er nicht so entsetzt. Der Herr ist mein Retter und mein Gast. Die Pferde sind mir durchgegangen, und ich bin mitsamt dem Schlitten in den Schnee geflogen.« Er hob seine Linke: »Vorsicht, Steffen! Meine rechte Hand ist entweder geprellt oder gebrochen.«

Alexander aber war schon an der Seite des Barons und half ihm behutsam aus dem Schlitten. Dann betraten beide das Schloß.

Alexander fühlte sich in seiner schon vom Krieg etwas ramponierten Uniform recht erbärmlich, als er in den prunkvollen Vorraum des Schlosses trat.

»Seien Sie willkommen auf Schloß Greiffenhain«, sagte der Baron von Arnsberg und führte ihn in den Salon. Mit seinen rohen Soldatenschuhen polterte Alexander über einen wertvollen Parkettfußboden, der aus Eiche und Ahorn gefertigt war. An beiden Wänden blinkten große Wandspiegel in prachtvollen Rahmen mit vergoldeten Schnitzereien und kreuzblumartigen Verkrönungen. Als er sich, umgeben von solcher Pracht, im Glanz der Spiegel in seiner Felduniform wiedersah, erschrak er noch mehr über seine dürftige Erscheinung.

Der Baron, der Alexanders Reaktion bemerkte, ermunterte ihn: »Nur nicht so schüchtern, junger Mann, fühlt Euch wie ein standesgleicher Fürst, der gerade aus dem Krieg hierher zu Besuch kommt.«

Alexander blickte hinauf zur Decke, an der jeweils in den Ecken Engel mit Musikinstrumenten auf der Stukkatur zu sehen waren. Aus dem eigentlichen Gesellschaftszimmer hörte man die aufgeregte Stimme der Baronin: »Mein Gott, mein Gott, Karl, hast du dich ernstlich verletzt?«

Eine liebenswürdige Frau im besten Alter, eingehüllt in einen kostbaren Umhang, erschien zwischen den Flügeltüren. Als sie Alexander sah, stutzte sie und sagte erstaunt: »Ach . . .«

»Darf ich dir vorstellen, Josephine, das ist Herr Blankenburg, der mich heute vor dem Schlimmsten bewahrt hat. Ihm habe ich zu verdanken, daß ich so schnell wieder auf die Beine kam, und ich mir durch die wildgewordenen Pferde keine größere Verletzungen zugezogen habe«, er führte seine Frau an seiner gesunden Hand zu Alexander.

»Willkommen, Herr Blankenburg, ich freue mich, Sie als einen Beschützer meines lieben Mannes hier begrüßen zu können.«

»Ach, das ist doch kaum der Rede wert«, wehrte Alexander ab, »das ist ganz einfach unsere erste Christenpflicht, dem Nächsten, der in Not ist, zu helfen.« Er war über seinen frommen Ausspruch selbst erstaunt.

»Wie geht es dir jetzt, mein Liebster?« Behutsam nahm sie die rechte Hand ihres Mannes und sah die deutliche Schwellung.

»Herr Blankenburg, bitte, bleiben Sie nicht hier im Vorraum stehen. Machen Sie es sich dort im Gesellschaftszimmer ein wenig bequem und entschuldigen Sie mich für eine kleine Zeit. Meine Frau will mich sicherlich erst einmal behandeln.«

Als Alexander über die Schwelle in das prunkvolle Zimmer trat, stand er sekundenlang, vom Glanz dieses Raumes geblendet, da. Sogleich fiel sein Blick auf das eingelassene Deckengemälde, welches eine Allegorie auf Weisheit und Tugend in Personen aus der griechischen Antike darstellte. Ein schwerer Kronleuchter aus Kristall glitzerte von Gold und Silber. An der einen Wand stand ein herrlicher Kamin mit einem Aufsatz aus vergoldeten Schnitzereien. Darüber war ein Ölgemälde in die Decke eingelassen, worauf ein Engel dem Abraham ins Messer fuhr, als er gerade seinen Sohn Isaak opfern wollte. Rechts neben dem Kamin hing das Wappen des Barons. Zu seiner Linken stand eine Kommode mit einer hellen Marmorplatte, die aus wertvollem Rosenholz gefertigt und mit Mahagonieinlagen verziert war. Im Raum verteilt standen Polsterstühle mit Goldverzierungen an den Beinen. Die großen Wirkteppiche aus China schmückten die Wände mit seltsam farbiger Leuchtkraft.

Ein Diener brachte auf einem Tablett ein Glas mit rotem Wein: »Bitte, mein Herr, nehmen Sie doch Platz.« Er führte ihn zu einem vergoldeten Tisch mit einer weißen Marmorplatte. Alexander setzte sich zögernd auf ein mit rotem Samt bezogenes Kanapee. Der Diener entzündete ein Feuer im Kamin. Er blickte Alexander bekümmert an, wie er so ohne Mantel dasaß und in dessen Gesicht sich die Spuren der Kälte zeigten. »Darf ich dem Herrn noch einen Tee zubereiten, vielleicht mit etwas Rum, wenn's gefällig ist?«

»Oh, bitte gern, draußen herrschen frostige Temperaturen.«

Der Diener verneigte sich und verließ das Gesellschaftszimmer.

In der Wandseite neben der Flügeltür entdeckte Alexander zierliche Bücherschränke mit kostbaren Glastüren. Auf einem kleinen Tischchen vor diesen Schränken lagen aufgeschlagene Bücher.

Bald kamen auch der Baron und seine Frau wieder in das Zimmer. Sie hatte seine rechte Hand fest verbunden.

»Mein lieber Herr Blankenburg, ich lasse Ihnen gerade einen wärmenden Samtrock bringen. Wir können dann auch bald zu Abend essen. Bis dahin wollen wir uns an den Kamin setzen. Vielleicht erzählen Sie uns aus Ihrer Heimat.« Er neigte sich zu seiner Frau: »Stell dir vor, Liebste, Verwandte seiner Mutter wohnen in Sankt Petersburg . . .«

Alexander erzählte aus seinem Leben, von der Jugendzeit im Pfarrhaus, dem sorglosen Dasein bei den Eltern, und wie er auf der Fahrt nach Frankfurt von einem Werbeoffizier und dessen Begleiterin in die preußische Armee gelockt worden ist. Als der Name Jeannette von Priegnitz fiel, konnte Alexander plötzlich eine seltsame Erregung und ein gesteigertes Interesse bei der Baronin feststellen.

»Wie hieß die Begleiterin von Baron von Kaminski?« wollte Josephine von Arnsberg wissen.

»Jeannette von Priegnitz.«

»Verzeihen Sie, wenn ich so direkt frage. Wie alt schätzen Sie Fräulein von Priegnitz?«

Alexander wurde verlegen. Er spürte die unerwünschte Röte in seine Wangen steigen: »Ich glaube, sie ist etwa 17 bis 18 Jahre alt.«

»Seltsam, sehr seltsam, können Sie mir eventuell ihr Aussehen beschreiben? Verzeihen Sie meine Neugierde, es hat aber eine tiefere Bewandtnis.«

Alexander lächelte verschmitzt. Schüchtern zog er aus dem Uniformrock das kostbare Medaillon hervor: »Jedes Bild findet sein Ebenbild, aber ihr Antlitz ist in Wirklichkeit noch bezaubernder und schöner als auf diesem kleinen Gemälde.«

»J-e-a-n-n-e-t-t-e !« schrie die Baronin, »großer Gott, Jeannette, sie ist es! Das kann doch nicht wahr sein! Sieh einmal, Karl, ganz unverwechselbar . . .«

Vor Erregung sprang Josephine von Arnsberg auf und beugte sich über die Schulter ihres Mannes, der kopfschüttelnd das Miniaturgemälde betrachtete. »Ohne Zweifel, sie ist ihrer Mutter wie aus dem Gesicht geschnitten«, stellte er fest.

Ungestüm lief Josephine zur Tür und rief laut ins Treppenhaus: »M-a-x-i-m-i-l-i-a-n! –

M-a-x-i-m-i-l-i-a-n! Komm schnell! Jeannette lebt! Bitte, komm sofort, Maximilian!«

Erschrocken hielt sie inne und blickte Alexander an. Der sah die starken Gemütserregungen und das sonderbare Verhalten des Ehepaares.

»Bitte, Herr Blankenburg, ich verstehe Ihr Staunen über unsere plötzliche und bestürzte Reaktion wegen Jeannette. Wir werden Ihnen das alles gleich erklären. Sagen Sie, wissen Sie etwas über die Verwandten von Fräulein von Priegnitz?«

»Nein, Herr Baron, ich hatte aber immer den Verdacht, daß in ihrer Vergangenheit etwas Geheimnisvolles oder Schreckliches eine Rolle gespielt haben muß.«

In diesem Augenblick kam ein stattlicher junger Mann ins Zimmer. Josephine von Arnsberg fiel ihm, außer sich vor Freude, um den Hals und weinte. »Denk dir nur, Bruderherz, wir haben Jeannette gefunden. Herr Blankenburg zeigte uns dieses Medaillon. Sieh doch nur, es gibt gar keinen Zweifel – sie ist es . . ., Jeannette. Ist das nicht unglaublich, ich kann es immer noch nicht fassen! Nein, o nein, es ist doch nicht möglich, nach so vielen Jahren . . .«

Der junge Mann hielt das Medaillon in seiner Hand und schüttelte unentwegt mit dem Kopf: »Das ist ja nicht zu glauben! Natürlich ist das Jeannette – großer Gott, welch eine wunderbare Fügung des Himmels.« Jetzt ging er auf Alexander zu. Herr von Arnsberg hatte sich aufgerichtet, auch Alexander war aufgestanden.

»Darf ich Ihnen meinen Schwager vorstellen . . .«, sagte der Baron. »Maximilian von Priegnitz. Es ist der ältere Bruder von Jeannette. Meine Frau ist eine geborene von Priegnitz, die Schwester von Jeannette.«

Alexander wich unwillkürlich einen Schritt zurück. Im Augenblick war er nicht imstande, diese unwirkliche Situation zu erfassen. »Wie bitte?« rief er erschrocken.

Der Baron zog an der Dienerglocke.

»Ach bitte, setzen wir uns doch alle um den Kamin . . .«

Der Diener trat durch die Tür.

»Bitte Steffen, servieren Sie uns einen alten Meißener Wein, nehmen Sie einen von den besten Jahrgängen.«

Als der Diener gegangen war, begann Josephine die Geschichte der Familie von Priegnitz zu erzählen:

»Adolf Graf von Priegnitz ist unser Vater. Er heiratete Isabella von Fouqué, unsere Mutter, die aus Südfrankreich stammte. Vater hatte sie auf einer Reise nach Spanien kennengelernt. Er wurde später als Diplomat an den Hof des Zaren nach Petersburg gerufen, wo wir Kinder«, Josephine zeigte auf ihren Bruder, »Maximilian als der Älteste, ich als die Zweitgeborene und dann später Jeannette, die als Nachkömmling zur Welt kam, aufwuchsen. Wir hatten eine sorglose, unbeschwerte Kinderzeit. Wir wohnten in einer Prachtvilla ganz in der Nähe der Newa. Eines Tages wurde unser Vater von der zaristischen Geheimpolizei aus fadenscheinigen Gründen verhaftet und in die Verbannung geschickt. Vater, der ein ausgezeichneter Diplomat gewesen, hatte große Neider, die offenbar dieses Komplott gegen ihn geschmiedet hatten. Unsere Mutter stand über Nacht ziemlich mittellos mit uns Kindern da. Ihre wenigen Ersparnisse nahm sie an sich und floh mit uns aus Petersburg. Leider wurden wir von einem angeblichen Kutscher schamlos betrogen. Er nutze die Hilflosigkeit meiner Mutter aus. Unser Weg führte nicht nach Preußen, so wie es verabredet war, sondern wir kamen über Nowgorod bis nach Borodino. Dort wurden wir eines Nachts in einem einsam gelegenen Haus überfallen und ausgeraubt. Der Kutscher war seltsamerweise in der Dunkelheit verschwunden, deshalb nahmen wir stark an, daß er selbst diesen Raubzug inszeniert hatte. Es waren dunkle Gestalten, die uns gefangenhielten. Mutter gelang es, sich mit mir und Maximilian von den Fesseln zu befreien. Aber Jeannette, die sie in eine obere Kammer eingesperrt und dort festgehalten hatten, wurde dann von den Verbrechern gewaltsam fortgeschleppt, ohne daß wir es verhindern konnten.« Josephine von Arnsberg unterbrach ihren Bericht und begann still zu weinen.

Unter Tränen fuhr sie fort: »Ich höre noch heute ihr jämmerliches Rufen. ›Mutter! Hilf mir doch, Mutter! Ich will bei dir bleiben!‹

Ein gottesfürchtiger Bauer nahm uns nach langem Umherirren in seinem Hause auf und schleuste uns in die nächstliegende Stadt. Dort trafen wir einen französischen Arzt, der sich auf dem Weg nach Paris befand. Da meine Mutter eine geborene Fouqué war und dieser Arzt einen Grafen von Fouqué als Patient hatte, half er uns, unter abenteuerlichen Umständen in die Heimat, das heißt nach Frankreich, zu gelangen. Dort sind wir von unseren reichen Verwandten aufgenommen worden. Maximilian und ich wurden dann von Privatlehrern unterrichtet. Später erreichte uns die schreckliche Nachricht, daß Vater von Erpressern in Sibirien ermordet worden sei, weil es ihm nicht möglich gewesen wäre, für Jeannette ein hohes Lösegeld zu zahlen. – Unsere kleine Schwester aber blieb für uns spurlos verschwunden . . .« Josephine schwieg eine Weile und weinte, dann flüsterte sie leise: »Wir haben jahrelang darunter gelitten. Eigentlich leiden wir noch immer unter diesem Alptraum.«

»Allmächtiger Gott, wie spielt das Schicksal mit den Menschen«, brach es aus Alexander nach diesen Ausführungen hervor.

Baron von Arnsberg ergänzte: »Was einem das Schicksal auferlegt, muß der Mensch ertragen. Es hilft nichts, gegen Wind und Flut zu schlagen.« Er hob sein Glas: »Jetzt wollen wir aber hoffnungsvoll in die Zukunft schauen, denn nichts unter der Sonne bleibt dem Zufall überlassen.«

»Meine Schwester wohnt also in Berlin?« fragte Maximilian.

»Sie ist ihren Berichten nach als Gesellschafterin bei einem russischen Fürsten in Diensten und weilt seit Monaten in Sankt Petersburg, so komisch das jetzt klingen mag. Wir stehen brieflich in Kontakt. Das heißt, die Post wird uns nur durch einen Boten heimlich überbracht, da sich ja auch Rußland im Kriegszustand mit Preußen befindet. Auch hier verbirgt sich irgendein Geheimnis, daß ich bisher nicht imstande war, aufzuklären. Ob die Reise nach Rußland damit zusammenhängt, entzieht sich meiner Kenntnis.«

Josephines Gesicht verdunkelte sich: »Rußland, immer wieder Rußland. Ist Rußland denn unser Verhängnis? Mir wird immer bange, wenn ich etwas von diesem Land höre.«

Der Baron nahm ihre Hand und streichelte sie: »Mein Liebes, wir wollen doch Gott vertrauen. Er wird über Jeannettes Leben wachen, und wir werden sie bestimmt bald wiedersehen.«

Alexander sprach noch von den wenigen Treffen in Berlin, aber auch von der großen Freude darüber, daß sie in naher Zukunft wieder nach Berlin zurückkehren wollte.

»Ach, unsere Mutter wird sich bestimmt unendlich freuen, wenn wir ihr nun mitteilen können, daß Jeannette lebt. Sie ist vor Gram fast schwermütig geworden.«

Josephine wandte sich wieder an Alexander: »Bitte, Herr Blankenburg, wir müssen eng in Verbindung bleiben. Wir sind Ihnen für jede Nachricht von Jeannette von Herzen dankbar. Teilen Sie ihr doch so bald wie nur möglich mit, daß ihre Mutter und ihre Geschwister leben, und daß wir sie mit großer Sehnsucht im Schloß Greiffenhain erwarten. Meine Mutter wird uns im nächsten Jahr besuchen. Natürlich sind Sie uns persönlich jederzeit herzlich willkommen.«

Beim Abendessen saß Alexander neben Maximilian, der ihn hin und wieder recht prüfend ansah.

Alexander fühlte sich wie in ein Paradies versetzt. Auf dem Tisch glänzte das kostbare Meißener Porzellan und das Besteck aus schwerem Silber.

Bevor das Essen aufgetragen wurde, erhob sich der Baron und sagte zu Alexander: »Es ist mir eine große Freude, Herr Blankenburg, Sie als meinen Retter und Glücksbringer von Gottes Gnaden in unserer Familie nochmals willkommen zu heißen. Alexander, Sie haben durch ihren liebenswürdigen Besuch hier auf Schloß Greiffenhain eine Hochstimmung von großer Freude hervorgerufen, die ich überhaupt nicht imstande bin, zu beschreiben. Bitte vergessen Sie nicht, was meine Frau gesagt hat. Sie sind hier jederzeit als Freund und Ehrengast willkommen.« Dann nahm er sein Glas, und man stieß auf eine frohe Zukunft an. Der Baron ging auf Alexander zu und umarmte ihn herzlich. Die Diener trugen die allerbesten Speisen auf: eine klare Rindsbrühe als Vorspeise, zartes Taubenfleisch mit feinem Gemüse, Rehbraten mit Wildpreißelbeeren und Rotkraut, dazu echte sächsische Klöße mit Champignon-Rahmsoße. Als Dessert servierte man Schaumkuchen, die auch »Spanische Winde« genannt wurden und durch die Weincreme, die hierzu gereicht wurde, besonders erfrischend schmeckten.

»Wie fühlt man sich denn so bei den Preußen?« fragte Maximilian und sah ihn forschend an. Alexander wich der Frage aus: »Dient Ihr denn nicht?«

Maximilian blickte auf seinen Schwager, der ihm ermunternd zunickte. Dann wandte er sich wieder an seinen Tischnachbarn: »Doch, doch, – ich diene meiner hochverehrten Kaiserin Maria Theresia mit Leib und Leben als Rittmeister bei den Trauttmannsdorff-Kürassieren.«

Unwillkürlich wich Alexander zurück, eine peinliche Stille entstand. Alexander blickte den Bruder von Jeannette erschrocken an und konnte zunächst kein Wort hervorbringen.

Der Baron hüstelte leicht: »Tja, – nun, – wie gesagt, – ich glaube, wir sind Herrn Blankenburg eine kleine Aufklärung schuldig.« Er lächelte Alexander recht offen an: »Das ist nämlich so: Die Familie Arnsberg ist dem kaiserlichen Hof in Wien seit Menschengedenken zu Dank verpflichtet. Wir lieben und verehren das kaiserliche Herrscherhaus. Mit dieser Einstellung sind wir als Kinder großgezogen worden und in diesem Sinne haben auch unsere Vorfahren gelebt.« Er ergriff Alexanders Hand: »Damit wir uns recht verstehen: Wir verhalten uns gegenüber dem König von Preußen als loyale Untertanen, den wir zwar nicht lieben, weil wir seine willkürlichen Machtansprüche nicht akzeptieren können. Als die preußische Armee im ersten Krieg Schlesien eroberte, trat Maximilian in die kaiserlich-österreichische Armee ein. Er fühlte sich durch die karge Amtshilfe nach dem mysteriösen Tod seines Vaters von dem preußischen Hof und den Behörden in Berlin sehr betrogen. Doch sollen diese deutschen Verquickungen und Belastungen unsere Freundschaft zueinander nicht stören, Herr Blankenburg.«

Alexander wandte sich an den Bruder von Jeannette. »Als kaiserlicher Rittmeister weilt Ihr mitten im Krieg in einem Gebiet, das von der preußischen Armee besetzt ist?«

»Das werde ich Ihnen erklären und bitte Sie als einen Freund meiner Schwester, daß Sie mich nicht verraten«, er blickte Alexander erwartungsvoll an. Dann aber fuhr er fort: »In der Schlacht bei Lobositz wurde ich durch einen preußischen Husaren schwer verwundet. Ich bekam einen Hieb auf den Kopf und lag lange bewußtlos auf dem Boden. Mein Bursche rettete mir das Leben. Wie er's fertiggebracht hat, mich in meiner weißen Kürassieruniform den Blicken der Preußen zu entziehen, weiß ich nicht. In der Nacht schleppte er mich in den Stall eines Bauerngehöftes. Tagelang lag ich dort auf dem Stroh neben den Tieren.« Maximilian erhob sein Glas und stieß mit dem immer noch verdutzten Alexander an: »Ja, so geht es zu zwischen den deutschen Fronten. Man darf sich nie verlorengeben. Als Viehtreiber verkleidet entkamen mein Bursche und ich in Richtung Sachsen. Wir hatten sogar eine Kuh günstig gekauft, die mein Bursche am Strick führte, während ich sie antrieb. Aber die Kuh behielten wir nicht lange, sie wurde ein Opfer der preußischen Feldküche. Danach bestachen wir eine Marketenderin mit österreichischen Geld. In ihrem Wagen versteckt, erreichte ich nach tagelangem Umherirren Schloß Greiffenhain. Meine Schwester pflegte mich, und so konnten meine Wunden heilen.«

Maximilian beugte seinen Kopf zur Seite: »Sehen Sie hier, Herr Blankenburg, so gewaltig schlagen die Preußen zu.«

Alexander sah quer über dem Schädel eine rote, längliche Narbe, an der die Haare langsam wieder zu wachsen begannen.

»Der Hieb war nicht von schlechten Eltern«, bemerkte Alexander.

»Sie wollten sagen, ein echter Preußenhieb.« Maximilian lachte befreit: »Ich hoffe nur, ich kann mich einmal auf dem Schlachtfeld dafür revanchieren.«

»Wie lange gedenkt Ihr noch, hierzubleiben?«

»Sobald wie nur möglich möchte ich mich wieder zu den Österreichern durchschlagen«, er tippte auf seine Brust und hob bedeutsam seinen rechten Zeigefinger hoch. »Die Kaiserin braucht ihren Rittmeister.«

»Aber ist es nicht gefährlich hier zu wohnen? Verrat und Hinterlist lauern hinter allen Türen und Fenstern.«

»Wissen Sie, Alexander, ich halte mich im Hause verborgen. Sollten sich aber die Preußen überraschend nähern, wird das hier rechtzeitig gemeldet, so daß ich bequem durch einen alten, dem Volk unbekannten Tunnel verschwinden kann.«

Maximilian ergriff plötzlich die Hand des Preußen: »Da kommt mir ein Gedanke. Wie wäre es denn, mein Guter, wenn Sie etwas schneller Offizier werden könnten. Ich meine, – verstehen Sie mich bitte nicht falsch, – ich habe guten Einfluß bei der kaiserlichen Armee. Ich gebe Ihnen mein Offiziersehrenwort: in einem Jahr sind Sie Offizier!«

Alexander war auf diese Frage und das Angebot überhaupt nicht gefaßt. Er erschrak bei dem Gedanken, denn er spürte in sich doch noch eine tiefe Neigung, sehr bald in Glanz und Ehren als Offizier zu leben. Hatte er sich nicht immer den Umstand herbeigesehnt, der ihm erlauben würde, das Regiment zu verlassen? Aber gerade jetzt fliehen? Nein. Alexander schüttelte den Kopf. »Maximilian, vielleicht verstehen Sie mich nicht. Ich bin bereits einmal geflohen und hatte schon das sächsische Staatsgebiet erreicht. Dabei habe ich meinen Vorgesetzten in größte Gewissensnot gebracht. Deshalb bin ich dann freiwillig zurückgekehrt, und damit habe ich das absolute Vertrauen aller Unteroffiziere und Offiziere in unserem Regiment erworben. Ich kann dieses gutgemeinte Angebot nicht annehmen.« Er zog das goldene Medaillon aus seiner Brusttasche: »Außerdem wartet ja auf mich ein entzückendes Mädchen, Ihre Schwester, Herr Rittmeister. Vielleicht verstehen Sie, daß ich mich nicht anders entscheiden kann. Erst möchte ich doch Jeannette wieder in die Arme schließen . . .«

»Tja, richtig«, und alle schmunzelten.

Der Baron erhob sich und ging auf Alexander zu: »Lieber Herr Blankenburg, bei aller Zerrissenheit durch Krieg und Streit wird Schloß Greiffenhain für Sie eine Oase des Friedens und ein Treffpunkt zur Zusammenführung der Familie von Priegnitz sein. In diesen Räumen sollen innerdeutsche Spannungen und Entfremdungen nicht aufkommen. Deshalb bitte ich alle, in diesem Sinne die Gläser noch einmal zu erheben und auf ein geeintes deutsches Land anzustoßen!«

Hell klangen die Gläser, während die kostbare Standuhr melodisch schlug.

Am späten Abend geleitete der Hausherr Alexander in das schöne Gästezimmer.

»Sehen Sie, dieses Zimmer steht Ihnen jederzeit zur Verfügung. Ich hoffe, Sie fühlen sich hier recht heimisch . . .«

Alexander war überwältigt von der Pracht dieses Gemachs. Zur Linken sah er einen gemütlichen Alkoven mit einem schneeweißen Bett. Die Wände waren mit rotem Samt bespannt. Zur Rechten hing ein großer Wandspiegel mit vergoldeten Akanthusschnitzereien. Auf einem Sockel tickte leise eine Wanduhr, auf deren aus Silber getriebenem Ovalrelief die Jahreszeiten dargestellt waren. Daneben fand man eine Mahagonikommode mit schweren, vergoldeten Bronzebeschlägen. Zum Fenster hin stand ein prachtvoller Kabinettsschreibschrank aus Rosenholz und Nußbaum mit Zinneinlagen. Hinter der Tür entdeckte er einen Toilettentisch aus Ahorn. Kerzen in den Lüstern an den Wänden und eine Standleuchte erhellten das Zimmer.

Nachdem er sich frisch gemacht und das bereitgelegte Nachtgewand angezogen hatte, löschte er die Kerzen. Danach versank Alexander in dem duftend weißen Bett. Heute schlafe ich vielleicht pompöser als der König von Preußen, meinte er in diesem Augenblick.

Als er die Ereignisse des Tages noch einmal überdachte, hatte er das Gefühl, in einem selten schönen Traum davonzufliegen. Gestern noch lag er mit Soldaten des Regiments Itzenplitz auf muffigem Stroh neben schnarchenden Kameraden, heute schlief er wie ein Prinz in fürstlichen Gemächern und hatte die Verwandten seiner Liebsten durch einen außergewöhnlichen Zwischenfall gefunden. Welch eine Wende durch Gottes Führung, dachte er. ›Was würde wohl Jeannette über seine Entdeckung sagen? Wo mochte sie überhaupt jetzt sein? Stand ihre Reise mit den unglücklichen Begebenheiten aus ihrer Kindheit im Zusammenhang? Wollte sie ihre Mutter und ihre Geschwister in Rußland suchen?‹ Fragen über Fragen drängten sich ihm auf. Er hatte eine unbändige Sehnsucht nach ihr, ein Verlangen, sie ganz dicht in seiner Nähe zu spüren, bevor er in einen tiefen, traumlosen Schlaf fiel.

»Alexander, wenn es Ihnen irgendwie möglich sein sollte, uns in der kommenden Advents- und Weihnachtszeit zu besuchen, kommen Sie bitte hierher nach Greiffenhain«, begrüßte ihn der Baron am nächsten Morgen zum Frühstück.

»Und wenn Sie eine Nachricht unserer Schwester bekommen haben, bitte, Herr Blankenburg, teilen Sie es uns unter allen Umständen sofort mit. Kosten spielen dabei keine Rolle. Ich konnte gestern abend kaum einschlafen bei dem wunderschönen Gedanken, daß unsere Jeannette noch lebt, und wir sie vielleicht bald wiedersehen können.«

Nach dem Frühstück verabschiedete man sich. Maximilian umarmte Alexander kameradschaftlich. »Auf ein baldiges Wiedersehen, wenn möglich mit Jeannette«, bat er und klopfte ihm herzhaft auf die Schulter.

Schnell glitt der Schlitten über die funkelnden Kristalle der hellen knirschenden Schneedecke hinweg und brachte ihn zu seinem Standort zurück. Bei der Wache am Ortseingang empfing ihn Feldwebel Liebler mit gelassener Fröhlichkeit und fragte ihn scherzend: »Meldet sich der Herr Baron von Blankenburg wieder zum Dienst zurück?«

»Der Pflicht gehorchend, nicht dem inneren Triebe«, gab Alexander ehrlich zurück.

Vor dem Quartier seiner Kameraden stieg er ab. Mit Liebesgaben bepackt betrat er die Unterkunft.

»Det du dir überhaupt noch an uns kleene Achtgroschenmänner erinnerst, ist schon sehr beachtlich«, scherzte Heinz Zittelmann, »aber det de nu auch noch det Christkind spielst, det werden wer dir nich vergessen.«

Fröhlich wurden die kulinarischen Mitbringsel verteilt: Wein, Kuchen, Gebäck, Äpfel, Rosinen, Speck und einige Würste. Auch Sergeant Wuttke erhielt seinen Anteil. In einem überheizten Zimmer eines Bauernhauses, in das er noch am Abend umgezogen war, saß der Hagere am Kachelofen und schimpfte über das naßkalte Wetter. Als er aber den Wein sah, rollte er vergnügt mit den Augen: »In Maßen genossen erwärmt er Herz und Magen. Wer Maß hält in allen Dingen, wird auch seinen inneren Schweinehund überwinden«, orakelte der Sergeant und rieb seine knochigen, kalten und gichtkranken Finger.

Alexander legte einige klobige Holzscheite in den fast glühenden Eisenofen. Das frische Holz prasselte und krachte in dem lodernden Feuer.

»Wenn ich fragen darf, ist denn kein Brief für mich angekommen?«

»Nicht von der, von der Er einen Brief erwartet.« Wuttke deutete auf eine rustikale Kommode. »Aber dort liegt für Ihn ein Brief aus der Heimat.«

Alexander griff nach dem Kuvert und betrachtete es mit gemischten Gefühlen. Er erkannte sofort die Handschrift seines Vaters. Zunächst steckte er es in die Tasche.

»Falls für Ihn ein persönlicher Brief, mit zarter Hand geschrieben, hier bei mir eintrifft, will ich Ihn sofort benachrichtigen«, väterlich klopfte Wuttke ihm auf die Hand.

Alexander verkroch sich in eine Ecke der Scheune. Mit klopfendem Herzen hielt er das Schreiben in seiner Hand. Es waren die ersten Zeilen seines Vaters. Welch eine Meinung mochte er sich inzwischen wohl über ihn gebildet und welch ein Urteil über sein Verhalten gefällt haben? Dann öffnete er das versiegelte Kuvert und las:

»Mein Sohn,
vor langer Zeit haben Deine Mutter und ich mit der größten Bestürzung von Deinem Entschluß Kenntnis genommen, nämlich Dein zukünftiges Schicksal in die Hände eines Herrschers zu legen, der weder vom Geist einer christlichen Botschaft noch von dem innewohnenden Sinn des Friedens auf Erden gelenkt wird. Wie ich über das Verhalten dieses Reichsfriedensbrechers denke, ist Dir genügend bekannt. Du hast die Ausbildung zu einem ordentlichen Beruf in Frankfurt verschmäht, und Du bist gegen unsere Einwilligung in die Machtsphäre eines Antichristen geraten. Was uns als Eltern zu tun bleibt, wollen wir tun, nämlich den Allmächtigen bitten, daß er über Dir wache und Dich vor größeren Gefahren des Körpers und der Seele bewahre.
Die Tür zum Vaterhause bleibt Dir dennoch geöffnet. Wir sehnen uns danach, daß Du einst im Frieden in Dein Elternhaus zurückkehrst.

Bei allen Entscheidungen, die Du treffen wirst, denke bitte stets daran, daß Du Gott mehr gehorsam bleibst, auch wenn Du in den Bann dieses gewissenlosen Tyrannen geraten bist, dessen Ruf bei den Völkern Europas ein sehr schlechter ist. Sein Ruhm ist getränkt mit dem Blut Tausender blühender, junger Männer, die in sinnlosen Kriegen ihr Leben lassen mußten. Die irdische Macht und Ehre dieses Herrschers gründet sich auf schreiendes Unrecht. Sein Königreich hat nichts mit den Geboten und dem heiligen Glauben des Evangeliums zu tun. Von welchen gottlosen Geistern dieser Unmensch gepeinigt wird, zeigt, daß er nicht einmal seine rechtmäßige Ehefrau an seiner Seite duldet. Bitte, kehr rechtzeitig um und komm in Dein Elternhaus zurück. Deine Mutter schließt sich meinen Wünschen und meinen Gebeten für Dich an. Deine Geschwister senden Dir liebe Grüße und alle guten Wünsche.

Dein Dich liebender Vater
Johannes Blankenburg.

Alexander war erschrocken und starrte auf die Handschrift, die das vernichtende Urteil über den König von Preußen gefällt hatte, dem er diente und den er immer noch als sein Vorbild verehrte. Der Vater hatte kaum eine versöhnende Haltung erkennen lassen, nur daß für ihn als dem verlorenen Sohn die Tür zum Elternhaus offen stand. Er nahm sich vor, über den Inhalt dieses Briefes mit Reinhold Friesicke zu sprechen, den er als vertrauenswürdig hielt, diese Angelegenheit verständig zu beurteilen.

Zunächst schrieb er einen Brief an Jeannette, den er wieder in der Wohnung des Sergeanten Wuttke in Berlin hinterlegen lassen wollte, weil er im Stillen hoffte, daß seine Liebste gleich nach ihrer Rückkehr in seinem Berliner Quartier nachfragen lassen würde. Er schrieb ihr von den aufregenden letzten Tagen, der seltsamen Begegnung, und wie er nach Schloß Greiffenhain gekommen war und dort ihre Geschwister kennengelernt hatte. Er sähe diese Fügung als ein Zeichen des Himmels und eine Bestätigung, daß sie beide füreinander bestimmt seien und eine schöne Zukunft auf sie warte. Er übermittelte die herzlichsten Grüße von ihrer Schwester Josephine und ihrem Bruder Maximilian.

Dann schloß er mit den Worten: *»Jetzt warte ich mit großer*

Sehnsucht auf ein Lebenszeichen von Dir, mein geliebter Engel. Wieviel Geduld werde ich wohl noch aufbringen müssen, bis ich dich wiedersehen kann oder einen sehr, sehr langen Brief von Dir bekomme.

Dein junger »Gardeoffizier« Alexander

Nur einige Tage danach an einem Vormittag ließ der Baron von Arnsberg anfragen, ob Alexander für die nächste Zeit nach Schloß Greiffenhain kommen könne, er würde ihn am Heiligabend mitnehmen lassen.

Alexander erhielt für die Weihnachtstage Urlaub, den es sonst nicht gab. Am Abend vor Weihnachten holte ihn der Kutscher aus Greiffenhain vor seinem Quartier ab. Der Schlitten des Barons, in welchem Alexander neben dem Kutscher Platz genommen hatte, fuhr mit aufkreischenden Kufen an, als ob sie im Schnee angefroren wären. Im hellen Ton klingelten die Glöckchen. Bald hatten sie das Dorf verlassen und kamen auf einem Nebenweg an einem Wäldchen vorüber. Die Schatten der kahlen Birken legten sich über den Weg. Schon bald erschloß sich auf allen Seiten die unbeweglich daliegende Schneefläche des sächsischen Mittelgebirges. Die ganze Landschaft war vom Mondlicht überflutet. Wie Diamanten, in einem bläulichen Schimmer, blitzten die Sterne aus der eiskalten Höhe hernieder. Sie warfen ein unwirkliches Licht auf Hügel und Täler. Wieder und wieder stieß der Schlitten rumpelnd in die ausgefahrenen Löcher des Weges.

Alexander wandte sich an den Kutscher: »Es gibt hier wohl eine Menge von Wild? Überall sieht man von Hasen und Füchsen die Spuren.«

»O ja, doch jetzt im Krieg wird das Wild kaum geschossen, nur hin und wieder durch preußische Truppen, die ihre Feldküche auffüllen möchten.«

Als sie auf eine vielbefahrene, größere Landstraße kamen, die seitlich von den Schlittenkufen geglättet und in der Mitte des Weges von den Hufdornen der Pferde ganz zerhackt war, begannen die Tiere ganz von selbst die Zügel anzuziehen und ihren Lauf zu beschleunigen. Das rechte Pferd bog den Kopf nach unten und machte Sprünge, sodaß der Kutscher jedesmal einen kräftigen Ruck am Zügel verspürte. Alexander hockte, eingemummt in einem warmen Pelzmantel, den man ihm vom Schloß mitgeschickt hatte, und mit einer Decke um die Füße gelegt, mit frohem Herzen neben dem Kutscher. Der Schlitten durchquerte bald ein größeres Waldstück. Die Schatten der Tannen, Fichten und anderer Bäume fielen auf den Weg. Beim Anblick der schönen Winterlandschaft wurde Alexander ganz weihnachtlich zumute. Mit quietschenden Kufen, unter lautem Geschrei des Kutschers, bogen sie in eine größere Kurve. Bald wurden zwischen den Bäumen schwache, gelbe Pünktchen sichtbar. Die Lichter vom Schloß Greiffenhain kamen näher und wurden immer größer und heller.

»Willkommen im Kreise unserer Familie, mein lieber Alexander. Sie bleiben doch über die Weihnachtsfeiertage in unserer Mitte?« fragte der Baron, der ihn im Vorraum in festlicher Stimmung empfing.

»Haben Sie etwas von Jeannette gehört?« wollte Josephine sofort wissen, entschuldigte sich aber gleich wegen ihrer Ungeduld. Eine Magd nahm ihm den Mantel ab, knickste tief und führte ihn wieder in sein Zimmer. Später, nachdem er sich erfrischt und umgezogen hatte, saß er mit Josephine im Gesellschaftszimmer.

»Haben Sie wirklich gar nichts von Jeannette erfahren?« wollte sie wissen.

»Es tut mir sehr leid«, antwortete Alexander. »Ich warte auch schon sehnsüchtig auf ein Lebenszeichen von ihr.«

Das Feuer im Kamin entfesselte ein munteres Knistern und Krachen. Die Äpfel, die auf dem Sims lagen, verbreiteten schon einen herrlichen Duft. Eine kostbare Decke aus Schmiedeberger Tüllspitze lag auf dem festlichen Weihnachtstisch, der liebevoll geschmückt war mit dekorativen Tannenzweigen, roten Schleifen und goldenen Sternen.

Der Diener servierte Tee und Gebäck auf feinstem chinesischem Porzellan. Das heiße Getränk tat gut nach dieser Fahrt in der eisigen Winterluft. Alexander genoß die wohltuende Behaglichkeit.

»Maximilian ist seit einigen Tagen fort«, begann der Baron, der kaum das Zimmer betreten hatte. »An einem Morgen erschienen plötzlich preußische Husaren und umstellten das Schloß. Ehe sie aber in das Innere vordringen konnten, war mein Schwager schon durch den besagten Tunnel entflohen. Im Nachbardorf erwartete ihn dann ein uns sehr vertrauter Bauer, der ihn sofort über die

Grenze bis zu den österreichischen Vorposten brachte«, fügte er hinzu, als er neben Alexander Platz nahm.

Vor dem hohen Fenster tanzten die Schneeflocken. Die Tannen im Schloßpark neigten sich unter der weißen Pracht. Alle Geräusche, die von draußen hereindrangen, waren durch den Schnee so gedämpft, daß man alles wie durch einen Wattebausch hörte. Das Land schien märchenhaft verzaubert zu sein.

Später setzte man sich in den Musiksalon. Josephine spielte auf dem kleinen Spinett und sang dazu mit heller Stimme:

»Wie soll ich dich empfangen, und wie begeg'n ich dir,
o aller Welt Verlangen, o meiner Seelen Zier?«

Vor Alexander tauchte das familiäre Bild aus dem Pfarrhaus in Tübingen auf. Er sah den Vater, die Mutter und die Geschwister, wie sie vor langer Zeit an der Krippe standen und die frommen Lieder sangen. Doch das schöne Gesicht von Jeannette verdrängte mehr und mehr das vertraute Bild. Ganz eng wurde es in seinem Herzen, wenn er bedachte, daß er seit Monaten keinen Gruß, kein Lebenszeichen von ihr bekommen hatte. Was verbarg sich hinter dem plötzlichen Verschwinden nach Petersburg? Weshalb mußte sie so unverhofft diese Reise nach Rußland antreten?

Als Josephine die Liedstrophe sang:

»Dein Zion streut dir Palmen und grüne Zweige hin,
und ich will dir in Psalmen ermuntern meinen Sinn.
Mein Herze soll dir grünen . . .«,
dachte er mehr an Jeannette, als an den wirklichen Inhalt dieses neuen Liedes von Paul Gerhardt.

Später stellte Baron von Arnsberg einen schweren Leuchter auf einen der kleinen Tische, die vor den Bücherschränken standen. Er schloß eine Glastür auf. Nachdem er mehrere Bücher aus dem Regal herausgenommen hatte, entnahm er einem Fach einen fein gearbeiteten Schlüssel. Diesen führte er in ein Schloß an der Rückwand des Bücherschrankes. Ein Versteck wurde sichtbar, aus dem er einen Kasten entnahm. Er stellte eine kunstvoll gearbeitete Schatulle auf den Tisch und öffnete sie. Drinnen blinkte es golden und in verschiedenen Farben. Ein herrlicher Abendmahlskelch kam ans Licht, der sehr schwer und aus massivem Gold gefertigt war. Außen hatte der Künstler dieses sakrale Gefäß mit Figuren aus dem Alten und dem Neuen Testament verziert. Man konnte Mose, David, Christus, Johannes und Paulus erkennen.

Bewundernd stellte Alexander fest: »Das ist aber eine sehr, sehr wertvolle Arbeit, wohl aus dem frühen Mittelalter?«

»Sie ist mit Sicherheit im sechzehnten Jahrhundert entstanden. Diese unbezahlbare Ziselierarbeit wurde in Südfrankreich geschaffen. Der Kelch gehört zum Familienschatz der Fouqué, die dem Glaubensbekenntnis der Hugenotten angehörten.«

»Also gehören die Fouqué durch ihren Glauben doch mehr zu Preußen als zu Österreich«, meinte Alexander.

»Es ist mir wohl bekannt, daß der große Kurfürst viel für die französischen Flüchtlinge getan hat und den Hugenotten in Preußen eine neue Heimat verschaffte. Aber König Friedrich der II. ist doch wohl nicht als Protestant zu bezeichnen. Eigentlich sollte man ihn als einen glaubenslosen Monarchen ansehen.«

Baron von Arnsberg erklärte Alexander, wie die Familie nach Sachsen gekommen war und sich dort ausgebreitet hatte. Schon der erste sächsische Ahne sei dem kaiserlichen Hof mehr zugetan gewesen als dem sächsischen Staat. Er sei auch zu Ehren und ansehnlichem Reichtum gelangt und vom Kaiser geadelt worden. Schloß Greiffenhain konnten unsere Vorfahren nach dem Dreißigjährigen Krieg sehr günstig erwerben und mit großem Kostenaufwand erneuern.

An den Weihnachtstagen stand eine wunderschön geschnitzte Pyramide auf dem Tisch. Zahlreiche Lichter flackerten an ihr, so daß die trompetenden Engel an ihrer Spitze glänzten. Josephine spielte, während der Baron und Alexander mit ihren rauhen Männerstimmen sangen :

»Dies ist die Nacht, da mir erschienen
des großen Gottes Freundlichkeit;
das Kind, dem alle Engel dienen,
bringt Licht in meine Dunkelheit;
und dieses Welt- und Himmelslicht
weicht hunderttausend Sonnen nicht.«

Alexander glaubte in einer anderen Welt zu leben. War dies alles eine Sinnestäuschung? Entsprangen diese Bilder seinem Wunschtraum? Oder war es ein Phantasiegebilde – eine Erscheinung oder eine Vision mitten in einem fürchterlichen Krieg? Ja, er wußte, es konnte nur eine Traumwelt von einem kommenden Frieden sein, ein frommer Wunsch, ein Traumgesicht, das sich in seinem Herzen ausbreitete. Nach kurzer Zeit würde er wieder in die grausame Realität zurückkehren müssen.

Draußen heulte ein scharfer Ostwind und griff gierig nach den Fensterläden, die unentwegt knarrten. Während in dem riesigen Kachelofen die großen Holzscheite knisterten und krachten, verbreitete sich im Raum eine wohltuende Wärme. Auf dem Dach quietschte die Wetterfahne. Man konnte meinen, die Stimme eines Nachttieres zu hören.

»Schade, daß Jeannette nicht in unserer Mitte sein kann«, sagte Josephine zum wiederholten Male. Später sangen die drei vereint:

»Laß dich erleuchten, meine Seele,
versäume nicht den Gnadenschein;
der Glanz in dieser kleinen Höhle
streckt sich in alle Welt hinein;
er treibet weg der Höllen Macht,
der Sünden und des Kreuzes Nacht.«

Alexander dachte an seine Kameraden. Gewiß würde Reinhold Friesicke eine Christfest-Andacht halten. Er sah sie in den blauen Uniformen in dem Schulraum beieinandersitzen: Feldwebel Liebler, Sergeant Wuttke, Leo, Heinz und Reinhold.

Welch ein Kontrast, dachte Alexander. Hier funkelten die vielen Kerzen am prunkvollen Kronleuchter. Es glitzerte von Gold, Silber und Kristallen, während seine Kameraden an irgendeinem rohen Tisch bei schwachem Kerzenlicht saßen, um das Fest auf ihre Weise zu feiern.

Josephine hatte einige Geschenke, dekoriert mit frischem Tannengrün, auf die helle Marmorplatte der kleinen Kommode gelegt. Sie wandte sich an Alexander: »Mein lieber Herr Blankenburg, ich möchte Ihnen als großem Freudenboten für die Familie Fouqué diese Repetieruhr schenken, die ein kostbares Erbstück meines

Josephine spielte auf dem Spinett, während der Baron und Alexander mitsangen.

Vaters ist. Wir haben die Hoffnung, daß Sie bald Jeannette zu uns bringen werden, und wir dann vereint sagen können: dem Glücklichen schlägt keine Stunde.«

Alexander verneigte sich und küßte Josephine den Handrücken: »Ich fühle mich sehr glücklich, so reich beschenkt zu werden; doch möchte ich diese wertvolle Uhr erst an mich nehmen, wenn ich Jeannette gesund und fröhlich in dieses Schloß geführt habe. Bis dahin will ich auf die Uhr meines Herzens achten, ob ich auch würdig bin, in ihre Familie aufgenommen zu werden. Dem einfachen Soldaten könnte solch ein wertvolles Stück gestohlen oder sogar zum Verhängnis werden.«

Nach den Festtagen wurde Alexander vom Baron von Arnsberg und dessen Diener in sein Quartier zurückgebracht. Für ihn begann nun wieder der graue Alltag eines preußischen Musketiers im Kreis seiner Kameraden.

In geheimer Mission

Der Frühling war überraschend früh ins Land gezogen. Anfang März begann die Schneeschmelze. Die Kompanie des Kapitäns von Möllendorf wurde in ein Dorf im äußersten Süden von Sachsen verlegt. Es hieß, der Feind sei über die Pässe von Böhmen her nach Schlesien durchgestoßen, und es gelte, die österreichischen Kundschafter schon hier abzufangen. Andere waren der Meinung, jetzt beginne bereits der Aufmarsch in die Versammlungsräume der Truppen, um den Frühjahrsfeldzug zu beginnen.

Die Männer des Sergeanten Wuttke kampierten in einem besseren Bauernhaus am Ausgang des Dorfes. Ehe die Musketiere zur Frühwache geweckt wurden, saß Reinhold Friesicke, wie stets vor Sonnenaufgang, bei rußender Öllampe vor seiner geöffneten Bibel und las, leise vor sich hin murmelnd, Worte aus der Heiligen Schrift.

Alexander, der auch recht früh erwacht war, aber mit geschlossenen Augen unter der Decke lag, konnte ihn sehr gut verstehen. Deshalb nahm er unbemerkt an der Morgenandacht seines Kameraden teil.

»Laß mich frühe hören deine Gnade«, flüsterte Reinhold »denn ich hoffe auf dich. Tue mir kund den Weg, darauf ich gehen soll; denn mich verlangt nach dir.«

Während des Murmelns nickte er mit dem Kopf, wie es Juden in der Synagoge vor dem Thoraschrein zu tun pflegen. Dann herrschte einen Augenblick Stille. Alexander blinzelte zu ihm hinüber. Reinhold hielt seine Augen geschlossen und schien andächtig zu meditieren. Dann hörte er ihn leise beten: »Herr, du allmächtiger Gott, der du den Menschen Frieden geben willst, sende auf deine Kinder deinen Heiligen Geist hernieder und lehre uns, wie wir wandeln sollen in den Tagen des Krieges, wie es sich gebührt, als echte Jünger Jesu zu leben, zu reden und zu handeln.«

Leo Tafelski und Heinz Zittelmann atmeten tief und ruhig. Im Nebenzimmer begann Sergeant Wuttke zu rumoren. Wieder vernahm Alexander die Stimme seines frommen Kameraden: »Bitte, Herr Jesus Christus, lenke das Steuer meines Lebens zu dir hin, denn du bist der stille Hafen für meine Seele und für alle, die im Orkan des Krieges hin- und hergetrieben werden, ein fester Felsengrund. Bitte weise uns den Weg zu dir . . .«

Jetzt wurde sein Murmeln unverständlich und dumpf. Alexander blinzelte wieder unter seiner Decke hervor. Er sah, daß Reinhold den Kopf auf seine Hände gestützt hatte. Deshalb konnte man ihn nicht mehr verstehen. Das Wesen dieses einfachen, aber glaubensstarken Bauernsohnes brandenburgischer Eltern hatte für Alexander etwas Faszinierendes an sich. Irgendwie fühlte er sich im Laufe der Zeit zu ihm hingezogen, weil eine gewisse Ruhe und Zuversicht von diesem Kameraden ausging.

Leise, um den Freund bei seiner Andacht nicht zu stören, erhob sich Alexander. Dann schlich er an das kleine Fenster und blickte hinaus. Die verwahrlosten Bauernhäuser und Hütten lagen in bedrückender Stille da. Überall sah man Feldwachen, die übermüdet auf Ablösung warteten. Im Morgennebel erklang aus der Ferne dumpf das Getrappel von Pferdehufen der Husarenpatrouillen. Dünn und blechern läutete eine Kirchenglocke zur Frühmesse. Das zaghafte Geläute klang eher nach einem Bangen als nach Einladung zu einem Gotteslob. Der Morgenwind flaute ab. Kein Stern zeigte sich mehr am grauen Himmel.

Bald wachten auch die anderen auf und machten sich schnell fertig.

Schon um acht Uhr hatten die Männer des Sergeanten Wuttke in einem Gebüsch vor dem Dorf ihre Posten bezogen. Die Musketiere froren in der noch empfindlich kühlen Luft. Sergeant Wuttke hielt ständig Ausschau nach irgendwelchen feindlichen Bewegungen.

»Ruhe, Männer!« rief er plötzlich, »das klingt da drüben wie Pferdegetrappel!« Er deutete hinüber zu einem langgezogenen Waldstück im Osten. Wie ein Luchs spähte er in die besagte Richtung, aus der man nun auch Stimmen vernahm.

»Wuttke hat Ohren wie 'ne Katze«, raunte Heinz Zittelmann Alexander zu, »der wittert den Feind wie een Spürhund.«

Aus dem Wald sprengte ein Grauschimmel hervor, auf dem ein Reiter in tiefgrüner Uniform mit roten Aufschlägen saß. Ihm folgten gleich dahinter zwei blaue Husaren mit schwarzen Flügelmützen. Sie schienen den »Grünen« zu verfolgen.

Wuttke kommandierte: »Achtung! Das Gewehr hoch! Spannt

den Hahn! Ergreift die Patron! Öffnet die Patron! Pulver auf die Pfanne! Schließt die Pfanne! Achtung! Gewehr im Anschlag!«

Blitzartig vollzogen seine vier Musketiere die schnellen Befehle wie auf dem Exerzierplatz in Berlin. Angestrengt beobachteten sie die hitzige Verfolgungsjagd der blauen preußischen Husaren, die dem unbekannten Offizier in der grünen Uniform hinterher preschten.

Die wilden Reiter näherten sich dem Vorposten im Gebüsch. Da aber die preußischen Husaren dem flüchtenden Feind so nahe auf den Fersen waren, konnte Wuttke keinen Schießbefehl erteilen. Jetzt war der Offizier in der grünen Uniform bereits in Schußweite. Einer der Blauen schrie: »Halt! Sofort halt! Wir schießen!«

Blitzschnell zog der Feind seine Pistole und feuerte, indem er sich zu seinen Verfolgern umwandte. Einer der preußischen Husaren flog im hohen Bogen vom Pferd, während ein anderer samt Pferd über einen Graben zu Boden stürzte. Das Pferd des getroffenen Reiters stürmte auf die Männer des Vorpostens in ihrem Versteck zu.

Sergeant Wuttke brüllte gerade: »Achtung! . . .«, als Alexander sein Gewehr von sich warf und dem reiterlosen Pferd in die Zügel fiel. Er brachte das Tier schnell zur Ruhe und schwang sich mit einem kühnen Satz in den Sattel. Dann jagte er dem feindlichen Offizier nach. Sergeant Wuttke schrie: »Was macht Er da? Ist Er denn vollständig verrückt geworden?«

Pfeilschnell flog das preußische Pferd dahin. Sicher und unverdrossen setzte es über Gräben und Hecken hinweg, als wären ihm unter seinem neuen Reiter Flügel gewachsen. Alexander konzentrierte sich auf den fliehenden Feind, aber auch auf das schwierige Gelände. Er wußte nur zu gut: der allergeringste Fehltritt des munteren Pferdes hätte das »Aus« bedeutet und der Feind wäre entkommen. Meter um Meter kam Alexander dem Davonjagenden näher. Jetzt war er nur noch eine Pferdelänge hinter ihm.

»Stehen bleiben!« brüllte er. Der andere erwiderte ihm in russischer Sprache mit einem jämmerlichen Fluch, worauf Alexander sofort im besten Russisch antwortete. Der Offizier war dadurch so irritiert, daß sein Tempo drosselte.

Alexander bekam den Russen an den goldenen Adjutantenschnüren zu fassen und zerrte ihn vom Pferd, das in wilden

Galoppsprüngen davonstürmte. Der russische Stabsoffizier wäre beinahe in einem Sumpfteich gelandet.

Aus der entgegengesetzten Richtung eilten jetzt andere preußische Husaren auf ihren schnellen Pferden heran und ergriffen den flüchtenden Grauschimmel des Russen.

Alexander war von seinem Rappen gesprungen und hatte sich auf den Offizier gestürzt.

»Du elender Preuße, laß mich los!« brüllte der Russe, der die Uniform eines Stabsoffiziers der russischen Armee trug. Es begann ein ungleicher Ringkampf auf der Erde. Schon waren die anderen preußischen Husaren unter der Leitung ihres Rittmeisters hinzugekommen und umstellten die beiden. Da der Russe einsah, daß bei solch einer Übermacht jegliche Gegenwehr vergeblich war, versuchte er, eine auffallend große Meldetasche, die er über den Rücken geschnallt hatte, in das Wasser des Teichs zu werfen. Alexander gelang es, dem Stabsoffizier die Tasche mit dem goldenen russischen Zarenadler im letzten Augenblick zu entreißen.

Der Offizier, der offensichtlich glaubte, daß Alexander auch ein Russe sei, weil er die Sprache so perfekt beherrschte, schrie ihn an: »Du gemeiner Vaterlandsverräter, du Misthund in der verhaßten Preußenuniform – laß die Tasche Seiner Majestät der Zarin los!«

Doch Alexander kämpfte wie wild um die wertvolle Beute.

Der preußische Husarenrittmeister, der von den russischen Dialogen nichts verstand, rief vom Pferd: »Donner und Blitz! Das hat Er gut gemacht, Herr Musketier vom Regiment Itzenplitz. Wo hat Er denn die russische Sprache gelernt?«

»Zu Befehl, Herr Rittmeister«, keuchte Alexander, »meine Großmutter gehört einem russischen Adelsgeschlecht an. Dort habe ich auch reiten gelernt.«

»Dann gehört Ihr eigentlich zur Kavallerie Seiner Majestät des Königs von Preußen! Hör Er, Er untersteht ab sofort meinem Kommando, um diesen feindlichen Offizier zu verhören!«

Inzwischen hatten die preußische Husaren den Stabsoffizier entwaffnet und ihn in ihre Mitte genommen. Alexander wandte sich an den Husarenoffizier: »Herr Rittmeister, ich habe mich ohne Befehl auf das herrenlose Husarenpferd eines Ihrer Reiter gesetzt und von meinem Infanterieposten entfernt. Deshalb muß ich mich erst bei meinem Sergeanten ordnungsgemäß abmelden.«

»Das werde ich für Ihn erledigen.«

Jetzt ritten die Preußen mit ihrem wertvollen Gefangenen auf das Gebüsch des Vorpostens zu.

»Wer hat hier das Kommando?« rief der Rittmeister.

Sergeant Wuttke trat mit seiner Partisane hervor: »Ich, Herr Rittmeister, Sergeant Wuttke vom Regiment Itzenplitz. Dieser Kerl hat sich ohne Befehl von seinem Posten auf eines Ihrer Pferde entfernt . . .«

»Das hat Er in diesem Fall sehr gut gemacht, weil Er die Situation bestens eingeschätzt und militärisch richtig gehandelt hat, Herr Sergeant. Dieser Musketier steht bis auf weiteres unter meinem Kommando, weil er den russischen Offizier gefangennahm und bei einem Verhör wegen seiner exzellenten russischen Sprachkenntnisse behilflich sein muß! Seinem Kompaniechef werde ich Meldung machen.«

»Zu Befehl!« rief Wuttke mit feuerrotem Kopf, »dieser Kerl hat bereits bei der Schlacht von Lobositz einen österreichischen Obristen gefangengenommen. Er ist der beste Mann in meiner Gruppe!«

»Es will Ihm auch keiner diesen Mann stehlen, doch jetzt wird er zu höherem Dienst gebraucht.«

Der Rittmeister rief: »Vorwärts! Zunächst reiten wir zum Regimentskommandeur!«

Der Zug der Husaren mit dem gefangenen russischen Stabsoffizier passierte mehrere Wachen. Immer wieder klang es: »Halt! Wer da?« Jedesmal gab der Rittmeister die Parole, bis man das Quartier des Regimentskommandeurs erreicht hatte. Vor dem bürgerlichen Haus stand die Schildwache unter Gewehr.

Der Rittmeister verhandelte kurz mit Oberst von Lattorff unter vier Augen. Dann erschien der Regimentsadjutant in der Tür und sagte zu Alexander: »Trete Er ein!«

Oberst von Lattorff saß hinter seinem Schreibtisch und unterschrieb gerade einige Schriftstücke. Dann sah er mit seinen gestrengen Augen auf.

Alexander meldete sich zur Stelle.

»Trete Er vor!« befahl der Kommandeur.

Alexander kam dicht an den Tisch heran. Auf der Kommode

hinter dem Obersten lagen dessen schwere silberne Feldbinde und der reich verzierte Offiziershut.

»Er scheint mir ein rechter Offiziersfänger zu sein. Erst fängt er den Obersten Esterházy und jetzt einen russischen Kurier. Nun, Er kann sich wahrscheinlich bald die Lorbeeren beim König verdienen. Er hat bewiesen, daß Er ein echter Itzenplitzer Kerl ist und selbständig reagieren kann.«

Der Oberst trat hinter seinem Tisch hervor: »Ich habe gar nicht gewußt, welche Talente in Ihm stecken. Reiten kann Er, und die russische Sprache beherrscht Er auch . . .«Von Lattorff räusperte sich: »Daß Er aber Sein Regiment nicht blamiert! Hat Er mich verstanden? Er wird zu Seiner Majestät, dem König, gebracht werden. Alles Nähere wird Er dort erfahren.«

»Jawohl, Herr Oberst, Sie können sich auf mich verlassen!«

Der Kommandeur klopfte ihm auf die Schulter: »Gehe Er mit Gott, das Glück des Mutigen sei weiterhin mit Ihm.«

Alexander versprach, das Beste zu tun.

Es dauerte wohl eine Stunde, bis sie mit dem gefangenen russischen Offizier alle Wachen passiert hatten und in das Quartier des Königs kamen. Vor einem fürstlichen Haus, das von abgesessenen Reitern des Garde du Corps umstellt war, stiegen sie von den Pferden. Vor dem Tor standen Grenadierposten. Im hell erleuchteten Vorraum des Hauses herrschte ein lebhaftes Kommen und Gehen. Adjutanten des Königs mit silbernen und goldbestickten Uniformen in Blau, Rot, Grün, Gelb und Weiß gingen von einem Zimmer in das andere. Türen schlugen zu und gingen wieder auf.

Die Gestalt eines Generals in Kürassieruniform schritt vorüber. Die silbernen Federn hingen geknickt über dem Hutrand. Der Husarenrittmeister salutierte. Auch Alexander schlug seine Hacken zusammen.

»Das war General von Schmettau«, flüsterte der Rittmeister.

Von einer Ordonnanz begleitet, betrat jetzt ein zierlicher Herr mittleren Alters den Raum und ging sofort auf den Rittmeister zu: »Sie bringen uns einen gefangenen Russen?« Er verbeugte sich leicht.

»Mein Name ist Eichel, Geheimer Kabinettssekretär Seiner Majestät des Königs von Preußen.«

Alexander beobachtete den Herrn in schwarzen Kniehosen und

blinkenden Schnallenschuhen. Eigentlich paßte dieser zierliche Zivilist überhaupt nicht in diese Umgebung.

»Sie sind Seiner Majestät bereits gemeldet«, sagte der Zivilist mit Nachdruck. Der Geheime Kabinettssekretär trug die stillen, ein wenig müden Züge eines hohen Beamten, der in Zeiten des Krieges in doppelter Weise, auch ohne zivile Aufgabe überlastet schien. Seine Augen unter den starken Brauen blickten ruhig, aber dennoch wachsam prüfend sein Gegenüber an.

»Folgen Sie mir«, sagte der Hagere. Er führte sie durch mehrere Räume, in denen sich Offiziere und Adjutanten aufhielten, bis sie zum Vorzimmer des Königs gelangten. »Bitte, warten Sie dort, ich hole Sie hier gleich ab.« Er verschwand hinter einer großen Flügeltür.

Der Rittmeister und Alexander blieben stehen. Man hörte im Innern des Raumes starkes Hundegekläff. Die Tür, durch die Eichel verschwunden war, öffnete sich wieder. Ein hochgewachsener General, dessen Kopf bis zum Türrahmen reichte, kam verwirrt und bleich heraus. Ihm folgte Eichel, der die beiden in das große Zimmer winkte und zugleich die Tür wieder hinter ihnen schloß.

Der salonartige Raum hatte das Gepräge des Provisorischen: Aktenschränke, Wandkarten, Regale und Tische voller Papiere wirkten auf Alexander wie ein unübersehbares Chaos.

Der Kabinettsrat bat mit höflicher Handbewegung, näherzutreten. In der Mitte des Raumes stand der König. Der Husarenoffizier salutierte, indem er mit den schwarzen, kleinen Stiefeln auf dem Boden zur Seite und dann zurückstampfte. »Rittmeister von Berg zum Rapport bei Seiner Majestät mit dem Musketier Blankenburg vom Regiment Itzenplitz.«

Eine sekundenlange Stille entstand. Der König schritt auf die in ihrer Ehrenbezeugung erstarrten Soldaten zu.

Mit seinem schmalen Zeigefinger deutete er auf Alexander: »Ihn kenne ich schon. Er ist der zurückgekehrte Soldat vom Regiment Itzenplitz, der mir in Berlin auf dem Tempelhofer Feld vorgestellt worden ist.«

»Zu Befehl, Euer Majestät!«

Der König nahm hastig eine Prise Schnupftabak, wobei einige Brösel auf den Teppich fielen, andere Krümel an der Weste hängenblieben. Er lächelte dünn: »Er scheint mir ein beherzter Jäger von feindlichen Stabsoffizieren geworden zu sein. Die Affäre in der Schlacht von Lobositz ist mir zu Ohren gekommen. Mit dem Kurier der Zarin aber hat Er mir eine noch größere Überraschung beschert.«

Alexander beobachtete den König. Seine Wangen schienen eingefallen zu sein. Die Stirn war von Falten zerfurcht und der Mund glich einem dünnen Strich. Die Furchen neben den Nasenflügeln hatten sich schärfer in das Gesicht eingegraben, doch seine blauen, lebendigen Augen leuchteten jetzt stärker und ausdrucksvoller.

»Es ist mir auch gemeldet worden, daß Er ein ausgezeichnetes Russisch spricht. Seine Begabung soll nicht ungenutzt bleiben. Man wird Ihn hier für einige Zeit brauchen. Ist Er bereit, eine delikate Aufgabe zu übernehmen?«

Alexander nahm erneut Haltung an: »Jawohl, Euer Majestät!«

Der Geheime Kabinettssekretär Eichel hatte an seinem Tisch Platz genommen und schrieb die Dialoge eifrig mit. Der König wandte sich an ihn. Er sprach mit ihm in elegantem, melodischen Französisch. Dann aber erklärte er Alexander in Deutsch: »Zunächst ist es notwendig, in aller Eile den Russen zu verhören und die geheimen Dokumente der Zarin überprüfen und auswerten zu lassen.«

Der König schritt im Zimmer auf und ab. Seine Haltung war gebeugt. Offenbar hatte er Schmerzen im linken Arm, den er auf dem Rücken hielt. Auf dem mit Papieren überladenen Tisch standen eine Kanne und eine Tasse. Die mit Diamanten reich verzierte Schnupftabakdose und der duftende Kaffee verrieten, mit welchen Stimulanzien der Monarch überhaupt fähig war, sein unerhörtes Arbeitspensum zu bewältigten. Im Hintergrund sah man einen halb geöffneten Alkoven.

Wieder wandte sich der König an Alexander: »Wenn die Texte ausgewertet sind, wird man sehen, was wir den Österreichern weitergeben und was wir einbehalten.«

Plötzlich tippte der König Alexander mit seinem Stock auf die Brust: »Hat Er Lust, für Seinen König weiterhin wichtige Dienste zu tun?«

Alexander bewegte schon die Lippen, so, als wolle er gerade antworten.

»Halt! Schweig Er! Lasse Er mich ausreden!« befahl der König.

Er nahm erneut eine Prise Schnupftabak, dann sprach er mehr zu sich selbst als zu ihm: »Sein geheimnisvoller Auftrag kann ihn Kopf und Kragen kosten. Er kann dabei auch Seinen König verraten. Die Österreicher werden Ihm dann gewiß die Freiheit schenken und Ihn obendrein noch fürstlich bezahlen.«

Plötzlich spürte Alexander, wie ihn irgend etwas beschnüffelte. Dann wurde seine linke Hand feucht vom Lecken einer Hundezunge. Er blickte kurz zur Seite. Ein geschmeidiges Windspiel sprang wedelnd an ihm hoch. Der König griff nach seinem Lieblingshund: »Wird Sie wohl still sein, Biche, vorwitziges Frauenzimmer! Will Sie den tapferen Soldaten in Ruhe lassen!«

Alexander fiel auf, daß der König nur einen einfachen blauen Uniformrock trug, an dem der silberne Stern des Schwarzen-Adler-Ordens und die silberne Fangschnur über der Schulter die einzigen Besonderheiten seines königlichen Standes waren.

Der König wandte sich an den Husarenoffizier: »Rittmeister von Berg! Er kann jetzt im Vorzimmer auf weitere Instruktionen warten.« Gehorsam verließ dieser das Zimmer des Königs.

Wieder winselte der Hund um Alexander herum und beschnüffelte seine Hand.

»Biche scheint mit meiner Wahl einverstanden zu sein.«

Der Hund bellte freudig auf.

»Hör Er, Blankenburg, Er soll die Uniform des russischen Offiziers anziehen und sich dann verkleidet in das Hauptquartier der Österreicher begeben, um dort die Rolle des Abgesandten der Zarin zu spielen. – Traut Er sich das zu? Hat Er Mut dazu?«

Alexander wurde es in den Knien ganz weich. Er spürte in der Herz- und Magengegend ein seltsam nervöses Ziehen. Seine Hände begannen zu zittern.

Der König fixierte ihn, dann sagte er bedächtig und sehr freundlich: »Wenn Ihm das Unternehmen zu riskant erscheint und Er keine Courage dazu hat, kann Er sich anders entscheiden, ohne daß ich Ihm den geringsten Vorwurf machen werde.«

Alexander nahm erneut Haltung an: »Euer Majestät, ich bin bereit, den Auftrag auszuführen.«

»Gut«, sagte Friedrich kurz und angebunden, »aber da ist noch ein weiterer, pikanter Geheimauftrag. Er soll die Gelegenheit nutzen, um von einem treuen Mitarbeiter Preußens aus einem gewissen Haus in Prag ein Schriftstück von höchster Wichtigkeit herauszuschmuggeln.« Der König wanderte immer wieder hin und her: »Hat Er mich verstanden? – Von höchster Wichtigkeit!« Wieder hielt der König inne. Dann erklärte er ihm: »Das Haus, worin unser Agent wohnt, wird man Ihm beschreiben. Ist Er immer noch bereit, Sein Leben für den König und für Preußen einzusetzen?«

Alexander versicherte dem König, daß er auch diesen geheimen Auftrag auszuführen bereit sei.

Friedrich ging zum Tisch und trank den Rest aus seiner Kaffeetasse. Er blickte sich über die Schulter um. »Ist Er sich darüber auch im klaren: wenn man Ihn erwischt, daß Er dann an den Galgen kommt?«

Alexander sagte ruhig und überlegt: »Euer Majestät, nur der Tod kann mich an dem gefährlichen Unternehmen hindern, ich bin bereit.«

Die Hündin hatte sich schon wieder an Alexander geschmiegt. Verlegen kraulte er das winselnde Tier.

»Ist denn das die Möglichkeit? Biche! Sie ist ja ganz verrückt nach ihm. Jetzt mache Er, daß Er fortkommt! Eichel wird Ihn zum General von Winterfeldt führen. Dort kann Er beim Verhör versuchen, von dem Russen alle Einzelheiten seines Auftrags herauszubekommen.«

Der Geheime Kabinettssekretär führte Alexander zu einer anderen Tür hinaus. Von dort wurde er von einem Flügeladjutanten in das Quartier des berühmten Generals gebracht.

Der General wurde als Günstling des Königs von vielen beneidet.

Schon zu Friedenszeiten hatte ihm der König politische und diplomatische Aufträge anvertraut. Er gehörte zum Freundes- und Vertrautenkreis des Königs und bekleidete das Amt eines Generalstabschefs, der in alle Einzelheiten der Kriegspläne eingeweiht war. Kurz vor Ausbruch des Krieges war er nach Karlsbad gereist, um an Ort und Stelle die Kriegsvorbereitungen der Österreicher zu erkunden.

Unter der Leitung der fähigsten Stabsoffiziere begann man mit der Auswertung der höchst geheimen Unterlagen, die man der Tasche des russischen Stabsoffiziers entnommen hatte. Die Siegel der Zarin wurden so geschickt entfernt, daß man bei Wiederverwendung die geheime Öffnung nicht mehr feststellen konnte.

Es waren Reiter der schwarzen Totenkopfhusaren, die stumm auf ihren kleinen Pferden hockten, das Gesicht ständig feindabwärts gerichtet.

Aus dem Inhalt der vertraulichen Dokumente konnte man unter anderem entnehmen:

a) den detaillierten Aufmarschplan der Kaiserlich-Russischen Armee, sowie die Angaben über die Stärke und Schlagkraft des russischen Heeres;

b) den Zeitplan zur Versammlung der einzelnen Brigaden und Regimenter,

c) und Angaben über die Stärke der Artillerie. Diesem besonderen Schreiben an das österreichische Hauptquartier lagen detaillierte Darstellungen bei.

d) Auch die operativen Ziele in Ostpreußen und den Einmarsch in die Neumark hatte die Generalität des russischen Heeres in groben Zügen dargestellt, wobei erste Vorschläge für die Vereinigung der österreichischen mit der russischen Armee gemacht wurden.

Es stellte sich beim Verhör heraus, daß der russische Kurier wenig vom Inhalt der geheimen Dokumente wußte. Er hatte sich einen Umweg über Brünn ersparen wollen und sei durch unglückliche Umstände in die Fänge der preußischen Vorposten geraten. Man hatte dem Russen bereits die Uniform abgenommen. Er hatte dafür einen preußischen Rock bekommen, wie ihn die einfachen Soldaten trugen.

Für Alexander begann ein gewagtes Unternehmen. Zur Einkleidung mit der Uniform des russischen Majors von Sibilski war Generalleutnant von Winterfeldt höchst persönlich anwesend. Durch einen vereinbarten Wink bat er seinen Adjutanten, die gesamte Ausrüstung des Russen hereinzubringen. Die Uniform war gereinigt und frisch gebügelt worden. Alexander zog die weiße Hose an, knöpfte die weiße Weste mit den goldenen Knöpfen an der goldenen Borte zu. Die hohen Schaftstiefel, die bis zu den Knien reichten, waren etwas zu groß. Der Adjutant des Generals zeigte Alexander, wie man die goldene Offiziersschärpe band. Als sich Alexander dann den dunkelgrünen Rock mit den roten Aufschlägen angezogen und General von Winterfeldt ihm persönlich den schwarzen Hut mit der goldenen Borte und der silbernen Schleife auf das steifgepuderte und frisierte Haar aufgesetzt hatte, bekam er vor dem Spiegel ein erhabenes Gefühl.

Er reckte sich und nahm die Schultern zurück. Zum erstenmal sah er sich in einer Offiziersuniform, wenn es auch in diesem Fall eine russische war.

»Na also, tadellos!« rief General von Winterfeldt, »ein schmucker Stabsoffizier der Zarin von Rußland wie er leibt und lebt.« Er drehte Alexander einmal um die eigene Achse. »Blankenburg, Sie müssen sich dieses Spiegelbild gut einprägen. Betrachten Sie sich gründlich. Bitte, Sie müssen sich von jetzt ab immer so sehen. Sie sind nicht mehr der einfache Musketier aus dem Regiment Itzenplitz, sondern Major Sibilski, der Kurier der Zarin in geheimer Mission. Bitte beherrschen Sie zu jeder Zeit die veränderte Situation. Sie dürfen sich selbst nie eine Schwäche oder Unsicherheit erlauben.« Er klopfte ihm auf die Schulter. »Denken Sie immer daran: Sie sind der Botschafter Ihrer Majestät der Zarin Elisabeth. Außerdem genießen Sie als Verbündeter der österreichischen Armee alle Vorzüge und allerbeste Behandlung eines Alliierten. Seien Sie immer Herr der Lage . . .«, er unterbrach sich, ». . . ich will nur hoffen, daß sich nicht bereits weitere russische Offiziere im Hauptquartier der Österreicher aufhalten. Ansonsten spielen Sie jederzeit den Geheimnisvollen und lassen sich auf keine unnötigen persönlichen Gespräche oder irgendwelche Trinkgelage ein.«

Der General händigte Alexander die persönlichen Papiere des Majors Michauilowitsch Sibilski samt Paß und das persönliche Schreiben der Zarin an den Generalstab der Österreicher aus. Dann drückte er ihm noch eine Geldbörse mit österreichischen Devisen in die Hand: »Dies ist ein Geschenk des Königs als Wegzehrung.«

Nun weihte von Winterfeldt ihn in den zweiten Auftrag ein. Er beschrieb ihm das gewisse Haus des preußischen Spions in Prag und nannte ihm das Erkennungswort. Dann fügte er noch hinzu: »Wenn Ihr an der Sankt-Nikolas-Kirche steht, mit dem Rücken gegen das Uhrwerk gewandt, müßt Ihr in die vierte Gasse rechts gehen. Ihr könnt das Haus, in dem unser Mann wohnt, nicht verfehlen. Es zeichnet sich durch einen besonders herausragenden Erker mit farbigen Butzenscheiben aus. Zum andern ist die linke Hausseite bis zum Dach hinauf mit Efeu bewachsen. Das Losungswort lautet: ›Festung Kufstein – alles für den Prinzen Eugen‹. Prägt Euch das gut ein.«

Der General trat mit Alexander an eine große Karte. Er beschrieb ihm den Weg, den er nehmen sollte. »Wir stehen hier südlich von Glatz. Sie nehmen den Weg über Pardubitz und Kolin. Durch das Elbtal erreichen Sie Prag am besten. Sie müssen versuchen, von Kolin aus ein österreichisches Nachschubschiff zu erreichen. Aufgrund dieses Empfehlungsschreibens der Zarin werden Sie von allen österreichischen Militärstellen die bestmögliche Unterstützung bekommen. Beobachten Sie unterwegs gründlich alle Bewegungen der österreichischen Feldarmee. Haben Sie sonst noch besondere Fragen, Blankenburg?«

Alexander bemerkte, daß er vom General seit einiger Zeit mit Sie angesprochen wurde. »Exzellenz, welchen Rückweg soll ich nach Beendigung meines Auftrags aus Prag nehmen?«

»Gut, passen Sie auf: Sie besitzen die Karte des russischen Kuriers. Versuchen Sie, durch das Elbtal über Melnik, Lobositz und Pirna Dresden zu erreichen. Und nun alles Gute – Gott beschütze Sie! Sie werden heute nacht im Quartier eines meiner

Adjutanten übernachten. Dieser wird Sie rechtzeitig wecken und durch die preußischen Linien führen. Denken Sie stets daran: das Glück hilft keinem, der sich nicht selbst hilft.« Der General reichte ihm die Hand und verschwand durch eine Seitentür.

Alexander konnte in dieser Nacht lange nicht einschlafen. Unruhig wälzte er sich in seinem Bett hin und her. Jetzt, da er sich schon so maßlos allein und überfordert fühlte, dachte er mit Inbrunst an Jeannette. Das Medaillon hatte man ihm gelassen. Es war das einzige Private, das er noch besaß. Was würde seine Liebste zu diesem waghalsigen Unternehmen wohl sagen? Er fühlte sich wie ein treibender Ast im Sog eines Strudels, der ihn in ein ungewisses Schicksal trieb. In welche Gefahren würde er wohl geraten? Ob er je von diesem gefährlichen Unternehmen zurückkommen würde? Darauf konnte er sich keine Antwort geben. Seit Monaten hatte er von Jeannette kein Lebenszeichen erhalten.

»Wo bist du, Liebste«, flüsterte er, »weshalb läßt du mich so lange allein?« Endlich fiel er in einen tiefen Schlaf.

Die Sonne war noch nicht aufgegangen, als der Adjutant des Generals von Winterfeldt sehr zur Verwunderung der preußischen Wachen mit einem fremden Offizier, dessen Uniform sie überhaupt noch nicht gesehen hatten, durch die Linien ritt.

Im dunstigen Morgengrauen tauchten die dunklen, unbeweglichen Schatten der vordersten Kavallerieposten auf. Es waren Reiter der schwarzen Totenkopfhusaren, die stumm auf ihren kleinen Pferden hockten, das Gesicht ständig feindwärts gerichtet.

Am letzten Vorposten verabschiedete sich der Adjutant von Alexander und drückte ihm fest die Hand: »Major Sibilski, Sie werden diesen wichtigen Auftrag zur besten Zufriedenheit ihres Königs ausführen, davon bin ich überzeugt.« Er blinzelte ihm vielsagend zu und wünschte ihm viel Glück.

Bald befand sich Alexander allein im unbekannten Feindesland. Ein Gefühl der Unsicherheit überkam ihn, sein Herz schlug heftig, er spürte in seinem ganzen Unterleib ein leichtes Ziehen. Es bedeutete doch etwas anderes, mitten in einer Formation mit den eigenen Kameraden in den Kampf zu ziehen, als hier einsam und auf sich gestellt mit einem höchst gefährlichen Auftrag mitten durch ein feindliches Gebiet zu reiten.

Alexander lenkte das Pferd in südwestliche Richtung. Vor ihm lag auf einem Hügel ein Dorf. Kinder spielten am Wegesrand.

Die Vögel begannen ihr munteres Frühlingskonzert, das aber nach einer Stunde aufhörte. Alexander spürte die Wärme des Pferdekörpers unter sich. In gleichmäßigem Galopp durchtrabte er nun die Stille des Morgens. Es hatte in der Nacht geregnet. Die zerfurchte und in Nässe ertrinkende Straße, die nach Pardubitz führte, verlor sich in wüsten Höfen und Dörfern zwischen den Linien von Freund und Feind. Aus den sumpfigen Wiesen quollen milchige Nebelschwaden herauf. Sie vermischten sich zeitweilig mit dem warmen Dunst des Pferdeleibes. Die Straße schlängelte sich später durch aufkommende Hügel und immer stärker ansteigende Berge. An einem wildschäumenden Bach entlang ging es bergaufwärts.

Plötzlich erklang in ihm das bekannte Reformationslied, das er dann auch im Geiste mitsang:

»Ein feste Burg ist unser Gott,
ein gute Wehr und Waffen,
er hilft uns frei aus aller Not,
die uns jetzt hat betroffen.«

Alexander war verwundert über sich selbst. Woher kamen ihm solche frommen Anwandlungen? War es die Gefährlichkeit des Auftrages? War es die nackte Angst?

Das monotone Getrappel der Hufe klang wie das Schlagen des Taktes von dem Lied, das er innerlich weitersang:

». . . Und wenn die Welt voll Teufel wär
und wollt' uns gar verschlingen,
so fürchten wir uns nicht so sehr,
es sollt uns doch gelingen . . .«

In gewisser Weise beruhigte ihn das Lied. Alexander lenkte das Pferd in südwestliche Richtung. Vor ihm lag auf einem Hügel ein Dorf mit spitzem Kirchturm. Kinder spielten am Wegrand.

Ein Glöckchen bimmelte dünn. Das Dorf war vom Feind nicht besetzt worden. Einige Frauen und Männer, in Schwarz gekleidet, gingen zur Frühmesse. Vor einem bürgerlichen Haus stand ein Planwagen. In aller Hast schleppten Diener und Mägde manchen Hausrat und Möbel heran und beluden damit den Wagen. Hinter dem Dorf breitete sich ein großer Wald aus.

»Halt! Wer da?« hallte es plötzlich vor ihm. Ein wild dreinblickender österreichischer Grenadier im weißen Rock mit blauen Uniformaufschlägen und einer Pelzmütze mit goldenem Besatz streckte ihm den Gewehrlauf entgegen. Zwei, drei andere Posten sprangen aus dem nahen Gebüsch und umringten Alexander. Ein Offizier mit goldener Schärpe, den Sponton in der Hand, trat an das Pferd heran und fragte: »Wer seid Ihr? Doch kein Preuße?«

»Major von Sibilski aus Petersburg. Ich müssen sprechen mit höchste österreichische Kommandant, bitte sehr!« Alexander mimte einen deutschsprechenden Russen, wobei er das R als Zungenlaut besonders rollend und hart aussprach. Der österreichische Offizier erwiderte den Gruß und sagte sehr freundlich: »Bitte, folgen Sie mir. Ich werde Sie dem Regimentskommandeur vorstellen.«

Der österreichische Oberst hatte sein Quartier in einem Holzhaus an der Hauptstraße nach Pardubitz eingerichtet. Er empfing den »russischen Kollegen« sehr kameradschaftlich und lud ihn zum Essen ein. Als er das Begleitschreiben der Zarin mit der Bitte um bestmögliche Unterstützung und der Hilfe für ihren Kurier gelesen hatte, rief er einen Adjutanten zu sich: »Darf ich vorstellen, Rittmeister von Erdmannsdorff. – Und dies ist Major von Sibilski, persönlicher Kurier der Zarin Elisabeth. Herr Rittmeister, Sie tragen Sorge, daß unser russischer Waffenbruder so schnell wie nur möglich in das kaiserliche Hauptquartier nach Prag gebracht wird. Sämtliche Armeeposten werden angewiesen, Ihnen alle nur möglichen Hilfestellungen zu leisten.« Er trat an den Tisch und deutete auf die Karte, die darauf ausgebreitet lag.

»Nehmen Sie von Königgrätz aus das schnellste Schiff nach Prag, und begleiten Sie den Kurier der Zarin sicher zum Oberbefehlshaber des Prinzen Karl von Lothringen. Sie sind mir für seine Sicherheit voll verantwortlich.«

Der Rittmeister schlug die Hacken zusammen und rief: »Zu Befehl, Herr Oberst können sich auf mich verlassen!«

Bald ritten die beiden Offiziere inmitten starker österreichischer Infanteriekolonnen und schwerer Planwagen, die sich in Richtung Pardubitz bewegten. Das dumpfe Dröhnen der österreichischen Trommeln ging Alexander unter die Haut. Er konnte sich an diesen Klang noch gut bei der Schlacht um Lobositz erinnern. Lange Artilleriekolonnen zogen schwerfällig ihren Weg. Sie kamen nur schrittweise voran. Oftmals stoppte der Marsch. Wendige Kavallerieeinheiten österreichischer Dragoner in grünen Röcken mit dunkelroten Westen und gleichen Uniformaufschlägen trabten vorbei. Husaren und Panduren schlossen sich ihnen an.

»Das ist eine rechte Schande, Herr Major«, sagte der Rittmeister von Erdmannsdorff, »wir haben eine so gute Kavallerie und Infanterie, aber wir weichen den Preußen stets aus. Hoffentlich kommt uns die russische Armee bald zu Hilfe.«

Auf einem Flachkahn der österreichischen Armee bekamen die beiden Offiziere einen bevorzugten Platz zur Reise nach Prag. Vorbei an Pardubitz segelte man in Richtung Westen. Bei Kolin verließen die beiden das Schiff. Mit frischen Pferden ging es durch die Gebirgszüge der »goldenen Stadt« entgegen.

Endlich tauchten am Horizont die Türme von Prag auf. Die

beiden kamen näher an den breiten Ziskaberg heran. Überall sah man frisch ausgebaute Stellungen der Österreicher. Bald senkte sich der Ziskaberg in breiten Wiesenhängen in ein Bachtal hernieder. Die Ausläufer der Höhen waren mit Geschützen bestückt. Alexander versuchte mit gesteigerter Aufmerksamkeit, sich alle Einzelheiten zu merken. Er entdeckte eine Reihe von künstlich angelegten Fischteichen und Staugräben, die aller Wahrscheinlichkeit nach als Hindernisse gegen die angreifende preußische Armee gedacht waren.

»Ihre Truppen haben sich bestens gegen die Preußen in Stellung gebracht«, meinte Alexander. Rittmeister von Erdmannsdorff winkte mit der Hand ab: »Wissen's, die Herren Offiziere vom Stab haben Angst vor den Blauröcken. Sie laufen ständig vor den Preußen davon. Der Kaiserin fehlt ein Feldherr vom Format des Prinzen Eugen. Heute sein's alle Angsthasen, aber verraten's mich nicht im Hauptquartier. Das ist nur so meine private Meinung.«

Je näher die beiden dem Stadttor kamen, desto stärker wurde der Andrang der Soldaten aller Armee-Einheiten: Kürassierschwadronen in weißem Koller und blinkendem Küraß rasselten vorüber, ebenso die Dragoner in grünen, roten und blauen Röcken. Dann marschierte eine Kolonne Grenadiere mit hohen, furchterregenden Bärenmützen vorbei. Phantastisch gekleidete Husaren ritten auf tänzelnden Pferden daher. Geschütze aller Kaliber rumpelten hinterher. Die Kanoniere und Bedienungsmannschaften trugen rehbraune Uniformen mit roten Aufschlägen. Die ganze Stadt glich einem Heerlager wie zur Zeit des Dreißigjährigen Krieges.

Im Hauptquartier wimmelte es von Generälen und hohen Stabsoffizieren. Die österreichischen Generäle waren prächtiger gekleidet als die preußischen. Ihre Uniformen waren aus feinstem, weißen Tuch gefertigt, die Westen und die Hosen in leuchtendem Rot. Die Rockaufschläge hatte man mit reichhaltigen Goldstickereien versehen. Wallende Federn schmückten den mit einer goldenen Tresse umsäumten Hut.

Major von Sibilski, alias Alexander Blankenburg, wurde zunächst dem höheren Stabsoffizier vorgeführt, der die Papiere und Dokumente überprüfte. Überall empfing man ihn sehr höflich und kameradschaftlich. Ein Österreicher, der als Militärattaché ein Jahr zuvor in Petersburg weilte, schwelgte in Erinnerung an die rauschenden Feste und Bälle in der Zarenstadt. Alexander dankte dem Himmel, daß er Petersburg so gut kannte, sonst hätte man ihn vielleicht wegen seiner Unkenntnis auf der Stelle enttarnt.

Immer wieder ertappte sich Alexander bei dem Gedanken: »Wenn ihr wüßtet, wer hier vor euch sitzt . . .« Da der Oberbefehlshaber der österreichischen Armee, der Herzog von Lothringen, beim großen Kriegsrat in Wien weilte, wurde er einem älteren General vorgeführt, der für die Ausarbeitung der Aufmarschpläne und für die Versorgung der Truppen zuständig war.

»Wir warten mit Sehnsucht auf die Armee Ihrer Majestät, der Zarin. Es ist an der Zeit, daß wir dem Reichsfriedensbrecher eine gehörige Lektion erteilen. Das Beste wäre natürlich ein Vierfrontenkrieg: vom Norden die Schweden, vom Osten Ihre Truppen, vom Westen die Franzosen und wir aus dem Süden.« Der General schenkte dem Russen erneut ein Glas ein.

»Dieser verfluchte Preußenkönig ist doch der Antichrist in persona, ein moderner Attila, samt seinen wüsten Hunnenhorden . . .« Erschrocken hielt er inne, denn vor ihm saß ja ein Russe, der von den Hunnen hätte abstammen können. Schnell setzte er daher fort:

»Hat man Sie hier gut untergebracht?«

»Ja, ich bin bestens versorgt«, entgegnete Alexander. »Heute will ich mir die Stadt einmal ansehen.«

»Für den persönlichen Kurier der Zarin werde ich meinen Adjutanten als Fremdenführer zur Verfügung stellen. Er wird Ihnen die schönsten Sehenswürdigkeiten von Prag beschreiben können.«

Alexander erschrak. Er hätte nichts über seine Absicht sagen sollen. Deshalb schränkte er geistesgegenwärtig ein: »Danke für Ihre Freundlichkeit, Exzellenz. Erst möchte ich ein wenig entspannen, dann werde ich mich bei Ihnen wieder melden, um Ihr freundliches Angebot in Anspruch zu nehmen.«

Am Nachmittag schlich Alexander aus seinem Hotel und schlenderte langsam durch die Altstadt. Er ging über die alte, wuchtige Karlsbrücke, die mit verwitterten Statuen von Heiligen geschmückt war, vor denen die Bürger der Stadt den Hut zogen. Nachdem er das Kleine Viertel durchwandert hatte, schlug er einen Weg ein, der zur steilen Höhe führte, auf der ein Aussichtsturm stand. Das Panorama war überwältigend. Vor ihm lag die Doppelstadt mit ihren winkligen, überbauten Gassen und den mächtigen Türmen, den Wällen und den Artillerieschießständen, die rings um die Stadt postiert waren. Für jede Armee Europas mußte es schwer sein, eine solche Festung einzunehmen.

Die Moldau schlängelte sich wie ein silbernes Band durch die Stadt. Dieser Fluß war der wichtigste Verkehrs- und Versorgungsweg. Trotzig thronte der Hradschin über den Dächern der alten Handelshäuser, Villen, Bürgerhäuser und Kontore.

In der Ferne auf einem Hügel erspähte er eine Windmühle. Die Flügel drehten sich, obwohl sich kein Lüftchen regte. Alexander bemerkte, daß diese Mühle als österreichische Signalstation benutzt wurde, um militärische Nachrichten weiterzugeben. Einmal bewegten sich die Flügel nach links und einmal nach rechts, immer in verschiedenen Abständen. Damit wurde ihm klar, daß hier militärische Weisungen weitergegeben wurden. Überhaupt konnte man von diesem Turm aus die mittleren Stellungen der kaiserlichen Armee erkennen. Alexander zeichnete sich alle Einzelheiten in die Karte ein, die der russische Major Sibilski bei sich getragen hatte.

Plötzlich sprach ihn jemand von der Seite her an: »Ja, ja, eine schöne Aussicht hier. Verzeihen Sie, daß ich Sie anspreche, Ihre Uniform habe ich bisher noch nirgends gesehen. Sind Sie Ungar?«

Alexander erschrak. Wie lange mochte der Unbekannte schon neben ihm gestanden haben? Hatte er bemerkt, wie er in die russische Generalstabskarte seine Einzeichnungen gemacht hatte? Er hielt es für gut, den Fremden zunächst in russischer Sprache anzusprechen, um ihn zu beeindrucken. Doch dann sagte er: »O, bittä, ich sprächen ein schläächtes Deutsch. Ich Russe und Gast des Oberkommandierenden des Herzogs von Lothringen«, und machte eine hilflose Bewegung.

»Eine sehr schöne Stadt«, sagte der Prager, ein wohlgenährter Bürger, der einen intelligenten Eindruck auf Alexander machte, »die Altstadt liegt hier zur Linken, und dort beginnt die Neustadt.« Der Fremde erklärte Alexander mit weitausholenden Handbewegungen die Einzelheiten des Ortes. »Das Schönste aber sind doch die vielen Kirchen und der Hradschin. Dort, hinter einer steilen Klippe über dem tief eingeschnittenen Tal sehen Sie die Moldau. Nein, nein, Prag darf nicht in die Hände der Preußen fallen, nicht wahr?« Aus dem zerfalteten Gesicht blitzen ihn ein paar hinterlistige Augen an. Der würdige Bürger fragte, ob es wahr wäre, daß die Preußen im Anmarsch seien. Jeden Tag kämen Flüchtlinge an, die haarsträubende Dinge erzählten. Alles wäre so widersprüchlich, daß man überhaupt nicht mehr wisse, was Wahrheit oder was Gerücht sei.

»Nein, nein, die Preußen sind noch weit entfernt«, erklärte Alexander dem Unbekannten, »und außerdem besitzen die Österreicher doch eine schlagkräftige Armee, die täglich verstärkt wird.«

»Ach, die Armee«, stöhnte der alte Herr, »wenn Ihr Russen doch endlich vom Osten her den Preußen in den Rücken fallen würdet.«

Alexander war froh, es offensichtlich mit einem harmlosen Mann zu tun zu haben: »Lieber Herr, die russische Armee ist schon in Marsch gesetzt. Die Einkreisung der Preußen hat begonnen«, er verneigte sich vor dem Zivilisten, »ich muß jetzt gähän.«

Sofort machte sich Alexander auf den Weg. Beim Abstieg drehte er sich noch einmal um. Der alte Herr stand unbeweglich auf der Höhe und winkte ihm nach. Alexander beeilte sich, um zur Sankt-Nikolas-Kirche zu kommen. Von vielen Bürgern der Stadt wurde er mit neugierigen Blicken wegen seiner schillernden, fremden Uniform betrachtet. Als er die Kirche erreicht hatte, verschwand er in der vierten Gasse von rechts, so wie es ihm in Preußen aufgetragen worden war. Sofort sah er den kunstvollen Brunnen und dahinter das Haus mit dem hohen Erker.

Es mußte wohl ein schon altes Patrizierhaus sein. Nervös blickte sich Alexander noch einmal um. Die Straße war wie ausgestorben. Auch an den Fenstern waren keine Zeichen von Leben zu erkennen. Die verwinkelte Gasse machte einen leblosen Eindruck.

Alexander zog an einem altmodischen Bronzeknopf, der an der Eingangstür zu dem geheimnisvollen Haus angebracht worden war. Er ließ ihn zurückschnellen. Ein dumpfer Klang dröhnte durch das große Haus. Dreimal mußte er läuten, ehe sich ein Fenster unterhalb des Erkers öffnete. Ein älterer Herr mit bleichem, zerfurchtem Gesicht lehnte sich etwas aus dem Fenster: »Wer ist da? Zu wem wollen Sie?« fragte er mit heiserer Stimme.

»Ich suche den Bewohner dieses Hauses!« rief Alexander nach oben.

Der Mann blickte mißtrauisch auf den ihm Unbekannten in der Offiziersuniform. »Bitte, was wollen Sie von mir? Ich kenne Sie überhaupt nicht . . .« Er war im Begriff, das Fenster wieder zuzuschlagen.

»Halt! – Bitte, noch einen Augenblick«, sagte Alexander, »vielleicht wartet Ihr auf ein Losungswort?«

Der Alte wurde stutzig. Er nickte: »Kennt Ihr es?«

Obwohl weit und breit niemand zu sehen war, legte Alexander beide Hände um den Mund und sagte verhalten: »Festung Kufstein – Alles für den Prinzen Eugen.«

»Ja ja, doch nicht so laut«, ächzte der Alte, obwohl Alexander bemüht gewesen war, so leise wie möglich zu rufen.

Das Fenster wurde zugeschlagen. Bald hörte er Schritte. Ein Schlüssel knirschte im großen Schloß. Langsam ging die Tür auf. Der Alte blickte nach links und nach rechts, dann sagte er, »Treten Sie ein. Aber bitte warten Sie hier. Es hat gefährliche Stufen«.

Im Haus war es kühl und muffig. Der geheimnisvolle Mann verschloß die Tür sorgfältig. Dann streckte er ihm seine schlanke Hand entgegen. Ganz kalte Finger berührten Alexander so überraschend, daß er zusammenfuhr. Beide standen in ziemlicher Dunkelheit .

»Bitte, fassen Sie das Geländer an, denn die Treppenabsätze können sehr gefährlich werden, weil sie furchtbar ausgetreten sind. Seit Jahr und Tag wird ja an diesem Haus nichts mehr gemacht.«

Als sie die ersten Treppenstufen erstiegen hatten, stieß der Mann eine Tür auf. Ein Lichtschein erhellte das Treppenhaus.

»Bitte, tretet hierher!«

Der sonderbare Hausherr führte seinen Gast in ein großes Zimmer, dessen Wände mit einer kostbaren, aber verblichenen Seidentapete bespannt war. »Kommen Sie doch bitte weiter«, er geleitete seinen Gast durch eine Tür in ein kleines Kabinett. Durch kunstvolle Butzenscheiben fiel grünliches Licht in den Raum. Alles erschien Alexander unheimlich und fragwürdig.

»Was tragen Sie überhaupt für eine Uniform? Wenn ich recht sehe, ist das ein russischer Offiziersrock«, erkundigte sich der Fremde.

Alexander erzählte in groben Zügen die Geschichte des zaristischen Kuriers und von seiner abenteuerlichen Reise durch Feindesland, bis er das Hauptquartier des Oberstkommandierenden erreicht hatte. Der Alte kicherte vor sich hin, räumte einen Stapel

Bücher von einem Sessel und bot Alexander diesen an: »Wenn ich bitten darf, Herr Major, nehmen Sie hier Platz. Ihr Auftraggeber ist ein Genie im Improvisieren.«

Der Fremde schien auch einmal Offizier gewesen zu sein. Er ähnelte in seiner äußeren Erscheinung dem hageren Baron von Kaminski. Im Gegensatz zu jenem trug dieser keine Perücke. Das matte Licht ließ seine markanten Gesichtszüge scharf hervortreten. Er schien ein Mann von etwa 70 Jahren zu sein. Noch immer kramte der Alte in seinen Papieren und Büchern herum.

»Es ist gut, daß Sie gerade jetzt gekommen sind, denn wir sind allein im Haus. So, so, Sie sind also in die Höhle des Löwen eingedrungen, in das Hauptquartier des österreichischen Oberstkommandierenden. Dort könnten sie natürlich alles aus erster Hand bekommen, was Ihr König wissen will, aber man ist dort selbstverständlich sehr vorsichtig«, er lächelte vielsagend. Trotz seines fortgeschrittenen Alters sprühte der Unbekannte voller Unternehmungslust. »An die Geheimpapiere kommt kein Unbeteiligter heran.«

Der Hagere holte aus einem kunstvoll gearbeiteten Wandschrank eine Weinflasche und alte venezianische Gläser heraus. »Sie nehmen doch ein Gläschen zur Stärkung, Herr Major?«

Alexander amüsierte sich darüber, daß ihn der Hausherr stets »Herr Major« nannte.

»Die Uniform steht Ihnen gut, daß muß man schon sagen. Sie werden wahrscheinlich auch russisch sprechen?«

Alexander berichtete von seiner Verwandtschaft in Sankt Petersburg und seinem längeren Aufenthalt in Rußland.

»Auf Euer Wohl und auf das Gelingen Ihres Auftrages!« Die beiden erhoben ihre Gläser. Doch auf einmal wurde der Agent nervös und hektisch: »Wir wollen die Zeit nutzen, ehe mein Diener zurückkommt.« Der Geheimnisvolle sah die wißbegierigen Augen von Alexander: »Eine dringende Bitte habe ich noch an Sie. Fragen Sie nicht nach meinem Namen, sonst müßte ich Ihnen einen falschen nennen.« Er stellte sein Glas auf den Tisch.

Alexander lachte: »Sie kennen meinen Namen ja auch nicht.«

Der Fremde lächelte wohlwissend. Er vollzog eine urkomische Geste, aus der man erkennen konnte: so geht es eben zu in dem zwielichtigen Geschäft der Spionage.

»Sie werden eine geheime Botschaft für Ihren König mitnehmen. Eine höchst vertrauliche Nachricht«, setzte er hinzu. »Nehmt meinen Rat an: Versucht bitte, so schnell wie nur möglich, Prag wieder zu verlassen, denn die Stadt ist voll von Spitzeln und Geheimagenten. Der Herzog von Lothringen und auch Feldmarschall von Browne sind nervös geworden. Deshalb zeigt Euch möglichst wenig in der Öffentlichkeit, auch wenn Ihr als russischer Kurier und Stabsoffizier unter besonderem Schutz des kaiserlichen Oberkommandos steht.« Er schüttelte seinen Kopf: »Eine glänzende Idee, eine glänzende Idee, – er ist doch ein schlauer Fuchs, der König, einfach genial. Überhaupt und dann noch so blitzschnell zu reagieren. Kurzerhand einen geeigneten Mann in die Uniform des Kuriers der Zarin zu stecken, um ihn direkt in das Hornissennest zu schleusen. Einfach fabelhaft«, er kicherte leise.

Dann ging er an den Wandschrank, öffnete seitlich eine Geheimtür, indem er von der Innenseite des Nebenfaches eine Uhr auf eine bestimmte Zeit drehte. Lautlos öffnete sich aus dem Furnier eine andere Klappe.

Alexander fragte: »Erwarten die Österreicher eine Belagerung?«

Der Alte ließ sich bei seiner Arbeit nicht stören, antwortete aber sehr freundlich: »Ab letzter Woche ließ Marschall Browne die Stadt in Verteidigungsbereitschaft setzen. Seit gestern schafft man schwere Geschütze auf die Wälle. Besonders die Ostseite der Stadt wird verteidigungbereit gemacht. Die Garnison wird laufend verstärkt. Zur Zeit scheint Prag ein einziges Heerlager zu sein. Die Befestigungsanlagen sind gut, aber es sind auch Schwachpunkte vorhanden. Deshalb wird der König mit meinen Nachrichten sehr zufrieden sein«, er nickte sich selbst zu.

»Sie sind wohl Offizier?« Alexander konnte seine Neugierde doch nicht zügeln.

»Weshalb so vorwitzig, junger Mann? Euch kann es doch egal sein, ob ich nun Priester, Prophet oder Zeichendeuter bin. Wichtig ist einzig und allein dieser Plan«, er zog aus dem Geheimfach ein Seidentuch heraus und breitete es auf dem Tisch aus. »Hier sind alle militärischen Erkenntnisse, die ich auftreiben konnte, aufgezeichnet: Stärkeziffern der Garnison, die tatsächliche Stückzahl der Geschütze sowie ihrer Stellungen. Ihr könnt mit einer fetten Beute heimkehren«, er übergab ihm lächelnd das Tuch.

Alexander ergriff den Geheimplan und wollte ihn sofort in seiner Rocktasche verschwinden lassen. Lächelnd sah der Geheimnisvolle ihm zu: »Ja, ja, ich habe es mir doch gedacht: Ihr seid noch reichlich unerfahren.« Er räusperte sich und wurde ganz ernst: »Wenn man Sie erwischt und kontrolliert, ist erfahrungsgemäß der erste Griff in die Tasche, das weiß jeder einfache Vorposten. Nein, nein, mein Herr, so baumelt Ihr schnell am nächsten Galgen.«

Peinlich berührt sah Alexander, wie der alte Mann eine Schere holte. Dann zog er Nadel und Faden aus einer Schublade hervor: »Ihr habt bessere Augen, bitte, seid so gut, zieht zunächst Euren Uniformrock aus, und dann fädelt mir den Faden hier ein. Ich bitte Euch, seid so gut.«

Alexander legte die Schärpe ab und zog seine russische Uniform, seinen Rock und den Mantel aus.

Der Geheimnisvolle nahm ihm das Tuch wieder ab und legte es ausgebreitet auf den Tisch. Es hatte eine dunkle und eine helle Seite. Auf der hellen Fläche war der Festungsplan von Prag eingezeichnet. Alexander erkannte die Mauern, Festungsanlagen, Brücken sowie die Profile mit Breiten- und Höhenangaben. Jetzt war er von der Wichtigkeit seines Auftrags für den König noch mehr überzeugt.

»Seht, junger Mann«, der Alte hob das Seidentuch empor und hielt es gegen das Licht. »Dieses Tuch ist so gearbeitet, daß auch beim Herausziehen nichts von der Zeichnung durchschimmert. Sie brauchen also nicht beunruhigt zu sein, falls Sie einmal visitiert werden.« Er klopfte Alexander auf die Schulter: »Aber wir wollen hoffen, daß es nicht zu einer solchen Durchsuchung kommt. Im übrigen sind Sie ja ein russischer Offizier, und wer wird schon einem Bundesgenossen mißtrauen?«

Mit seinen knochigen Fingern nahm er die Schere und trennte schnell die innere Rocktasche aus dem Futter. Er legte sie zur Seite und begann sogleich mit großer Fertigkeit das Tuch als innere Tasche einzunähen, so daß der Festungsplan zwischen Rock und Seidenfutter verschwand. Er zog noch einmal die Taschenseide mit dem eingenähten Festungsplan nach außen heraus.

»Seht, junger Mann, keiner kann die streng vertrauliche Geheimbotschaft erkennen. Ihr habt ja gesehen, daß es sich um höchst vertrauliche Nachrichten handelt. Ich hätte auch alles auf Pergament zeichnen können, aber Pergament besitzt nun einmal die unangenehme Eigenschaft, beim Abtasten zu rascheln.« Er lächelte vieldeutig und überlegen.

»Ihr seid ungewöhnlich schlau und vorsichtig«, anerkannte Alexander.

»Vorsicht und Mißtrauen sind die beiden wichtigsten Voraussetzungen für das Gelingen jeder Spionagetätigkeit, auch für einen verkleideten Kurier in der Uniform der Zarin von Rußland.«

»Aber bei aller Vorsicht muß einem auch das gewisse Quentchen Glück zur Seite stehen«, ergänzte Alexander.

»Womit Sie auch wiederum recht haben, Herr Major«, der Alte lächelte verschmitzt. Jetzt stand er auf: »Wann werden Sie Prag verlassen? Sie warten doch nicht etwa noch auf irgendeine Antwort des österreichischen Oberkommandeurs? Der Herzog Karl hat ein Fußleiden und wird sowieso in absehbarer Zeit nicht aus Wien zurückkehren. Versuchen Sie, so schnell wie nur möglich Prag zu verlassen, denn wenn man alles laufen läßt, wie es will, kann einer in die peinlichsten Situationen kommen, auch wenn Sie den Rock eines russischen Stabsoffiziers tragen und ein Begleitschreiben der Zarin besitzen«, wiederholte er nachdrücklich. »Ich kann Sie nicht oft genug daran erinnern, Herr Major! Seien Sie vorsichtig!« Er nahm Alexander beim Arm: »Befolgt meinen Rat und seien Sie vorsichtig!«

»Ich werde versuchen, so bald wie nur möglich die Botschaft herauszuschmuggeln. Vom österreichischen General habe ich die Zusicherung bekommen, daß der persönliche Adjutant mir als Fremdenführer zur Seite gestellt wird. Er sollte mir noch heute die Stadt zeigen.«

Der Alte nahm ihn plötzlich beim Arm, stand einige Sekunden still, doch dann sagte er: »Halt, junger Mann, laßt uns beratschlagen, wie wir mit aller Vorsicht dieses Unternehmen weiterführen.« Er legte seinen rechten Zeigefinger auf den Mund. Mit gespannter Konzentration dachte er nach. Jetzt sprach er sehr nachdenklich wie zu sich selbst: »Sie werden sicherlich zwei Pferde zur Verfügung gestellt bekommen, eines für den Österreicher und eines für Sie . . .« Wieder hielt er inne, dann setzte er nachdenklich Wort für Wort hinzu: »Man – man müßte, – ja, – man müßte die Gelegenheit nutzen . . .« Er schloß seine Augen und zog seine Stirn in Falten:

»Gut, ich glaube, es könnte Ihnen gelingen. Wartet noch einen Augenblick.«

Er ging in ein Nebenzimmer, kam aber sogleich mit einem kleinen Tütchen zurück.

»Hier, das beste Mittel für Agenten und Spione.« Er hielt ihm das Tütchen entgegen: »Das ist ein schnellwirkendes Schlafmittel, völlig geschmacklos. Es hat auch die wunderbare Eigenschaft, daß es sich farblos in allen Getränken auflöst.«

Alexander dachte an seine Flucht aus der Garnisonsstadt Berlin. Auch er hatte damals eine solches Mittel für seine Kameraden benutzt. Lächelnd sagte er prompt: »Ich weiß, was ich zu tun habe . . .«

»Tja, Ihr seid ein gelehriger Schüler, so will ich hoffen. Ich glaube, es ist die beste Gelegenheit. Wer weiß, ob sich solch eine günstige Situation noch einmal ergibt?«

»Ich danke Ihnen für alles.« Alexander verneigte sich.

»So, ich bringe Euch jetzt nach unten an die Tür. Und befolgt meinen Rat, seid vorsichtig!«

Plötzlich, völlig überraschend, läutete es an der Tür. – Erstarrt und voller Mißtrauen blickten sich beide an.

Seltsam? – Wer kann das sein?« Der Alte trat auf Zehenspitzen an das Fenster. Er bewegte mit einem Griff einen Außenspiegel, der hinter einer Nische angebracht war.

»Kreuzschwerenot! Österreichisches Militär«, raunte er Alexander zu. Vernehmlich atmete er tief durch. Dann öffnete er das Fenster und rief hinunter: »Was gibt's? Was wollt Ihr von mir?«

»Aufmachen! – Aufmachen!« schallte es herauf. »Militärkontrolle! – Bitte sofort öffnen!«

Der Hagere nickte: »Ja, sofort, meine Herren. – Mein Diener ist außer Haus. – Ich muß zunächst mein Schlüsselbund suchen, ich bitte um einen Augenblick Geduld«, rief er den Männern zu. Er schloß das Fenster.

»Jetzt aber schnell!« spornte er Alexander an.

Eiligst räumte er alle verdächtigen Unterlagen in das Geheimfach, ehe er die versteckte Schlüsseluhr einstellte und die Schranktür schloß.

»Ich bringe Sie jetzt über die hintere Treppe in den Keller, bitte, ziehen Sie Ihre Stiefel aus, damit die draußen nur ein

Schrittgeräusch wahrnehmen können. Schnell entledigte sich Alexander seiner Stiefel, auf Strümpfen folgte er dem Geheimnisvollen.

Von draußen dröhnte es wieder: »Sofort öffnen! – Wir brechen sonst die Tür auf!«

Während die beiden die Treppe hinabeilten, sprach der preußische Spion unentwegt vor sich hin, um die Geräusche zu überdecken.

»Ja, ja, meine Herren, . . . Weshalb denn so ungeduldig, . . . Sie können doch einen unbescholtenen Bürger der Stadt nicht so unverschämt hetzen, . . . Schließlich bin ich ja ein alter Mann, . . . Weshalb so ungeduldig und hitzig, . . . Ich bin ja schon in Eile, . . . Wo hab ich denn bloß meine elenden Schlüssel hingelegt, . . . Wo bleibt denn auch mein Diener, dieser alte Trottel . . .?«

Währenddessen schlichen die beiden weiter auf Zehenspitzen die Treppe hinunter. Im Keller zeigte er Alexander einen raffinierten Schlupfwinkel.

»Hier, Herr Major, hinter dieser Tür haben Sie das beste Versteck. Ich ziehe eine Stofftapete davor, verhalten Sie sich also absolut still – keine Panik, sonst sind wir verloren.«

Der Hagere keuchte vor Aufregung.

Wütend wurde jetzt mit Gewehrkolben gegen die Haustür geschlagen.

»Aber, aber, meine Herrn!« schrie der Preuße, »ich komme ja schon. Endlich habe ich die Schlüssel gefunden.«

Kurz darauf hörte Alexander, wie der Schlüssel quietschte und die Tür kräftig aufgestoßen wurde.

»Im Namen Seiner Majestät, der Kaiserin von Österreich! Wir müssen das Haus durchsuchen. Es besteht der Verdacht, daß sich hier ein Deserteur ins Haus geschlichen hat.«

Das Getrampel von mehreren Personen war zu hören.

»Bitte, zeigen Sie mir erst Ihren Durchsuchungsbefehl!« rief der Hagere.

»Was heißt da ›Durchsuchungsbefehl‹? Prag steht unter Kriegsrecht! Wir sind beauftragt, das ganze Haus zu überprüfen. Nachbarn haben einen Uniformierten in Ihrem Haus verschwinden gesehen.«

»Das muß ein Irrtum sein!« rief der Preuße. »Seit Stunden ist

»Vorwärts! Durchsucht den Weinkeller und das Gewölbe!« befahl der Österreicher. Der Hagere hielt seine rechte Hand vor die Brust, offenbar hatte er Herzschmerzen bekommen.

mein Diener unterwegs, Besorgungen in der Stadt zu machen. – Die Tür war seit dieser Zeit fest verschlossen. Ich protestiere gegen solche willkürlichen Eingriffe in mein Privathaus.«

»Was heißt hier protestieren, wir haben strengsten Befehl, alle Winkel des Hauses zu inspizieren. Also vorwärts! Zwei Mann übernehmen die Räume des ersten Stockwerkes. Zwei Grenadiere steigen hinauf ins Dachgeschoß, zwei untersuchen das Erdgeschoß. Sie beide bewachen die Haustür!

Niemand verläßt das Gebäude!«

»Sie, meine Herren, werden mir in den Keller folgen!« befahl der Anführer der kaiserlich-österreichischen Armee.

Alexander hörte das Poltern von Stiefeln im ganzen Hause. Auch die dumpfen Schritte auf der Kellertreppe konnte er gut vernehmen. Jetzt wurde eine Tür aufgerissen. Ein Lichtstrahl fiel in das dunkle Gewölbe. Die Männer befanden sich nun keinen Meter weit entfernt von lhm.

»Vorwärts! Durchsucht den Weinkeller und das Gewölbe rechts!« befahl der Österreicher.

Der Hagere hielt seine rechte Hand vor die Brust, offenbar hatte er Herzschmerzen bekommen. Mit brüchiger Stimme stotterte er: »Ich möchte nochmals aufs Schärfste protestieren! Dies ist bestimmt eine Verwechslung oder eine bösartige Verleumdung eines Nachbarn. Darüber hinaus bedeutet eine solche Willkür eine flagrante Verletzung der Intimsphäre eines freien Bürgers dieser Stadt.«

Der österreichische Anführer legte selbst Hand an, öffnete Kisten und Schränke, ohne auf das Gezeter des Hageren einzugehen.

Alexander umklammerte seinen Offiziersdegen fester. Wenn die mich finden, so schwor er sich, werde ich versuchen, so gut wie nur möglich, mir den Weg freizukämpfen. Er hörte, wie draußen ein Vorhang zur Seite gezogen und eine andere Tür geöffnet wurde. Ein wandernder Lichtkegel durchdrang die Ritzen an der Tapete, hinter der er verborgen war. Im ganzen Hause wurde gelärmt, es polterte und krachte entsetzlich. Man hörte laute Rufe, Schurren und Pochen. Es dröhnte und hallte von schweren Stiefelschritten durch die Räume.

Jetzt vernahm er Papiergeräusche, die Tapete vor seiner Tür bewegte sich, Staub wirbelte auf. Alexander spürte ein unangenehmes Kratzen im Hals, das immer stärker und fast unerträglich wurde. ›Nur jetzt nicht husten‹, dachte er. Er schloß die Augen und schluckte heftig. Er nahm seinen ganzen Willen zusammen, um den fürchterlichen Reiz zu unterdrücken. Er versuchte, mit seinem Gaumensegel den Kehlkopf zusammenzupressen, dann schluckte er immer wieder krampfhaft. Er begann still zu beten: »Hilf, oh Herr! Hilf mir!« Das Kratzen hielt aber an.

Er drehte seinen Kopf nach links und rechts – »nur nicht husten!« hämmerte es in seinem Gehirn, denn dann ist alles aus.«

Langsam und vorsichtig atmete er tief durch den Mund ein und hielt dann den Atem an. Der Hustenreiz ließ nach.

»Im Weinkeller ist nix zu finde!« versicherte einer der Soldaten und schmiß die Tür zu.

»Und hier im Gewölbe ist auch keine Menschenseele!« meinte ein anderer.

»Sehen Sie, meine Herren«, versicherte der Hagere, »Sie sind einem bösen Bubenstreich auf den Leim gegangen.

Aber der böhmische Justizbeamte ließ sich noch nicht restlos überzeugen. Er leuchtete noch einmal gegen die Wand, hinter der Alexander stand.

Dieser hielt seinen russischen Offiziersdegen so fest umklammert, daß seine rechte Hand vor Anstrengung zitterte und seine Nägel sich tief ins Handinnere gruben. Plötzlich war auch das Kratzen wieder da, so jäh und heftig, daß Alexander glaubte, das Husten nicht länger unterdrücken zu können. Wieder öffnete er den Mund, sog die modrige Kellerluft langsam ein, diesmal ohne Erfolg. Sein Ende schien gekommen. Mit äußerster Vorsicht führte er die linke Hand an den Hals und kratzte auf der nackten Haut in der kleinen Grube zwischen den beiden Schlüsselbeinen hin und her. Irgendwie lenkte ihn dieser Reiz von dem Kitzeln in seiner Kehle ab.

»Geht doch endlich fort!« flehte er innerlich. »Großer Gott, so hilf mir doch!« Sein Kopf glühte, kalter Schweiß klebte an seinem Körper.

»Also, gehen wir!« befahl der Justizbeamte der Militärbehörde. »Wir werden ihn schon noch finden.«

Sobald Alexander die Tür zufallen hörte, begann er zu husten und sich zu räuspern. Ansonsten blieb er jedoch weiter hinter seiner Geheimtür verborgen.

In den oberen Etagen rumorte es noch einige Zeit, – endlich fiel die Haustür ins Schloß. Die Durchsuchung schien beendet zu sein.

Danach kam der Hagere herunter: »Das hätte ins Auge gehen können«, hauchte der Meisterspion. »So, und jetzt keine Zeit verlieren, Herr Major. Allergrößte Vorsicht ist geboten! Ich kann mir gut denken, daß die Herrschaften die Straße weiterhin beobachten werden. Deshalb lasse ich Sie aus dem hinteren Kellerfenster raus. Halten Sie sich immer an der Gartenmauer und schlüpfen Sie unterhalb der Brücke am Ende des Grundstücks in die nächste Seitengasse!«

Der geheimnisvolle Hausbewohner führte Alexander noch einmal durch die weiße, fein geschnitzte Tür in sein Arbeitszimmer. Hier bot sich ihnen ein chaotischer Anblick. Jede Schranktür war aufgerissen, das gesamte Inventar lag wahllos über den Boden verteilt. Das Durchsuchungskommando hatte ganze Arbeit geleistet, alle Ecken und Nischen, jede Kommode und Anrichte war von ihnen durchstöbert worden.

»Wie gut, daß wir unsere Angelegenheit bereits erledigt hatten. Jetzt würden wir wohl nicht mehr die Nerven dazu haben . . .«

Der Hagere untersuchte seinen Kabinettsschrank mit dem Geheimfach. Erleichtert atmete er auf: »Sie haben es nicht gefunden!«

Dann wandte er sich an Alexander: »Nochmals, junger Mann, zeigt Euch möglichst wenig auf den Straßen, die Stadt ist voll von Spitzeln und Horchern. Das Oberkommando der Festung ist plötzlich sehr nervös geworden. Wenn Ihr den österreichischen Adjutanten ausgeschaltet habt und sich die Pferde in Eurer Hand befinden, dann nichts wie fort aus Prag! Lebt wohl!«

In größter Eile hastete Alexander an der Mauer entlang. Er schlüpfte unter der Brücke hindurch und erreichte ganz außer Atem die nächste Seitengasse. Immer wieder blickte er sich voller Mißtrauen um. Zu sehr saß ihm der Schock noch in den Gliedern. In den Straßen zu seinem Quartier bemerkte er, wie verschiedene Gebäude mit schweren Bohlen verrammelt waren. Die Bewohner bereiteten sich wirklich auf eine Belagerung vor.

Abends warf sich Alexander, nachdem er seine glänzende Offiziersuniform ausgezogen hatte, aufs Bett. Lange lag er grübelnd auf seinem Lager, ehe er in einen tiefen Schlaf fiel.

Am nächsten Morgen führte ihn der persönliche Adjutant des österreichischen Generals durch die belebten Straßen der Stadt. Die Menschen hasteten hin und her. Ihre Gesichter waren von Sorgen und Bangen, ja von Angst erfüllt. Der österreichische Offizier schien die Gedanken seines »russischen Kameraden« zu erraten.

»Ja ja, die Prager zittern vor einer eventuellen Belagerung ihrer schönen Stadt. Sie erbleichen bei jeder neuen Schreckensmeldung über die Kampfkraft der Preußen und befürchten, mit in das Grauen des Krieges hineingezogen zu werden. Der Herzog Karl ist gewiß ein frommer Mann, Gott möge ihn beschützen. Er ist zwar der Schwager der Kaiserin, schön und gut, aber als Oberkommandierender der kaiserlichen Streitkräfte bedarf es doch eines entschlußkräftigeren Feldmarschalls. Ich glaube, als Feldherr ist er dem König von Preußen nicht gewachsen. Es fehlt ihm an Durchblick und militärischer Energie. Bei der Armee ist er nicht gerade beliebt. Wie gut, daß die Kaiserin ihm den Feldmarschall von Browne als militärischen Berater zur Seite gestellt hat. Dieser hat angeordnet, sogleich die großen Magazine in die Innenstadt zu verlegen, damit bei einer Belagerung nicht alles in Flammen aufgeht.« Der Adjutant ritt mit dem russischen Major auch an die Außenwerke der Stadt. Überall wurde geschanzt. Alexander prägte sich alle Einzelheiten ein. Er hatte ein sehr gutes Pferd aus dem Hauptquartier der Österreicher erhalten. Sein Plan zur Rückkehr mußte gelingen. Das hieß aber auch, so schnell wie nur möglich die Stadt zu verlassen.

»Herr Rittmeister, ich lade Sie zu einem guten Tropfen in mein Quartier ein. Wir wollen auf die gute Waffenbrüderschaft zwischen Österreichern und Russen anstoßen. Bitte tun Sie mir den Gefallen und besuchen Sie mich für eine Stunde in meinem Gasthaus«, dabei ergriff er die Linke des Adjutanten.

»Es soll mir ein Vergnügen sein, mit einem so ehrenwerten Kameraden und Vertrauten der russischen Zarin Bruderschaft zu trinken«, sagte der österreichische Rittmeister. Sie legten beide ihre Mäntel ab. Alexander ließ sich vom Wirt den besten Wein ins Zimmer bringen. Die Pferde hatte man im Stall der Herberge unterbringen lassen. Um den Österreicher zu beeindrucken, beschrieb Alexander ihm den Zustand des russischen Heeres in rosigen Farben, wie er es vom Hörensagen her kannte.

»Die Fußtruppen sind unerschrockene Kämpfer, sie sind zäh und widerstandsfähig. Die Reiterei hat wohl die besten Pferde der Welt. Die Kosaken werden sozusagen mit ihren Tieren von Kindheit an so vertraut gemacht, daß sie einfach unschlagbar sind. Alle Regimenter sind der Zarin auf Tod und Verderb treu ergeben. Sie befolgen die Befehle ihrer Generäle prompt und zuverlässig.«

Die Augen des Österreichers glänzten bei der heroischen Schilderung des »hohen Stabsoffiziers« aus Petersburg: »Ich glaube, der König von Preußen hat allen Grund, um den Fortbestand seines Königreiches zu bangen. Wenn wir ihn von allen Seiten einkreisen und packen, kann er dem militärischen Würgegriff nicht mehr entrinnen. Mit Gottes Hilfe werden wir dem hochmütigen König von Preußen so viele Feinde auf den Hals ziehen, daß er darunter erliegen muß, sagte kürzlich der Staatskanzler Kaunitz.«

»Darauf wollen wir anstoßen, Herr Rittmeister. Vielleicht ist es uns vergönnt, in Kürze gemeinsam als Sieger in Berlin einzuziehen«, prophezeite der Russe.

Der Österreicher verließ für eine kurze Zeit das Zimmer. Diese Gelegenheit benutzte Alexander, um ihm das Schlafpulver in den Wein zu schütten. Als der Rittmeister wieder zurückkam, begann Alexander erneut von Petersburg, von seinen Kirchen, seinen Schlössern, den herrlichen Parkanlagen und von der schönen Umgebung zu erzählen.

Einige Zeit, nachdem der Adjutant sein Glas geleert hatte, machten sich bei ihm seltsame Ermüdungserscheinungen bemerkbar. Sein Reaktionsvermögen ließ nach. Er begann zu gähnen und entschuldigte sich vielmals. Er meinte, er habe einen Tag zuvor einen strengen Dienst gehabt, er hätte mehrere Kurierdienste bis ins Hinterland ausführen müssen.

Seine Augenwimpern sanken immer öfter herab. Er versuchte krampfhaft, sich wachzuhalten. Doch schon bald verlor er die Energie, gegen die Schläfrigkeit anzukämpfen. Allmählich sank sein Kopf zur Seite, und er glitt nach hinten. Sein Atem wurde immer schwerer und lauter. Der Österreicher begann leicht zu schnarchen. Alexander rüttelte ihn an der Hand, dann stieß er ihn an. Noch einmal öffnete der Adjutant die Augen, murmelte etwas Unverständliches mit kehliger Stimme, dann sank sein Kopf endgültig zur Seite. Er war fest eingeschlafen.

Sofort packte Alexander seine Meldetasche mit dem goldenen Zarenadler, er band sich die Schärpe um, setzte den Dreispitz auf und verließ noch vor dem Mittagessen das Quartier. Vorsichtshalber schloß er die Tür zu seinem Zimmer ab, falls irgendwelche unerwartete Personen den Raum betreten wollten. Es galt, einen guten Vorsprung zu gewinnen.

Er band das Pferd des Rittmeisters ab, weil er doch zu der Überzeugung gekommen war, dieses sei das leistungsfähigere Tier.

Schnell stieg Alexander in den Sattel und verließ den Hof des Gasthauses. Auf der Straße mischte er sich unter das militärische

Treiben. Der Ausweis des österreichischen Hauptquartiers, den ihm der General sofort nach seiner Ankunft ausstellen ließ, verschaffte ihm an jeder Straßenwache ein freies Passieren. Bald hatte er das letzte Tor hinter sich gelassen. Im gemäßigten Galopp kam er gut voran. Die Sonne hatte schon die Morgennebel zerrissen. In der Ferne tauchte das Hügelland im grauen Dunst auf. Milchiges Licht lag über den kargen Feldern und Büschen. Noch am Abend erreichte er die Gegend von Melnik. Er hatte nach der Anweisung des Generals von Winterfeldt die nördliche Rute in Richtung Pirna – Dresden eingeschlagen.

In einer Posthalterei bekam er ein Quartier. Hier war der Stab eines österreichischen Dragonerregiments von Liechtenstein untergebracht. Alexander wollte sich ganz offiziell inmitten der österreichischen Truppen aufhalten, um keinen Verdacht aufkommen zu lassen. Dem Regimentsadjutanten legte er sein Beglaubigungsschreiben vom österreichischen Hauptquartier und das Dokument seiner Kaiserin vor, in dem die Anweisungen gegeben waren, dem Kurier der Zarin dringende Hilfe und Unterstützung in allen militärischen Belangen zu gewährleisten.

Er wurde von den Angehörigen des Stabes zum Abendessen eingeladen. Die österreichischen Offiziere feierten den russischen Waffenbruder wie einen Helden, der ihnen neue Hoffnung und Zuversicht vermittelte. Die Aussicht auf einen gemeinsamen Waffengang gegen den Erzfeind Preußen machte sie trunken vor Freude. Man ließ die Zarin Elisabeth und ihre Armee hochleben.

»Auf welchem Wege seid Ihr denn nach Böhmen gekommen«, wollte ein junger Leutnant wissen.

»Über Ölmitz nach Pardubitz. Dort ließ ich mein Pferd zurück.« Alexander erschrak, weil er verspürte, daß der Offizier erkunden wollte, was ihn bewog, in Richtung Norden zu gelangen.

»Wenn Ihr wieder nach Rußland zurückwollt, macht Ihr aber einen großen Umweg, denn Ihr reitet hier in nördliche Richtung, und wenn Ihr diesen Weg weiter verfolgt, geratet Ihr unweigerlich in die Hände der Preußen.«

»Auf keinen Fall!« rief Alexander geistesgegenwärtig, »dann wäre ich ein Mann des Todes. Wie gelange ich denn schnellstens wieder nach Pardubitz?«

»Am besten mit einem Schiff, das die Elbe aufwärts segelt. Wenn Ihr wollt, werde ich Euch einen Befehl ausstellen, daß Ihr einen Platz auf einem Boot der österreichischen Armee bekommt.«

Alexander dankte still dem Himmel, daß man sich in den Gesprächen nach einiger Zeit wieder mit anderen Themen befaßte. Erneut mußte er von Rußland erzählen, von Petersburg, von der Zarin und besonders von der Schlagkraft des russischen Heeres, aber auch von den Absichten der Russen, gegen die verhaßten Preußen zu Felde zu ziehen.

Alexander verbrachte eine sehr unruhige Nacht. Er fühlte sich in großer Gefahr. Gewiß hatte man sein mysteriöses Verschwinden in Prag bereits entdeckt. Die Frage, wie schnell eine Verfolgung aufgenommen werden konnte, bereitete ihm große Bedenken. Vielleicht würde man versuchen, ihn in Pardubitz abzufangen und in dieser Richtung zu verfolgen. Er war Gott dankbar, daß er für den kommenden Tag die Anweisung des Regimentsadjutanten in der Tasche hatte, ein Schiff der Armee benutzen zu können.

Als das erste Morgenlicht sein Zimmer erhellte, hatte er kaum drei Stunden geschlafen. Schnell kleidete er sich an. Als er sich wieder in seiner farbenprächtigen Uniform betrachtete, bekam er neuen Mut, den Auftrag seines Königs mit Erfolg zu Ende zu bringen. Nach einem großen Abenteuer im Glanz einer Offiziersuniform hatte er sich von Jugend an gesehnt, aber nicht in seiner kühnsten Phantasie erträumt, daß er eines Tages in der Verkleidung eines russischen Stabsoffiziers hinter den Linien des Feindes spionieren würde.

Er dachte an die Ratschläge des Generals von Winterfeldt: »Beherrschen Sie jederzeit die veränderte Situation. Denken Sie immer daran: Sie sind der Botschafter und geheime Kurier der Zarin Elisabeth von Rußland. – Seien Sie immer Herr der Lage.« Alexander ermunterte sich selbst. Er reckte sich vor dem Spiegel und streckte die Brust heraus. So fühlte er sich gerüstet für den neuen Tag.

Ein junger Leutnant begleitete ihn zur Anlegestelle der Frachtkähne der österreichischen Armee.

»Haben Sie vielen Dank für Ihren Ratschlag, Herr Leutnant«, sagte Alexander und reichte ihm ein gutes Biergeld. »Nehmen Sie dieses für Ihre Hilfsbereitschaft und trinken Sie auf das Wohl Ihrer Majestät der Kaiserin Maria Theresia. Sie können sich wieder zu Ihrem Stab zurückbegeben.«

»Sollte ich nicht mit dem verantwortlichen Transportoffizier sprechen?'« meinte der Österreicher.

»Danke, nein, Kamerad, das will ich schon selber besorgen.« Er hielt ihm sein offizielles Begleitschreiben entgegen. »Sehen Sie, mein Beglaubigungsdokument verschafft mir überall ein freies Geleit«, er lächelte den schüchternen Offizier vielsagend an. Dann verabschiedeten sich die beiden. Alexander war froh, daß er auch diesen Offizier so schnell losgeworden war.

Die Truppenbewegungen der Kaiserlich-Österreichischen-Armee vollzogen sich auf dem Strom ausschließlich von Nord nach Süd, also nicht den Preußen entgegen, sondern in Richtung Prag. Auch hier konnte man bei den Österreichern eine gewisse Besorgnis bis hin zur Panik feststellen. Alexander erhielt für sich und sein Pferd ohne Schwierigkeiten sofort einen Platz auf einem Lastkahn, der in Richtung Norden, nämlich nach Leitmeritz und Aussig abging. Als der Kahn ablegte, atmete er tief durch. Ein Stein fiel ihm vom Herzen. Er hatte es, ohne Verdacht zu erregen, geschafft, nicht nach Osten, sondern elbabwärts in Richtung Norden weitersegeln zu können.

Während der Fahrt gab es Zeit genug, die feindlichen Regimenter auf ihrem Rückmarsch und die militärischen Anlagen, die er vom Schiff aus erkennen konnte, in seine Karte einzuzeichnen. Je mehr sich das Boot dem Norden näherte, um so mehr war zu beobachten, wie militärische Aktivitäten an Intensität zunahmen.

In Leitmeritz wurde das Schiff angehalten. An eine Weiterfahrt sei nicht zu denken, wurde ihm mitgeteilt. Es hieß, preußische Truppen seien im direkten Vormarsch. Täglich wurden sie hier schon von Einheiten der preußischen Kavallerie beschossen, die als Kundschafter und Vorauskommandos bis tief ins böhmische Hinterland vorgestoßen seien.

Alexander gelang es, ohne Aufsehen zu erregen, im Wirrwarr der militärischen Bewegungen schnell aus der Stadt herauszukommen. Durch die allgemeine Hast und das unruhige Durcheinander der feindlichen Rückzugsbewegungen fiel Alexander in seiner russischen Uniform kaum auf, zumal er seinen grauen Mantel übergezogen hatte.

Zügig lenkte er sein Pferd weiter in nördliche Richtung. Er ritt rasch und geschickt aus dem Elbtal auf die gegenüberliegende

In schnellem Galopp kam er gut voran. In der Ferne tauchte das Hügelland in grauem Dunst auf.

Anhöhe zu. Überall konnte er österreichische Kavallerieposten erkennen, die alle Bewegungen ausschließlich aus Richtung Norden überwachten. So gewandt wie nur möglich nutzte Alexander jedes Buschwerk und jede Bodensenke aus, um nicht gesehen zu werden. Jetzt glaubte er fest daran, den wichtigen Auftrag seines Königs unversehrt zu Ende zu bringen. Schließlich gewann er den oberen Teil der Höhe, von der man in ein sich abzweigendes tief eingeschnittenes Tal einsehen konnte.

Das Pferd leistete Unwahrscheinliches. Es war völlig naß und schnaubte oft sehr widerwillig. Hoffentlich hält das Tier durch, dachte Alexander, als er plötzlich starke Geräusche vernahm, die von fahrenden Geschützen und Bagagewagen herrühren mußten. Je näher er einer Waldschneise kam, desto lauter wurde das Gerumpel und Stampfen von Wagen und Pferden. Dann vernahm er sehr deutlich Kommandos, die auf eine panikartige Flucht hindeuteten. Nach einer geraumen Zeit entdeckte Alexander auf einem Hügel eine Windmühle, die auf der einen Seite von dichtem Buschwerk umgeben war. Mit aller erdenklichen Vorsicht ritt er an sie heran, denn es bestand der Verdacht, daß diese Mühle von Beobachtungsposten der Österreicher besetzt sein konnte. Zum anderen wollte Alexander sich selbst eine gute Übersicht über die gesamte Umgebung verschaffen.

Durch das Gebüsch pirschte er sich an die Mühle heran, – sie schien nicht besetzt zu sein. Mit lauter Stimme rief Alexander: »Ist hier jemand?« Er wartete einen Augenblick und bekam keine Antwort. Jetzt band er sein Pferd an einem Holzpfahl fest und stieg die knarrende Treppe innerhalb der Mühle empor. Er erschrak, als sich schreiend ein Raubvogel entfernte, der sich in irgendeinem Winkel aufgehalten hatte. Von dem umlaufenden Steg hatte er einen phantastischen Ausblick. In allen Tälern und von verschiedenen Seiten erkannte er geschlossene österreichische Marscheinheiten der Infanterie und Kavallerie. Auch Artillerie- und Trainkolonnen konnte er ausmachen. Alles bewegte sich in Richtung Süden.

Plötzlich erspähte er, wie aus einem gegenüberliegenden Waldstück eine Gruppe von etwa 15 Husaren über einen Hügel auf das Hochplateau einschwenkte. Schnell stürzte Alexander die Stufen herunter und schwang sich auf sein Pferd, um dem vermeintlichen Feind zu entgehen. Die Patrouille aber hatte ihn schon entdeckt und nahm sofort die Verfolgung auf. Mit beachtlichem Tempo kamen die Kundschafter dem Flüchtenden näher. Alexander hoffte, ihnen durch gewandte Manöver zu entkommen, aber sein Pferd hatte an diesem Tag schon zuviel Kraft verbraucht, so daß die Verfolger schnell an Boden gewannen. Bald konnte man das Keuchen der Pferde und die kräftigen Flüche der Husarenpatrouille hören.

Als Alexander zurückblickte, mußte er zu seiner Überraschung feststellen, daß es sich um preußische Husaren handelte.

»Sofort stehenbleiben!« schrie ein Offizier, der die Gruppe anführte.

»Nicht schießen! Gut Freund!« rief Alexander und wandte sein Pferd mit letzter Kraft herum. Einige der Husaren in ihren grünen Uniformen umkreisten ihn und sprangen von ihren Tieren. Sie ergriffen die Zügel des Pferdes, auf dem Alexander saß.

»Endlich wieder frei!« rief Alexander in überschwenglicher Freude.

»Frei? Das könnte Euch so gefallen! Nein, Er ist mein Gefangener!« rief der Leutnant des schlesischen Husarenregiments aus Breslau. Alexander grüßte lächelnd und höflich: »Alexander Blankenburg, im Auftrag Seiner Majestät des Königs von Preußen, meldet sich vom geheimen Auftrag aus Prag zurück! Ich trage eine wichtige Botschaft für den König bei mir. Überstellen Sie mich sobald wie möglich Seiner Exzellenz, dem General von Winterfeldt.«

Der Husarenleutnant schüttelte ungläubig seinen Kopf und fragte: »Mein Herr, Sie tragen eine fremde Uniform und reiten ein österreichisches Pferd, wie soll ich das alles verstehen? Es tut mir leid, ich muß Sie zunächst entwaffnen und gefangennehmen. Ich bitte um Ihren Degen.«

Alexander schnallte den Säbel ab und überreichte ihn dem Leutnant, gab aber zu bedenken: »Bitte, gehen Sie mit der Waffe sorgfältig um, denn sie gehört einem russischen Stabsoffizier, den ich hier vertrete.«

Der preußische Kavallerieoffizier war noch immer mißtrauisch. Mehrmals schüttelte er ungläubig seinen Kopf. Alexander aber hatte seine Ruhe wiedergefunden. »Ich muß dringend zum König«, sagte er zum wiederholten Male, während derbe Hände der preußischen Reiter seine Taschen durchsuchten. »Ich trage eine wichtige Botschaft für den König bei mir. Sie sind im vollen Umfang für alles verantwortlich, wenn Sie mich nicht sofort zu Seiner Majestät führen lassen.«

»Mein Herr, Sie haben es aber enorm eilig. Zunächst müssen wir ja selbst die preußischen Linien erreicht haben. Wir befinden uns hier immer noch im feindlichen Gebiet.«

»Trotzdem wünsche ich dann, auf der Stelle zu Seiner Majestät, dem König, geführt zu werden«, forderte Alexander hartnäckig.

Der Husarenleutnant wurde stutzig. Die Stimme des Deutschen

in der russischen Uniform klang fest und überzeugend. Deshalb sagte er: »Ihr sollt Euren Willen haben. Aber merkt Euch, daß Ihr beim geringsten Fluchtversuch niedergeschossen werdet.«

Jetzt wandte sich der Offizier an seine Männer: »Alle aufsetzten! Im gestreckten Galopp, Marsch!«

Die Husaren ritten auf einem schmalen Weg, der zur rechten Seite der Elbe entlang führte, in Richtung Norden weiter.

Es mochten wohl vier Stunden scharfen Rittes gewesen sein, als die Patrouille die preußischen Linien erreichte. Alexander wurde als Gefangener im Vergleich zu anderen bevorzugt behandelt. Am Abend war er Gast eines Obristen, dem er einige Begebenheiten seines abenteuerlichen Ritts und Spionageunternehmens erzählte.

»Trotzdem kann ich Sie nur als Gefangener in das Hauptquartier Seiner Majestät bringen lassen. Sie werden dies gewiß verstehen«, erklärte der Regimentskommandeur.

Alexander nickte und ließ sich die gereichte Mahlzeit gut schmecken.

Am nächsten Morgen ritt Alexander, begleitet von vier entschlossenen Husaren, zum Hauptquartier des Königs. Es wurde langsam hell. In den Büschen schlugen die Amseln. Hin und wieder konnte man eine Nachtigall schlagen hören. Träge kam die Sonne hinter dem Gebirge hervor, als Sie das Quartier des Königs erreichten. Vor dem Gebäude herrschte bereits ein lebhaftes Treiben, ein Kommen und Gehen von Ordonnanzen, Adjutanten, Stabsoffizieren und Generälen. Das königliche Hauptquartier war im Aufbruch begriffen, da es verlegt werden sollte. Auf dem Marktplatz fanden sich die Bagagewagen ein. Koffer, Kisten und Aktenbündel wurden aufgeladen. Mancher liebgewordene Trödel von diesem oder jenem Stabsoffizier, den er im Laufe der Zeit irgendwann einmal aufgefischt hatte, lag nun auf Decken herum, um wieder auf »Fahrt« zu gehen.

Zwischen den Offizieren, Fuhrleuten, Wagen und Pferdeleibern drängelte sich die kleine Gruppe mit Alexander, dem »Stabsoffizier« in der russischen Uniform, zum Eingang des Hauptquartiers durch.

General von Winterfeldt kam gerade aus dem Landhaus, als er Alexander erblickte. »Mein Gott, der Herr Major von Sibilski ist wieder da«, rief er freudig aus. »Ich freue mich, Sie wieder heil vor mir zu sehen. Hat denn alles geklappt?«

»Zu Befehl, Exzellenz, das Unternehmen war ein voller Erfolg.«

»Kommen Sie mit! Seine Majestät sind bereits aufgestanden und schon an der Arbeit. Ich werde Sie sofort anmelden.«

Den Husaren befahl er: »Ihr habt Euren Auftrag erfüllt; Ihr könnt zu Eurer Einheit zurückkehren!«

Die Husaren zogen davon.

»Kommen Sie!« Winterfeldt versuchte vergeblich, sich an den wirklichen Namen seines Gegenübers zu erinnern.

»Alexander Blankenburg, Euer Exzellenz, Musketier aus dem Regiment Itzenplitz.«

»Ja, richtig, jetzt fällt es mir wieder ein.« Winterfeldt zupfte ihm an den goldenen Fangschnüren: »Nach einem gemeinen Musketier seht Ihr bei weitem nicht mehr aus. Wie ist es Ihnen denn so als russischer Geheimkurier der Zarin ergangen?« Er griff ihn beim Arm: »Aber das könnt Ihr mir ja alles später erzählen, jetzt geht es sofort zum König. Hat auch sonst alles geklappt?« General von Winterfeldt meinte den Geheimauftrag bei dem Meisterspion der Preußen in Prag.

»Zu Befehl. Euer Exzellenz, ich habe Seiner Majestät zu melden, daß ich auch den geheimen Auftrag zu seiner Zufriedenheit ausgeführt habe.«

Winterfeldt durchschritt den Vorraum und verschwand mit Alexander in einem Seitenraum.

»Nehmen Sie hier Platz. Sammeln Sie sich. Ich bin sofort wieder zurück.«

Alexander wurde von vielen Offizieren mit großem Erstaunen betrachtet. Ein Stabsoffizier aus dem Generalstab der Zarin hatte man in dieser Umgebung überhaupt noch nicht gesehen.

Bald kam der General zurück und sagte: »Der König läßt bitten, sich bereit zu halten, er wird Sie sofort empfangen. Kann man Ihnen eine Erfrischung bringen?«

»Wenn ich bitten dürfte, ein Glas Wasser, Euer Exzellenz.«

Ein Stabsoffizier brachte sofort ein Glas, das Alexander hastig austrank. Es war ihm trocken im Hals.

Mit bebendem Herzen wartete er, zum König gerufen zu werden. Jetzt, da alle Gefahren und Anstrengungen hinter ihm lagen, war er sehr stolz auf sich, den Befehl des Königs in allen Belangen so gut ausgeführt zu haben.

Der Geheime Kabinettssekretär Eichel erschien, stutzte eine Sekunde und ging dann schnell auf Alexander zu.

»Seien Sie gegrüßt! – Im ersten Augenblick war ich etwas unsicher, ich konnte Sie nicht sofort erkennen. Welch ein ungewohntes Bild, Sie in dieser schmucken Uniform wiederzusehen. Kommen Sie bitte, die Zeit ist kostbar . . .«

General von Winterfeldt und Alexander betraten, von Eichel gefolgt, das Arbeitszimmer des Monarchen. Die Morgensonne durchflutete das bescheidene Gemach. Als die drei eintraten, hob der König seinen Kopf. Schmunzelnd und ein wenig zynisch zugleich empfing er Alexander:

»Sieh mal einer an, welch ein seltener Besuch beim König von Preußen, ein russischer Stabsoffizier in der Uniform, die uns hier doch sehr fremd ist. Monsieur Blankenburg, Sie sehen interessant aus. Bitte sprechen Sie deutsch oder französisch, denn die Sprache der Moskowiter beherrsche ich nicht.«

Lächelnd stand der König vor Alexander. Offensichtlich hatte er Gefallen an dem gelungenen Maskenspiel.

Alexander blickte voller Begeisterung in die ihm so vertrauten Züge seines Monarchen. Die Wangen des Königs waren von der Nase herunter bis zum Kinn von zwei tiefen Furchen durchzogen. Er schien übernächtigt, nur seine Augen funkelten voller Feuer. Über den Augenbrauen wölbte sich die hohe Stirn. Die feine, etwas geschwungene Nase triumphierte über die kindhaft schmale, ausgedorrte Gestalt. Die linke Hand hielt er in der Rocktasche, in der rechten seinen Krückstock.

»Nun, was haben Sie uns zu sagen, Herr Major?«

»Musketier Alexander Blankenburg meldet sich aus dem Hauptquartier der kaiserlich-österreichischen Armee zurück. Ich habe alle Anordnungen Eurer Majestät befehlsgemäß ausgeführt.«

Der König kniff seine Augenlider zusammen, als er fragte: »Er war also in der Höhle des Löwen? Hat man Ihn dort auch ordentlich empfangen und behandelt, wie es einem geheimen Kurier der Zarin gebührt?«

»Zu Befehl, Euer Majestät, alle österreichischen Militärdienststellen haben sich die größte Mühe gegeben . . .«

Die feine, etwas geschwungene Nase des Königs triumphierte über die schmale Gestalt. Die linke Hand hielt er in der Rocktasche, in der rechten seinen Krückstock.

Der König fiel ihm ins Wort: »Um dem Abgesandten des Königs von Preußen inkognito bei seinem Spionageauftrag zu helfen«, er lachte hell auf, »köstlich, einfach köstlich, solch einen Streich kann man leider nur einmal wagen.« Der König trat einen Schritt näher: »Wen hat Er denn von den hohen Herren dort gesehen?«

»Herzog Karl von Lothringen und Feldmarschall von Browne

befanden sich beim großen Kriegsrat in Wien. Ich hatte die Ehre, nur mit einem General des Stabes zu sprechen, dem ich die Dokumente und das Begleitschreiben der Zarin übergab. Auf die Oberkommandierenden der Österreicher wollte ich nicht unbedingt warten, denn ich sollte ja noch einen anderen und wichtigeren Auftrag in geheimer Mission erfüllen.«

»Und was bringt Er mir nun?« fragte Friedrich lauernd.

Alexander öffnete seinen Uniformrock und trennte das Taschenfutter heraus. Er zog das seidene Tuch hervor und überreichte es dem König. Dieser ging mit kurzen Schritten zum Tisch und breitete den Festungsplan von Prag darauf aus.

»Monsieur! Das ist ja einmalig! Winterfeldt, sehen Sie sich das an. Alle militärischen Einzelheiten auf dem neuesten Stand!«

Er wandte sich an den Kabinettssekretär Eichel und sagte: »Der Artilleriekommandant soll sofort erscheinen. Ich erwarte ihn!«

In schnellem Schritt verließ der Geheimsekretär den Raum.

General von Winterfeldt kam ins Schwärmen: »Großartig, einfach großartig, diese Pläne. Die Geschützstellungen und die Befestigungsanlagen, – da ist ja alles vorhanden, sogar die Profile mit allen Breiten- und Höhenangaben, einfach phantastisch.«

Der König ging auf Alexander zu und fragte ihn: »Ist Er in irgendwelche prekäre Situationen gekommen?« Dabei schien der stechende Blick seiner blauen Augen ihn fast zu durchbohren.

»Jawohl, Euer Majestät. Während meines Besuches in Prag kam es zu einer plötzlichen Hausdurchsuchung durch österreichisches Militär. Offenbar war Anzeige erstattet worden, weil jemand einen Uniformierten in dem Gebäude unseres Geheimagenten hatte verschwinden sehen.

Man war Gott sei Dank nur der Meinung, ein Deserteur wolle sich verbergen. Der Geheimnisträger konnte mich augenblicklich verstecken, so daß das österreichische Kommando unverrichteter Sache wieder abziehen mußte. Meine Flucht gelang mir später durch ein Kellerfenster an der Rückseite des Hauses.

Ansonsten waren die Österreicher felsenfest davon überzeugt, mit dem russischen Major Sibilski zu verhandeln.«

Der König verzog seine schmalen Lippen zu einem kleinen Lächeln: »Er hat Seine Aufgabe wie ein erfahrener Fuchs gemeistert. Hat Er dabei viel Furcht empfunden?«

»Zuviel Furcht zerbricht das Glas, Euer Majestät. Ich habe die Furcht durch Disziplin gegen mich selbst überwunden.«

»Da hat Er recht getan, denn alles, was aus Furcht und Angst geschieht, muß durch Unerschrockenheit überwunden werden. Er hat seinen Auftrag exzellent gemeistert. Außer Ihm wurden noch zwei andere ausgeschickt, um den geheimen Festungsplan zu holen. Ich verlasse mich nicht gern auf nur einen Mann. Von ihnen ist keiner zurückgekehrt. Bei Gelegenheit muß Er mir erzählen, wie es im österreichischen Hauptquartier zugeht. Hat Er noch weitere Neuigkeiten über die Truppenbewegungen des Herrn Feldmarschall Browne entdeckt?«

»Alle auffälligen Erkenntnisse, die mir bei der Hin- und Rückreise vor die Augen gekommen sind, habe ich hier in die Karte des Russen eingezeichnet.«

In diesem Augenblick betrat der Geheime Kabinettssekretär Eichel den Raum. Der König bemerkte dessen Nervosität und fragte: »Eichel, was brennt Ihm für eine Neuigkeit auf der Zunge? Trete Er näher und sage Er es.«

Der Sekretär trat dicht an den König heran und flüsterte ihm etwas ins Ohr. Friedrich wandte sich an Alexander und erklärte: »Seine militärischen Beobachtungen bespreche Er mit General von Winterfeldt.«

Der König tippte ihm mit seinem Stock an die Brust und meinte noch: »Er hat Seine Sache wirklich gut gemacht, Er hat Sein Examen bestanden, Herr L e u t n a n t !« Das letzte Wort sprach er mit besonderer Betonung.

Alexander erschrak. Einen Moment lang schien er zu wanken, hatte er recht gehört? Der König nannte ihn Leutnant.

Friedrich wandte sich erneut an seinen Sekretär mit der Bitte: »Eichel, stelle Er dem Herrn Leutnant das Patent aus«, und zu Alexander gewandt, »Ruhe Er sich ein wenig aus. Die Schärpe und den Ringkragen bezahle ich«, dann wieder an seinen Sekretär gerichtet, »Feldmarschall Schwerin soll sofort kommen!«

Der erste Mann, der Alexander gratulierte, war General von Winterfeldt. »Sie haben die Beförderung verdient, Herr Leutnant, ich freue mich, Ihnen dazu gratulieren zu dürfen.«

Alexander mußte mit aller Kraft gegen seine Tränen ankämpfen, die ihm vor Freude in die Augen steigen wollten. Sein Traum von Glanz und Herrlichkeit schien sich doch noch zu erfüllen.

General von Winterfeldt war über die vielen Beobachtungen des frisch ernannten Leutnants Blankenburg sehr erfreut. Deshalb eröffnete er ihm den Plan zum Einmarsch der Preußen in Böhmen: »Wir werden in vier Heeressäulen auf Prag zumarschieren, und zwar Feldmarschall von Schwerin aus Schlesien über Trautenau, dann Gitschin, der Herzog von Braunschweig mit General Bevern aus der Oberlausitz über Zittau – Reichenberg, außerdem Prinz Moritz von Dessau auf der rechten Flanke über Chemnitz – Eger, und schließlich Seine Majestät, der König selbst, über Peterswalde elbaufwärts den Weg, den Sie zurückgekommen sind. Sie wissen ja: ›Frische Fische – gute Fische!‹ Wir hoffen sehr, die Hauptarmee der Österreicher endlich vor Prag zu fassen und entscheidend zu schlagen. Sie selbst werden hier im Hauptquartier zur persönlichen Verfügung stehen, um uns gegebenenfalls als Kundschafter einzuweisen. Bis dahin werde ich Sie zu meinem Adjutanten ins Quartier legen.«

Die Schlacht bei Prag

Noch lag das weitläufige Gebiet um die goldene Stadt Prag im Frühdunst, als König Friedrich mit einem kleinen Begleitkommando auf dem weißen Berg vor der Festung ankam. Vor sich sah er den mächtigen Hradschin breit über den Häusern der Altstadt aufragen. Jenseits des Moldaubogens erkannte man die Stadt, die sich mit ihren vielen Türmen weithin ausdehnte. Vor ihnen erhob sich steil der Ziskaberg. Auf seiner langgestreckten Hochfläche lagen dicht bei dicht die vielen Zelte der Österreicher. Die feindliche Armee verharrte friedlich im festen Lager. Infanteristen waren mit dem Kochen beschäftigt, die österreichischen Kavalleristen streiften durch die umliegenden Dörfer, um Futter für die Pferde herbeizuschaffen. Die Höhenstellungen hatte man durch eine Kette von Verhauen und mit schweren Batterien gesichert. Von dieser schwer befestigten Seite versprach ein Angriff keinen Erfolg.

Zu des Königs Gefolge gehörten der Feldmarschall von Schwerin und dessen Generaladjutant, sowie Generalleutnant von Winterfeldt. Außerdem standen einige Adjutanten, Ordonnanzen und der frisch ernannte Leutnant Alexander Blankenburg dem König zur Verfügung.

Friedrich ritt mit den Generälen und seiner kleinen Eskorte weiter ostwärts, bis sie sich gegenüber dem rechten Flügel des Feindes befanden. Hier sahen sie vor sich den Ziskaberg, der in breiten Wiesenhängen bis zu einem Bachtal hinabreichte. An den Ausläufen des Berges waren Geschütze postiert.

Immer wieder spähten sie mit ihren Fernrohren hinüber zum feindlichen Lager.

»Leutnant!« rief der König, »hat Er die Dörfer dort unten auskundschaften können?«

Alexander näherte sich dem König und antwortete: »Zu Befehl, Euer Majestät, die Dörfer Hostawitz, Sterbohol und Miecholups waren von den Österreichern nicht besetzt, aber diese Orte sind durch künstliche Fischteiche und Staugräben geschützt. Der Roketnitzer Bach bildet ein weiteres Hindernis.«

Wieder und wieder suchten der König und seine Begleiter die Gegend mit ihren Ferngläsern ab. Am Tabor-Berg konnten sie weitere Geschütze ausfindig machen.

»Er hat recht, Seine Angaben sind richtig und äußerst präzise.« General von Winterfeldt ritt dicht an den König heran und erklärte ihm anhand der Karte die eben erwähnten Orte und Hindernisse. Feldmarschall von Schwerin meinte: »Hier an der Ostflanke dürfte kaum ein Durchkommen sein. Auf keinen Fall sollte man einen Angriff aufs Geratewohl riskieren.«

»Dieser Angriff muß aber heute, und zwar in wenigen Stunden erfolgen«, entgegnete der König.

Von Schwerin widersprach ihm: »Euer Majestät, die Regimenter sind die ganze Nacht marschiert und somit nicht im Vollbesitz ihrer Kräfte. Außerdem meine ich, daß wir das Angriffsgelände auf alle Fälle noch genauer erkunden sollten.«

Der König reagierte ungehalten: »Aber wenn nun Marschall Daun inzwischen mit Ersatztruppen eintrifft und uns in den Rücken fällt? Heute sind wir noch Herr der Lage, heute könnten wir den Feind im Morgenschlaf überrennen«, entgegnete der Monarch.

»Daun kommt sicherlich lieber einen Tag später als zu früh, er ist doch als Zauderer bekannt«, verteidigte von Schwerin seine Ansicht.

Friedrich fühlte sich gereizt. Er blickte zu General von Winterfeldt, der bisher geschwiegen hatte, aber als Draufgänger bekannt war. Bei ihm nun suchte der König Zustimmung.

»Wenn Euer Majestät sich eine kurze Zeit gedulden wollen«, sagte er, »so werde ich mit Leutnant Blankenburg das Gelände zwischen Hostawitz und Sterbohol näher in Augenschein nehmen.«

»Wohlan! Tu Er das! – Beeil Er sich aber, der Kriegsgott liebt keine langen Wartezeiten!«

Von Winterfeldt winkte Alexander heran. Sie wurden begleitet von dem Adjutanten des Generals und einem Reitknecht. Im Galopp ging es über Felder und Gräben.

Inzwischen war die Sonne aufgegangen, so daß die ganze Landschaft in der Taufrische funkelte. Alle Wiesen und Hänge standen in schönster Blüte. Die dahinjagenden Männer aber hatten keinen Blick für das Frühlingswunder dieser Morgenstunde.

»Blankenburg, kennt Er sich hier aus?« wollte der General wissen.

»Exzellenz, diese Gegend mit ihren Fischteichen und Gräben habe ich auch nur im Vorbeiritt gesehen.«

»Aber zwischen den Teichen und Gräben sind doch grünende Saatflächen.«

»Es könnten dort aber auch überdeckte Wolfsgruben und andere, kaum erkennbare Hindernisse angelegt sein«, gab Alexander zu bedenken.

»Wir wollen es nicht hoffen, daß hier Fallen angelegt sind. Und wenn schon, kühner Mut der Preußen sollte mit allen Schwierigkeiten fertigwerden. Keine Probe ist gefährlich, zu der man Mut hat«, meinte der General.

Alexander konnte nur noch erwidern: »Zu Befehl, Euer Exzellenz!«

Unverzüglich kehrte von Winterfeldt mit seinen Begleitern zurück. Man merkte dem König an, wie sehr er auf eine erlösende Nachricht gewartet hatte. Der General berichtete dem Monarchen: »Das Gelände bei Sterbohol ist bedingt passierbar. Zwischen den Fischteichen finden sich genügend grüne Saatflächen als Übergangsstellen. Ich würde empfehlen, den Gegner hier von Osten her zu packen, um ihn nach Süden hin zu umzingeln und ihn dann in die Zange zu nehmen.«

Der König triumphierte: »Also, gestaffelter Flankenangriff auf dem rechten Flügel. Es wird mit gefälltem Bajonett attackiert und nicht eher gefeuert, bis man das Weiße im Auge des Feindes sieht!«

»Wie Euer Majestät befehlen«, rief Feldmarschall Schwerin und jagte augenblicklich mit seinem Generaladjutanten zu seinen Truppen.

»Vorwärts, Blankenburg, Sie folgen mir!« befahl General von Winterfeldt. »Wir führen heute die Vorhut.«

Beide sprengten mit ihren wendigen Pferden ebenfalls davon. Hinter dem Ort Brossik formierten sich die Regimenter des Königs. Schwerins Kolonnen schwenkten in die Schlachtordnung ein. In dichten Reihen standen die Infanterietruppen Schulter an Schulter. Hoch wehten die Regimentsfahnen.

»Auf, Preußen! Jetzt gilt's!« rief General von Winterfeldt.

Die Soldaten antworteten mit einem donnernden: »Hurra! Viktoria!«

Eine halbe Stunde später begann der preußische Angriff. Von Winterfeldt führte die Vorhut im Geschwindigkeitsmarsch in Richtung Süden auf das Vorwerk Sterbohols zu. Da der Ort vom Feind nicht besetzt war, entschloß sich von Winterfeldt zu einem sofortigen Sturm auf den Homolo-Berg, der südlich hinter dem Ziskaberg hervorragte.

Alexander hörte, wie hinter ihm das Kommando an die Reiterei erscholl: »Links schwenkt marsch!« Innerhalb kürzester Zeit war die gesamte Kavallerie in eine dichte Staubwolke gehüllt. Die Erde dröhnte unter dem Gestampfe von den Hufen der Pferde.

Jetzt sprengte der Erbprinz von Schönaich an die Spitze der Front und rief: »Kürassiere und Dragoner mir nach!« Kaum war die Eskadron angeritten, als auch schon die Trompeter zur Attacke bliesen.

Vom Tal her rückte die Infanterie siegesmutig aus dem Vorwerk auf den Berghang zu. Aber schon bald kam der Angriff ins Stocken, denn die grünen Flächen, die der General von Winterfeldt als Saatfelder angesehen hatte, erwiesen sich tatsächlich als überwachsene Sümpfe. Die vordere Linie der Angreifer versank bis zu den Knöcheln im Morast, ja, einige standen sogar bis zu den Knien im schwarzen Brei. Man planschte nach allen Seiten und versuchte, sich gegenseitig aus dem Schlamm herauszuziehen. Die Verwirrung war total.

»Blankenburg, Sie hatten recht, zum Teufel auch! Wir müssen dringend Übergangspfade ausfindig machen.«

Alexander entdeckte eine Gruppe von Grenadieren, die nicht im Erdreich versunken war. »Kerls, mir nach!« rief er laut. Dem frisch ernannten Leutnant folgte nun die Masse der Infanterie zu einem Punkt, an dem man einen festen Untergrund vermutete.

In diesem Augenblick begann die österreichische Artillerie vom Homolo-Berg aus zu schießen. Laut schrien die getroffenen Preußen auf. Sie fielen wie Säcke auf den glitschigen Boden. Doch eine beachtlich große Gruppe des Regimentes hatte sich inzwischen auf den Hügel hinaufgeschuftet. Die feindlichen Kanonen kartätschten Tod und Verderben in die Reihen der anstürmenden Preußen. Die Grenadiere wichen bald nach rechts und links aus. Alexander rief fassungslos: »Großer Gott! So bleibt doch nicht stehen! Vorwärts müßt Ihr! Weiter!«

Da sah er, wie General von Winterfeldt plötzlich offenbar

verwundet vom Pferd sank, welches sich aufbäumte und auf und davonstob. Alexander wendete seinen Rappen und näherte sich dem General, sprang herunter und neigte sich über seinen blutenden Vorgesetzten, während dessen Pferd inzwischen tödlich getroffen worden war.

»Exzellenz, wo sind Sie getroffen?« Der Hals und das Hemd waren rot von Blut. Von Winterfeldt stöhnte etwas Unverständliches. Alexander hob den schweren Körper hoch und zog ihn in irrer Verzweiflung Meter um Meter aus der Schußlinie. Der Schweiß rann ihm dabei den Nacken herunter. Mit letzter Kraft erreichte er eine geschützte Stelle bei den ersten Häusern von Sterbohol.

Hinter einer Mauer hielt der nachgerückte Stab des Feldmarschalls von Schwerin.

Alexander hatte den General von Winterfeldt etwas aufgerichtet und schleppte ihn schrittweise voran.

»Da haben wir die Scheiße!« schrie Feldmarschall von Schwerin wutentbrannt. »Der grüne Sumpfsalat war eine Falle des Feindes. Diese Schweinerei sollte sich Seine Majestät hier einmal an Ort und Stelle ansehen. Ein heller Wahnsinn ist das, die Armee in eine solche Sumpfhölle hineinzuschicken.«

Jetzt bemerkte er den verwundeten General. »Auch das noch!« schrie er wild. »Hier, Leutnant, nimm Er mein Handpferd und bringe Er den General zum Wundarzt.«

Mit Hilfe zweier Offiziere wuchtete man den Verwundeten aufs Pferd. Alexander setzte sich hinter ihn und hielt den schweren Körper mit beiden Armen umschlungen. Hin und wieder stöhnte von Winterfeldt laut auf, während das Pferd unter der Last Schritt um Schritt voranfkeuchte.

Endlich hatten sie eine alte Scheune erreicht, die als Sammelstelle für die Verwundeten hergerichtet worden war. »Macht Platz für den General von Winterfeldt!« rief Alexander, der vom Pferd gesprungen war und nun mit zwei anderen Soldaten den Stabschef des Königs langsam vom Pferd herabgleiten ließ.

Danach reinigte sich Blankenburg vom Dreck und Blut, so gut er konnte. Ein älterer Soldat reichte ihm eine Kanne mit Wasser, die er an den Mund setzte, um in vollen Zügen zu trinken. Das Pferd des Marschalls von Schwerin wurde ebenfalls von den

Soldaten getränkt. Danach bestieg Alexander wieder das Tier und eilte den voranstürmenden Truppen nach.

Schwerin hatte mittlerweile die zurückgeworfene Vorhut des Generals von Winterfeldt in sein zweites Treffen eingeordnet und befahl die erneute Erstürmung des Homolo-Berges. Wieder rannten die Blauröcke über die Dämme, und wieder wüteten die feindlichen Batterien unter den Preußen.

Alexander hielt sich in der Nähe des Feldmarschalls auf. Dieser schrie, fluchte und feuerte die Truppen an, den Berg doch noch einzunehmen. Die eigenen Geschütze konnte man nicht in den Morast schieben. Das Infanteriefeuer der Österreicher wurde von Minute zu Minute stärker. Mochten auch die Kompanien mittlerweile bis zum Fuß des Berges vorgedrungen sein, hinauf kamen sie nicht.

Drei Stunden lang hielt das unentschiedene Gemetzel an. Es war bereits Mittag geworden, und noch immer kämpften Deutsche gegen Deutsche im verbissenen Streit. Tausende von Preußen waren gefallen, ebenso lagen Tausende Österreicher entseelt auf dem Schlachtfeld. Der hartnäckige Schotte Marschall Browne schickte Bataillon um Bataillon den Berg hinab den Preußen entgegen.

Der alte Feldmarschall von Schwerin verharrte auf der anderen Seite im schärfsten Feuer. Alexander wurde mit Befehlen von rechts nach links und wieder zurückgeschickt. Von Schwerin brauchte sich kaum ein Gewissen über dieses Debakel zu machen, denn er hatte ja dringend vor einem überstürzten Beginn der Schlacht abgeraten. Mochte er auch von unzähligen gefallenen Preußen umgeben sein, so konnte er nur noch das eine, nämlich seine ihm noch immer zur Verfügung stehenden Truppen befehlsgemäß in das tödliche Inferno schicken.

Als schließlich sein eigenes Regiment, – seine pommerschen Grenadiere, die er alle so gut kannte und liebte –, nach einem weiteren Angriff geschlagen zurückwankte, als die strammen Weißhosen mit ihren steilen Blechmützen und den klobigen Gewehren, verdreckt und ohne Mützen, blutbeschmiert und hinkend, ja teilweise todeswund kriechend auf ihn zustrebten, da ging in der Seele des großen, alten Mannes eine unheimliche Wandlung vor. Im Bruchteil von Sekunden stand sein ganzes, bisheriges Leben vor seinem geistigen Auge, sein früher Ruhm, seine steile Karriere,

Von Kartätschenkugeln getroffen, sank der greise Marschall vom Pferd. Wie ein Leichentuch schien sich die sinkende Fahne über den alten Helden auszubreiten.

sein großer Trotz und die Weite der Welt, seine Autorität und sein großes Vorbild.

Blitzschnell faßte er den Entschluß, dieses erfüllte Leben mit aller Hingabe in die Waagschale zu werfen. Nur eines noch galt jetzt für den preußischen Generalfeldmarschall, nämlich das große Beispiel, das letzte aller Beispiele zu geben. Er wußte, er würde fallen, weil er fallen wollte, nein, weil er fallen durfte.

Jäh ergriff er die alte Regimentsfahne. Er nahm sie dem verletzten Stabskapitän von Rohr aus der Hand und hielt sie als Dreiundsiebzigjähriger hoch in den Wind. Die grünweiße Seide war ziemlich zerfetzt, doch der schwarze Adler im Lorbeerkranz stieg über dem Pulverdampf empor.

»Heran, meine Kinder, nur heran!« rief er mit schmerzvoller, heiserer Stimme. Noch einmal schöpfte er tief Atem und wieder brüllte er mit ganzer Kraft: »Heran, meine Kinder, heran! Wer fällt, fällt seinem Herrn und Schöpfer in die Hände!«

Er gab seinem Pferd die Sporen. Alexander hielt sich dicht an seiner Seite, doch das Pferd des alten Feldmarschalls machte plötzlich einen mächtigen Satz nach vorn, so daß er ihm nicht gleich folgen konnte. Die Blicke aller Männer waren jetzt auf die goldene Fahnenspitze gerichtet. Sie alle stürzten dem königlichen Fahnenträger hinterher.

Da dröhnte ein mächtiger Schuß über die Köpfe der Soldaten und ihre Bajonette hinweg. Von Kartätschenkugeln getroffen sank der greise Marschall vom Pferd.

Wie ein Leichentuch schien sich die sinkende Fahne über den alten Helden auszubreiten. Alexander sprang vom Pferd, ergriff die Fahne und stürmte vor den preußischen Soldaten von neuem gegen die feuerspeienden Batterien der Österreicher am Berghang an. Es überkam ihn wie eine irrsinnige Raserei, ein Schlachtenrausch hatte ihn ergriffen. Wutschnaubend und schreiend stürmten die Männer an ihrem toten Heerführer vorbei. Was dem lebenden Feldmarschall nicht vergönnt gewesen war, das vollbrachte jetzt der Feuergeist des Toten, indem er ungeheure Energien und Willensstärke freisetzte. Der so heiß umkämpfte Berg wurde gestürmt, die feuerspeiende Batterie des Feindes endlich doch überrannt.

Mitten in dem Kampfgetümmel passierte es, daß ein österreichischer Soldat auf Alexander zurannte und ihm entgegenrief:

»Herr Leutnant, Herr Leutnant, eine wichtige Nachricht für Ihren König! – Feldmarschall Browne ist schwer verwundet! Eine Kugel hat ihm ein Bein unterhalb des Knies weggerissen. Er wird gerade nach Prag geschafft!«

Ein Oberst, der diese Nachricht mit angehört hatte, befahl: »Leutnant, überbringe Er diese Nachricht dem König! Melde Er Seiner Majestät, daß der linke Flügel das vorgesteckte Ziel erreicht hat, daß der Widerstand der Österreicher erlahmt und wir mit aller Kraft auf Straschnitz vordringen.«

Alexander wendete sein Pferd und stürmte nun in entgegengesetzter Richtung dem König entgegen. Je näher er der im Norden liegenden Hügelkette kam, desto heftiger wurde das Krachen der Kanonen. Das dazwischen verstärkte Geprassel von vielfachem Gewehrfeuer zeigte an, daß sich hier der Kampf erst seinem Höhepunkt näherte. Eingehüllt in dicken Staub und schwärzliche Wolken von Pulverqualm jagte er dahin. Von rechts näherten sich unter den Klängen des Grenadiermarsches preußische Soldaten. Kaum hatte Alexander in dem Pulverdampf ihre blanken, hohen Grenadiermützen ausgemacht, als auch schon der Befehl zum Angriff für sie kam.

Zu seiner Linken brach eine gewaltige Feuerflamme empor. Er erkannte die fest geschlossenen Linien der feindlichen Infanterie, die im Anmarsch war und unablässig feuerte.

Alexander wich dem mörderischen Kugelhagel aus und sprengte über eine Wiese. Auf einem Hügel nördlich des Ziskaberges erspähte er den Stab des Königs.

Friedrich beobachtete mit dem Fernglas den Feind. Er erkannte, daß sich die eigentliche Entscheidung anzubahnen schien. Zwischen den Dörfern Hlaupetin und Kyje klaffte in der feindlichen Schlachtordnung eine große Lücke. Nur eine schwere Batterie der Österreicher leistete noch Widerstand.

»Was bringt Er mir für Nachrichten, Leutnant?« fragte der König Alexander, der jetzt vor ihm hielt.

»Euer Majestät, der Homolo-Berg ist erstürmt, der rechte Flügel des Feindes geschlagen. Ein Überläufer der Österreicher brachte uns die Meldung, daß Marschall Browne schwer verwundet und in bewußtlosem Zustand nach Prag gebracht würde. General von Zieten hat inzwischen die Verfolgung der Feinde mit der Kavallerie aufgenommen.« Alexander hielt inne, denn er fürchtete sich, dem König die Hiobsbotschaft vom Tod des verdienten Feldmarschalls von Schwerin noch mitteilen zu müssen.

Friedrich sah ihn erwartungsvoll an und fragte: »Verbirgt Er mir noch etwas? Was hat Er mir sonst noch zu melden?«

Da Alexander aber stumm blieb, hakte der König nach: »Nun, Leutnant, er ist doch ein tapferer Mann. Er hat in Prag bewiesen, wie kühn und mutig Er sein kann. Also melde Er, was Er noch weiß. Naa?«

»Euer Majestät«, ... Alexander stockte erneut, doch dann nahm er sich ein Herz und berichtete: »Euer Majestät, der Feldmarschall von Schwerin hat mit der Fahne in der Hand vor den österreichischen Batterien den Heldentod gefunden.« – Alexanders Stimme schien versagen zu wollen, so schwer wurde es ihm, es auszusprechen. Er überblickte die Runde der anwesenden Generäle, Stabsoffiziere, Adjutanten, die ihre Köpfe geneigt hielten. Einige starrten betroffen zur Erde, andere hielten ihre Augen geschlossen. Das Gesicht des Königs war bleich geworden. Er murmelte: »Großer Gott, das ist ja unfaßbar, – der gute alte Vater Schwerin. Er war doch die Säule der preußischen Infanterie.« Der König stockte einen Augenblick, dann sagte er leise: »Seine Gegenwart ersetzte auf dem Schlachtfeld Zehntausende Kämpfer.« Er räusperte sich und sagte zu Alexander: »Leutnant, Er hat mir die schrecklichste Nachricht des ganzen Feldzuges gebracht.«

Zutiefst unglücklich senkte Alexander sein Haupt; er wagte es nicht, dem König ins Gesicht zu schauen. Sein Herz klopfte heftig.

»Ist das nun alles? Oder hat Er mir noch etwas zu melden? Ich spüre, da ist noch was, Er kann seinen König nicht täuschen. Hab Er keine Furcht, Leutnant.«

Todmüde blickte Alexander seinem König in die Augen und antwortete: »Euer Majestät, unser General von Winterfeldt wurde schwer verwundet, er befindet sich in ärztlicher Betreuung.«

Wieder umgab den König und seinen Stab eine bleierne Stille. – Diese depressiven Minuten zerrten an den Nerven der Anwesenden, sie schienen unerträglich zu sein. Doch die Gestalt des Königs reckte sich im Sattel. »Wohlan, das sollen die Feinde jetzt zu spüren bekommen! Leutnant, bring Er meinem Bruder, dem Prinzen Heinrich, folgenden Befehl: Die Regimenter des Herzogs Ferdinand von Braunschweig, von Manstein und von Itzenplitz sollen zum Angriff antreten, und zwar rücksichtslos, bis sie die Mauern von Prag erreicht haben. Hat Er mich verstanden? Also vorwärts! Rücksichtslos! Was wartet Er noch?«

Alexander riß das Pferd herum und preschte davon. Er war froh, die entsetzliche Begegnung mit dem Monarchen heil überstanden zu haben. Er freute sich bei dem Gedanken, endlich seinen Kameraden aus dem Regiment Itzenplitz zu begegnen. Er traf auf sie westlich des Ortes Hlaupetin. Feldwebel Liebler, Sergeant Wuttke und die anderen Männer versuchten gerade, einen gefährlichen Sumpfstreifen zu überwinden, indem sie Bohlen über das heimtückische Moor legten.

Als Alexander vom Pferd sprang, rief Sergeant Wuttke begeistert: »Da ist Er ja!« Doch gleich verbesserte er sich: »Das heißt wohl jetzt: da ist der Leutnant Blankenburg! Na, das nenne ich Karriere machen!« stellte er staunend fest. »Gleich drei Dienstgrade auf einmal überspringen, wer schafft das schon? Ach, daß Wuttke so etwas noch erleben darf. Ich habe zwar immer gedacht, aus diesem Kerl könne noch etwas werden, aber gesprochen habe ich darüber nicht, sonst wäre Er mir zu eitel geworden.«

Als Alexander dem Feldwebel Liebler die Hand reichte, sagte dieser: »Gott segne Sie, Herr Leutnant, wir haben hier von Ihrem grandiosen Auftrag gehört.«

Leo Tafelski stand bis zu den Knöcheln im Morast und legte zusammen mit den anderen Soldaten die Bohlen aneinander. Er grüßte nur kurz durch ein Winken mit der Hand.

»Wo ist denn Heinz Zittelmann?« fragte Alexander den alten Wuttke. Dessen Gesicht verzog sich augenblicklich zu einer kummervollen Miene: »Herr Leutnant, Ihr Kamerad und Freund wurde heute früh von einer feindlichen Kugel getroffen. Nun liegt er schwer verwundet bei Hostawitz in einer Scheune.«

»Ist das wahr?« rief Alexander erschrocken, »er wird doch am Leben bleiben, Wuttke?«

Zweifelnd zuckte dieser mit den Schultern und meinte: »Es sah sehr schlecht aus, aber ich konnte nicht lange bei ihm bleiben. Er hatte einen großen Blutverlust, denn die linke Brustseite war getroffen.« Dem Sergeanten traten Tränen in die Augen: »Reinhold Friesicke hat es auch erwischt, aber seine Verwundung ist nicht so schwer; – er wurde am Bein verletzt.

Der kleinwüchsige Prinz stieg vom Pferd. »Vorwärts, Männer! Mir nach!« rief er und sprang einen kleinen Abhang hinunter. Mit einem Satz stand er im Wasser.

Er liegt in derselben Scheune und kümmert sich ein wenig um Zittelmann.«

Kapitän von Möllendorf kam herangeritten und rief: »Mensch, Blankenburg, ich freue mich, Sie wiederzusehen. Im ganzen Regiment spricht man von Ihnen. Der König scheint Ihnen sehr gewogen zu sein.« Er reichte ihm die Hand und versicherte: »Sie sind im Kreise der Offiziere herzlich willkommen!« An seine Männer gewandt sagte er: »Nun vorwärts, Kerls, der Knüppeldamm muß schnellstens fertig werden, damit das Regiment vordringen kann. Wir dürfen hier nicht kostbare Zeit verlieren!«

Hastig rackerten die Männer sich ab, um den Dammbau fertigzustellen. Sie schleppten Baumstämme und Bohlen herbei.

Kapitän von Möllendorf wandte sich wieder an Alexander: »Mit welchem Auftrag kommen Sie zu uns?«

»Im Auftrag Seiner Majestät suche ich Seine königliche Hoheit, den Prinzen Heinrich von Preußen. Ich überbringe den Angriffsbefehl, sofort und rücksichtslos den linken Flügel des Feindes zu zerstören.«

»Wie schwierig es ist, hier voranzukommen, sehen Sie selbst«, meinte Kapitän von Möllendorf.

In diesem Augenblick ritt des Königs Bruder mit seinem Stab heran. Alexander wendete sein Pferd und übermittelte dem Prinzen den Befehl des Königs. Der kleinwüchsige Prinz sprang vom Pferd. Mit verblüffender Schnelligkeit rannte er zusammen mit seinen Offizieren auf einen breiten Moorgraben zu.

»Vorwärts, Männer! Mir nach!« rief er und sprang behende einen kleinen Abhang hinunter. Mit einem Satz stand er im Wasser. Seinen überraschten Begleitern, die Seine königliche Hoheit ins Wasser springen sahen, rief er zu: »Los, Burschen! Folgt mir! Unter Euch ist wohl keiner, der nicht wenigstens einen Kopf größer ist als ich. Wenn mir das Wasser bis zum Kragen geht, reicht es bei vielen von Euch nicht einmal bis an die Hosenschnalle. Die Patronentasche und das Gewehr hochgehalten, Männer, und vorwärts, mir nach!«

Die langen Kerle sprangen einer nach dem anderen, dann paarweise, ihrem zierlichen Kommandeur hinterher. Als das Wasser tiefer wurde, nahmen zwei stämmige Musketiere den Prinzen auf die Schultern und trugen ihn bis zum anderen Ufer. Wuttke und Leo Tafelski hielten sich aneinander fest, während Feldwebel Liebler und Leutnant von Wartenberg sich gegenseitig stützten. Alexander beobachtete die Szene kopfschüttelnd; solch eine Angriffsart hatte man in Berlin nie geprobt, schon gar nicht mit einem Prinzen an der Spitze.

Nachdem große Teile des Regimentes Itzenplitz das gegenüberliegende Ufer erklommen und wieder festen Boden unter den Füßen hatten, erstürmten die Männer die letzte Batterie der Österreicher und drückten die führerlosen Regimenter des Marschalls Browne immer weiter nach Westen.

Gegen drei Uhr hatten sie die Mauern von Prag erreicht. Die Schlacht war gewonnen. Trotz größter Schwierigkeiten war es dem König gelungen, dank seiner straffen Führung das Gesetz des Handelns erneut an sich zu reißen.
Alexander konnte als Adjutant des Königs seinen voranstürmenden Kameraden nur aus der Ferne zusehen. Er stieg wieder aufs Pferd, denn sein Auftrag war erfüllt. Jetzt konnte er nur noch bedrückt über das Schlachtfeld reiten. Überall lagen die toten Kämpfer, Preußen wie auch Österreicher, auf den grünen Feldern, an Hecken und bewachsenen Gräben, hinter Büschen und Toreinfahrten. Erste Begräbniskommandos sammelten die Leichen ein und legten sie in Reihen nebeneinander. Für einige der Tapferen wurden schon Holzkreuze gebracht, die Namen der vielen anderen hatte man auf rohe Tischbretter geschrieben. Die Gesichter der Toten sahen oft grausam entstellt aus. Vielen konnte man die Augenlider nicht mehr schließen. Sie schienen anklagend gen Himmel zu blicken.

Wundärzte und deren Helfer versorgten die Verwundeten, die zum Teil jämmerlich schrien. Der Tod hatte hart zugeschlagen; an die 14 000 Mann, sowohl Offiziere als auch Mannschaften der Preußen, waren gefallen oder verwundet, darunter elf Generäle.

Alexander suchte nach dem Lazarett, das ihm der Sergeant Wuttke beschrieben hatte. Er fand es hinter einem Friedhof direkt an einer Kirche. In der mit Stroh ausgelegten Scheune hörte man fürchterliches Stöhnen, Jammern und Schreien. Reinhold Friesicke humpelte, gestützt auf einen Stock, den Gang entlang. Als er seinen Kameraden sah, rief er: »Alexander, o Alexander, hier ist der Ort des Schreckens! Der Krieg ist die grausamste Fratze der Zerstörung!« Er führte ihn schweigend an das Lager seines Freundes: »Ich habe ihn gepflegt und mit ihm das letzte Gebet gesprochen.« Stumm stand er vor dem Toten.

Reinhold schlug das Leinentuch, mit dem der leblose Körper zugedeckt war, ein wenig zurück.

Alexander beugte sich nur langsam und etwas ängstlich über die sterbliche Hülle seines Kameraden. Heinz Zittelmann, der lebenslustige Bauernsohn aus Brandenburg, war tot, – gestorben durch die schwere Verwundung in der blutrünstigen Schlacht vor Prag. Er lag da, wie Verstorbene immer zu liegen pflegen, schwer und totenhaft, – in seiner äußeren Form, wie man ihn gekannt hatte, – aber völlig unbeweglich, mit erstarrten Gliedmaßen, – in seiner einfachen Uniform, die mit Blut getränkt war. Sein Haupt schien zu glänzen, seine gelblichweiße Stirn mit den kahlen Stellen auf den die eingefallenen Schläfen dann sonderbar nach oben ragte. Ebenso die Nase, deren Spitze fast auf die Oberlippe zu drücken schien.

Alexander betrachtete fassungslos seinen ehemaligen Freund, den er stets als einen lebensbejahenden, freudigen Kameraden so sehr geschätzt hatte.

Die toten Soldaten auf dem Schlachtfeld draußen hatten ihn schon sehr betroffen gemacht, aber hier lag einer, der sein kleines Leben zu bereichern verstand, einer, der ihm fast so lieb geworden war wie sein leiblicher Bruder Thomas. Er konnte es nicht fassen, daß Heinz Zittelmann ihn nie mehr würde ansprechen können. Nie wieder konnte er ihn mit seinem herzerfrischenden Humor erquicken. Es war ihm unbegreiflich, daß diese einmalig geprägte Persönlichkeit, diese originale Schöpfung für immer ausgelöscht sein sollte. Er mochte sich einfach nicht damit abfinden.

»Heinz, mein bester Freund, wo bist Du?« flüsterte er, wagte aber nicht, die kalte Hand zu berühren, die auf dem Tuch lag. Wie oft hatte ihn diese Hand umfaßt, ihn auf die Schulter geklopft und seine ganze Treue damit bekundet. Die Gesichtszüge von Heinz kamen ihm so verändert vor, verklärter und Ruhe vermittelnd, als wollten sie bekunden, daß nun alles getan sei, was hatte getan werden müssen, aber auch das, daß dieser schreckliche Tod sinnlos gewesen sei.

»Wo bist du Heinz?« Alexander wollte so gern noch einmal mit ihm sprechen. »Wie konntest du mir das antun? Heinz, mein guter Kamerad, du hast mich doch getröstet in düsterer Zeit, hast mir geholfen, wenn ich verzagt war . . .«

Plötzlich war ihm, als höre er die Stimme seines Freundes im Raum, die da sagte:

Das Leben ist 'ne kurze Zeit,
und dauert oft so lange,
du kommst dabei nicht allzu weit,
drum wird mir's Herz so bange.

In seinem starren Antlitz lag aber auch eine seltsame Mahnung, die Alexander plötzlich tief berührte. Es war ihm, als würde der Tote allen sagen wollen: ›So hört doch endlich auf mit dem sinnlosen Morden, diesem wahnsinnigen Gemetzel, das nur von der Hölle entzündet und inszeniert worden ist!‹

Alexander fühlte sich auf einmal verklagt, ja, in einer unangenehmen Weise bedrückt. Er stand ja nun im persönlichen Dienst des Anstifters und Verursachers dieses Krieges, eben einem der Hauptakteure, die diese Kriegsdämonen entfesselt hatten. Noch eine geraume Zeit hielt er sich am Lager des Toten auf und betrachtete ihn. Dann nahm Reinhold Friesicke ihn ganz sacht bei der Hand und sagte: »Der Tod ist unser letzter Feind, der aufgehoben wird. Der Gerechte ist auch in seinem Tode getrost.« Reinhold deckte den Toten wieder zu. »Für mich ist es jetzt das Schönste, daß ich Heinz behilflich sein konnte, in den letzten Minuten seines Lebens den Namen Gottes anzurufen. Er bat um Vergebung aller seiner Schuld und rief den Namen seines Erlösers an.«

Alexander schämte sich seiner Tränen nicht, berührt von dem Ende eines so jungen Lebens.

Nach einer geraumen Zeit fragte er Friesicke: »Wie steht es denn mit deiner Verletzung, Reinhold?«

»Nun, ich denke, in drei Wochen werde ich dem Regiment wieder zur Verfügung stehen«, und fügte schmunzelnd hinzu: »Wenn der Herr Leutnant es wünscht, würde ich gern Ihr Bursche sein.«

»Ach ja, richtig«, erwiderte Alexander, der sich über die Offenheit des sympathischen Friesicke freute, »wenn du willst, kannst du bei mir bleiben. Wir müssen das natürlich noch mit dem Kapitän von Möllendorf besprechen. Ich selber muß mich auch noch standesgemäß einkleiden, es kam ja alles so überraschend für mich.«

»Die Preise sind gestiegen, es ist alles sündhaft teuer geworden«, gab Reinhold zu bedenken, »manches hat sich um das Dreifache verteuert.«

Alexander blickte an seiner verdreckten Uniform runter: »Ja, Reinhold, ich muß einen neuen Rock aus feinem Tuch und einen neuen Mantel haben.« Er klopfte ihm auf die Schulter: »Wir sind Freunde, Reinhold, ja?«

»Versteht sich«, erwiderte Friesicke, »außer Dienst das ›DU‹ und sonst: ›Zu Befehl, Herr Leutnant Blankenburg!‹ Ich hoffe, mich nicht zu verplappern.«

»Wann wird Heinz beerdigt werden?« fragte Alexander.

»Vielleicht schon morgen, der König hat bereits Beerdigungskommandos zusammenstellen lassen. Wo kann ich dich erreichen?« fragte Reinhold.

»Über meine Verwendung kann ich noch nichts sagen. Bis jetzt mußte ich beim Stab des Königs zur besonderen Verfügung stehen. Ich werde mich beim Kapitän erkundigen, wann das Begräbnis stattfindet.«

Am nächsten Tag standen die Männer der Kompanie von Möllendorf in stiller Andacht um die Gruben der Gefallenen. Der Feldprediger des Regimentes hatte ein Bibelwort für die Predigt gewählt, welches lautete: »Und es gibt himmlische Körper und irdische Körper. Aber eine andere Herrlichkeit haben die himmlischen und eine andere die irdischen, . . .«

Alexander stand neben dem Regimentskommandeur von Lattorff, der mit umgehängtem Mantel an der vordersten Stelle andächtig den Worten des Predigers lauschte, und mußte daran denken, wie wohl Heinz Zittelmann in einem himmlischen Körper aussehen könnte. Es wollte ihm aber nicht gelingen, sich davon ein Bild zu machen, denn immer wieder sah er das bleiche, starr blickende Antlitz des Freundes.

Der Feldprediger fuhr fort: ». . . so auch die Auferstehung der Toten. Es wird gesät verweslich und wird auferstehen unverweslich. Es wird gesät in Niedrigkeit und wird auferstehen in Herrlichkeit. Es wird gesät in Armseligkeit und wird auferstehen in Kraft. Es wird gesät ein natürlicher Leib und wird auferstehen ein geistlicher Leib . . .«

Reinhold Friesicke, der auch zum Grab gehumpelt kam, dankte Gott für die kostbare Gelegenheit, die ihm gegeben war, seinem Freund noch den Weg zum Vater allen Lebens gezeigt und Beistand im Gebet geleistet zu haben.

Alle Anwesenden sangen schließlich mit ihren rauhen Stimmen:

»O Ewigkeit, du Donnerwort,
O Schwert, das durch die Seele bohrt,
O Anfang ohne Ende!
O Ewigkeit, Zeit ohne Zeit,
Ich weiß vor großer Traurigkeit
Nicht, wo ich mich hinwende.
Nimm du mich, wenn es dir gefällt,
Herr Jesu, in dein Freudenzelt.«

Ein banges Ahnen erfaßte Alexanders Seele, daß die Worte, die der Vater ihm in der Heimat einst so oft und nachdrücklich nahegelegt hatte, doch ihre volle Bedeutung haben könnten. Derweil sang die Trauergesellschaft in ihren Uniformen weiter:

Wach auf, o Mensch, vom Sündenschlaf;
Ermuntre dich, verlorenes Schaf
Und bessre bald dein Leben.
Wach auf, es ist doch höchste Zeit,
Es kommt daran die Ewigkeit,
Dir deinen Lohn zu geben.
Vielleicht ist heut der letzte Tag;
Wer weiß, wie man noch sterben mag?«

Der Prediger sprach den Segen, die wartenden Männer vom Begräbniskommando nahmen die Spaten zur Hand. Sergeant Wuttke stand in der Mitte der Versammelten und hielt seine Partisane fest in der Linken. Während Oberst Lattorff, die Hände

Sergeant Wuttke stand in der Mitte und hielt seine Partisane fest in der Linken. Während Oberst von Lattorff, die Hände gefaltet, in die Ferne schaute, trat Alexander an die dunkle Grube und warf eine Handvoll Erde hinein.

gefaltet, in die Ferne schaute, trat Alexander an die dunkle Grube und warf eine Handvoll Erde hinein. »Adieu Heinz«, murmelte er und biß auf seine Lippen.

Die Worte der Heiligen Schrift, aber auch die des Liedes hatten ihn tief berührt.

Nach dem Begräbnis ritt Alexander über ein großes Feld, wo eben Tausende Soldaten ihr Leben gelassen und den Tod gefunden hatten. Auf dem Schlachtfeld sah er die zwiespältigen Gegensätzlichkeiten des Krieges. Während sich einerseits Hunderte in ihren qualvollen Schmerzen wälzten, versuchten andererseits die überlebenden Kämpfer, die Gunst der Stunde auf ihre Weise zu versüßen. Wie emsige Bienenschwärme hatten sich die erschöpften Preußen über die schier endlos scheinenden Reihen der eroberten

Marketenderzelte und Proviantwagen der Österreicher gestürzt. Sämtliche Fässer mit Weinen und Bieren wurden angezapft, es gab ein großes Gelage. Getränke wurden in allerlei Gefäßen weitergereicht. Man plünderte die Brotwagen und die vielen Kisten mit Fleisch und Fett. Keiner der anwesenden Offiziere schritt ein. Offenbar meinten auch sie, daß nach getaner Arbeit des schweren Kampfes jede Stärkung und Erfrischung erlaubt sein müßte. Sie wachten lediglich darüber, extreme Ausschreitungen zu verhindern, wenn sie sich anbahnten. Manche Offiziere waren froh, wenn etliche Soldaten auch ihnen Brot, Würste und Getränke brachten, um ebenfalls versorgt zu sein. Schließlich sah man sogar, daß sich angetrunkene Männer, ob Musketiere, Grenadiere, Husaren, Dragoner oder Kürassiere, mit besiegten Österreichern verbrüderten. Es gab ein buntes Bild vom Glück der Sieger mit den Besiegten, denn es war keine Frage mehr, ob Preußen oder Österreicher, sondern alle waren in diesem Augenblick Menschen und Leidensgefährten, die danach trachteten, ihren Hunger und Durst zu stillen.

So konnte Alexander die eigenen Landsmänner wie Ostpreußen, Pommern, Schlesier und Brandenburger neben still genießenden Ungarn, Steiermärkern, Italienern und Sachsen zechen sehen. Hier und da schliefen einige berauscht ein und schnarchten in nicht geringer Lautstärke. In dieses Treiben hinein platzte der Husarengeneral von Zieten, der einem hohen Offizier befahl: »Lassen Sie sofort aufsitzen! Seine Majestät, der König, befiehlt, die Feinde zügig zu verfolgen!«

Der Offizier lächelte höchst verlegen. Mit seiner Rechten deutete er auf die fröhlichen Zecher und die in tiefen Schlaf gefallenen Männer hin: »Sehen Sie selbst, Herr General, da ist doch keiner mehr nüchtern und zu einer Verfolgung des Feindes zu gebrauchen.« Dann aber beeilte er sich zu versichern: »Morgen lasse ich die Leute durchfuchteln, daß sie flehentlich nach dem Feldprediger verlangen werden.«

Zieten jedoch antwortet ernst: »Das tun Sie nicht, Oberst! Lassen Sie den Truppen das heutige Vergnügen. Sie haben doch alle ihr Leben aufs Spiel gesetzt, dafür darf niemand bestraft werden.«

Fünf Tage nach der großen Schlacht brach ein schreckliches Unwetter über das noch nicht geräumte Gelände herein. Heftige

Regengüsse überschwemmten alles, auch die provisorischen Zeltlager der Preußen. Ein Regenschauer nach dem anderen überflutete das Land, so daß eine Schiffsbrücke der Preußen zerriß. Die schweren Pontons wurden von den Fluten der Wassermassen einfach fortgerissen. Die Itzenplitzer, deren Lager auf einer Anhöhe aufgeschlagen war, konnten dort ihre zerrissenen Kleider aufhängen. Die Spuren von der Durchquerung des Moorbaches waren noch deutlich sichtbar.

Feldwebel Liebler saß beim Kerzenschein im Zelt und schrieb an seine Familie:

Im Lager vor Prag,
den 10. Mai 1757, in der Nacht.

... den 3. Mai, als wir den anderen Tag vor Prag auf der kleinen Seite still lagen, entstand nachmittags um halb fünf Uhr so ein schöner, prächtiger Regenbogen, wie ich ihn in meinem Leben noch nie gesehen hatte. Ich und andere haben ihn aufmerksam und mit viel Verwunderung betrachtet. Es regnete ein wenig über Prag, bei uns aber nicht, und der Regenbogen stand auf beiden Seiten, wo die zwei Armeen endeten und sich voneinander schieden ... Kurz, ich war erfreut darüber und sehe es als ein wahrhaftes Gnadenzeichen an ... Stimmet doch auch unter Euch ein wahres Lob- und Danklied an und preiset die Güte des Herrn, denn er hat Großes an uns getan, denn es fehlte nur, daß der Allerhöchste uns seine Gnade vollends entzogen, so wären wir von unseren Feinden überwunden worden. Hier wünschte ich, daß doch alle diejenigen es hätten erkennen mögen, die da oft sagten, wenn nur Gott neutral bliebe, könnte es uns nicht fehlen. Hier schien es gewißlich so, da wäre unsre Kunst und Klugheit vergebens gewesen, wenn der Allerhöchste sich unserer, sozusagen in den letzten Zügen liegenden Armee nicht hätte angenommen. Ach, daß doch die Spötter die Hand des Herrn hier erkennen wollten und sagen möchten: ›Mit unsrer Macht ist nichts getan.‹ Nun, jetzt hat er sich unserer nochmals erbarmt, ich fürchte aber, wenn wir es nicht erkennen werden, so wird er des Erbarmens müde werden. Ich für meinen Teil hätte gern

in der größten Not meinen Leib und mein Leben für das Wohl unseres Landes und für die lieben Meinigen auch geopfert, doch es sollte dieses Mal nicht sein, und so sind von unserem ganzen Regiment viele tot und etliche blessiert, die Grenadiere aber sind desto mehr dran gewesen. Ihr könnt also nicht leicht erachten, daß dieses durch die Gnade Gottes, des Allerhöchsten, eine in allen Geschichten wohl nie gefundene Schlacht gewesen ist, wofür wir Gott zu danken in alle Ewigkeit Ursache haben. Mein Herz wallte mir vor Freuden, und es überläuft mich wie ein heiliger Schauer . . .«

In den ersten Tagen nach der Schlacht von Prag war Alexander noch von seinem regulären Dienst im Regiment befreit worden. Er besuchte die lebhaft feuernden preußischen Belagerungsbatterien und unterhielt sich mit den Artillerieoffizieren, die bereitwillig Auskunft gaben, nachdem sie erfahren hatten, daß er Prag vor nur wenigen Wochen in der Uniform eines russischen Stabsoffiziers besucht hatte.

»Werden wir die Stadt sturmreif schießen können?« fragte Alexander einen der Batteriechefs und deutete auf das an mehreren Stellen brennende Prag hin.

»Nein, Kamerad, wir haben nicht das dazugehörige Geschütz. Aber bei den Österreichern soll der Hunger regieren. Der Herzog Karl kann kaum 20 000 Mann, geschweige denn jetzt 50 000 ernähren.«

»Die Festung ist kaum zu bezwingen«, bestätigte Alexander, »es stimmt, nur der Hunger kann die Feinde in die Knie zwingen. Ich habe mich davon selbst überzeugt.«

»Unsere Geschosse können weder die Decken der Festigungsanlagen durchschlagen, noch die Wälle zerstören. Wir schießen nur die Häuser der Stadt in Brand«, der Artillerieoffizier deutete dabei mit dem Daumen zum Feind hinüber, »aber die Österreicher beantworten unsere Bomben mit gezieltem Feuer.« Während der Nacht lassen sie uns mit Leuchtkugeln und Pechkränzen überschütten. Unsere Pioniere in den Laufgräben finden keine Ruhe. Die feindlichen Kanoniere entdecken schnell, wo sie arbeiten und jagen dann einen Bombenhagel auf unsere Truppen. Nacht für Nacht haben wir schwere Verluste.«

Müde und resigniert begab sich Alexander in das Lager zurück. Jetzt lebte er nicht mehr bei seiner alten Zeltkameradschaft. Er bewohnte ein doppelt ausgeschlagenes Zelt für Offiziere. Statt des Strohlagers besaß er nun ein gutes Feldbett. Von den anderen Offizieren wurde er korrekt und wohlwollend angenommen. Immer wieder mußte er ihnen von seinem abenteuerlichen Geheimauftrag in Prag erzählen. Er war ein gefeierter Held des Regimentes.

Kapitän von Möllendorf sagte zu ihm: »Es kommt sehr selten vor, daß der König einen Bürgerlichen zum Offizier erwählt. Daß er es nach so kurzer Dienstzeit tat, zeigt, daß Ihre Dienste ganz außergewöhnlich gewesen sind. Bewahren Sie sich unbedingt die Gunst des Königs. Es ist schon vorgekommen, daß ein Günstling des Monarchen ebenso schnell wieder in Ungnade fiel. Also, Blankenburg, seien Sie auf der Hut!«

An einem der kommenden Vormittage betrat Sergeant Wuttke das Offizierszelt. In der Hand hielt er einen Brief.

»Was gibt es, Wuttke?« fragte ihn Alexander.

»Hier ist ein Brief, den Frau Wuttke aus Berlin mitschicken ließ, er hat einen weiten Weg hinter sich. Ein Kurier aus St. Petersburg hat ihn in Berlin abgegeben, Herr Leutnant.«

Alexander sprang auf. »Seit Monaten warte ich auf ein Lebenszeichen von ihr!« rief er aufgeregt.

»Ja, ich weiß, Herr Leutnant, aber Ihre Briefe an das adlige Fräulein liegen alle noch in der Krausenstraße, denn der Kurier hatte keine Gelegenheit, sie nach Petersburg zu bringen. Es tut mir leid, keine besseren Nachrichten für Sie zu haben.«

»Ist schon gut, Wuttke«, antwortete Alexander, »Sie bringen mir ja jetzt in diesem Augenblick eine gute Nachricht.«

Der Sergeant machte eine leichte Verbeugung und verließ das Zelt.

Leutnant Blankenburg drückte das Kuvert an seine Lippen, dann öffnete er eiligst den Brief und las:

»Geliebter Alexander,

nach Monaten unfreiwilligen Schweigens ist es mir nun endlich möglich, Dir aus dem russischen Exil ein paar Zeilen zukommen zu lassen.

Mein lieber Alex, es ist Krieg, es ist leider, leider Krieg, und wir sind unendlich weit voneinander getrennt. Gott gebe es, daß Du lebst und gesund bist. Wir vernehmen hier manches, doch was ist die Wahrheit? Einmal hören wir von den Verlusten der gehaßten Preußen, dann wieder klingt es nach einem Sieg des noch mehr gehaßten Friedrich . . .«

Jeannette schilderte die Zustände in der Stadt der eifrigen Gegenspielerin des Königs von Preußen, der Zarin Elisabeth von Rußland. Mit einer großen Armee von 80 000 Mann regulärer Truppen wolle die Kaiserin während der Dauer des ganzen Krieges gegen den König von Preußen kämpfen. Sie sei bestrebt, so schnell wie möglich in Preußen einrücken zu lassen und Berlin zu erobern.

»Denk Dir nur, unser Berlin«, schrieb Jeannette, *»wir dachten doch, bald schöne Tage dort zu verleben.*
Geliebter Alexander, ich verbringe meine ganze Zeit damit, darauf zu warten, daß ich Dich wiedersehe. Dieses lange, unerfüllte Warten macht mich noch ganz mürbe. Ich möchte immer bei Dir sein. Immer steht Dein Bild vor meinen Augen, mich hungert und dürstet nach Dir, und ich bin dem Schicksal böse, daß ich nicht imstande bin, Dich heute und gleich in meine Arme schließen zu können. Ich sehne mich danach, Dich zu sehen, Dich zu hören. Alles, was ich berühre, bist Du. Leider habe ich kein Bild von Dir hier. Nur das Andenken an Dich blieb in meiner Erinnerung. Des Abends nehme ich mein Kissen in die Arme und stelle mir vor, Deinen Kopf zu streicheln. Wie gerne möchte ich für Dich sorgen, Dein Frühstück bereiten und Deine Kleider pflegen. Aber es ist noch etwas anderes in mir, das etwas will. Ich stehe so sehr in Deiner Schuld. Wie kann ich durch mein Fortgehen wieder gutmachen, was bereits durch meine Schuld geschehen ist? Es quält mich Tag und Nacht, denn Du wirkst durch Deine Abwesenheit fast noch stärker als durch Deine Anwesenheit. Daß ich Dich liebe, bedeutet für mich Glück, daß ich mein ganzes Leben mit Dir verbringen will, soll Dich jetzt trösten . . .«

Alexander wurde es glühend heiß in den Adern. Sein Verlangen nach ihrer Nähe nahm überhand. Auch er begann von neuem, mit seinem Schicksal zu hadern. Dabei stellte er sich vor, welche Freude es Jeannette bereiten würde, zu erfahren, daß er ihre nächsten Verwandten, die Schwester und den Bruder, gefunden hatte. Er konnte sich kaum bezähmen. Wenn sie auch noch hören würde, wie sehr er in des Königs Gunst stand, und, was keiner für möglich gehalten hätte, doch noch Offizier geworden ist, gewiß würde es ihr das eine große Freude bereiten.

Alexander gehörte nun zu den Offiziersronden, denn immer wieder desertierten trotz des Sieges unsichere Kantonisten. Es gab noch regenreiche und kühle Mainächte. Oft kehrte Alexander erst gegen sieben Uhr morgens übernächtigt in sein Offizierszelt zurück. Sergeant Wuttke, der für ihn wie ein Vater sorgte, hatte ihm stets ein kleines Feuer angezündet und einen Topf mit Tee aufgesetzt. Alexander wechselte dann die vom Regen durchnäßte Wäsche und hängte seine Sachen über einen Feldstuhl zum Trocknen hin. Danach setzte er sich für eine kurze Zeit an die flackernde Glut und wärmte sich auf, aber nicht nur äußerlich, sondern auch innerlich durch den heißen Tee. Später legte er sich auf sein Feldbett und verschränkte die Arme unter seinem Kopf. Die Gesichtshaut brannte ihm von dem feuchtkalten Wind, dem er die ganze Nacht ausgesetzt gewesen war; doch nun überließ er sich ganz den angenehmen Gedanken an den Brief von Jeannette, den er schon zigmal gelesen hatte.

Eines Morgens wartete er auf Leo Tafelski, der bis zur Gesundung von Reinhold Friesicke den Dienst eines Burschen bei ihm übernommen hatte. Leo war unterwegs, um die Nahrungsmittel aufzutreiben.

Auf einmal hörte er hinter seinem Zelt kreischende Stimmen, darunter auch die von Leo. Offenbar war er sehr aufgeregt.

Alexander erhob sich und blinzelte durch den Spalt am Zelteingang, um zu sehen, mit wem Tafelski dort stritt. Er erblickte Unteroffizier Mengke, den schiefnasigen Menschenschinder, der Tafelski seine Arreststrafe, die er vor Jahren durch sein Verhalten auf dem Exerzierfeld hatte absitzen müssen, noch immer nicht verziehen hatte.

»Es ist strengstens befohlen worden, daß sich niemand persönliche Sachen vom Schlachtfeld aneignen darf!« schrie er.

»Wenn wir nichts haben zu fressen, dann ich müssen mir etwas holen. Ich jetzt Bursche von Herrn Leutnant Blankenburg, er will sich auch Mahlzeit haben.«

Alexander legte sich wieder auf sein Bett und dachte, mögen die sich drum zanken, ich habe meinen Dienst hinter mir und muß jetzt endlich schlafen. Welch eine Wohltat, einfach liegen zu können.

Durch die Zeltwand hörte er noch immer den Streit, der nicht aufhören wollte und in den sich offenbar auch Wuttke eingeschaltet hatte. Er vernahm, wie Stiefel im Schlamm patschten, aber es war ihm egal, denn er fühlte sich zu müde. Unter seiner wärmenden Decke schlief er restlos erschöpft ein. Im Traum sah er Jeannette, wie sie ihm damals in Berlin im Petersburger Hof gegenübergesessen hatte. Mit ihrer silberzarten Stimme begann sie zu singen:

»Sag mir, wo die Liebe wohnt, mein junger Gardeoffizier.
Sag mir, wo die Sehnsucht thront,ach Liebster, sag es mir . . .«

Doch jäh wurde er aus diesem kurzen, aber schönen Traum herausgerissen. Vor dem Zelt war die hitzige Auseinandersetzung noch immer im Gange. Alexander hörte die Stimme von Leo brüllen: »Ich schon mehrmals gesagt, ich nix herausgeben, ich für Soldaten unsriges habe alles genommen, – für Kameraden von Itzenplitzregiment!«

»Er wird sich deshalb zu verantworten haben«, schrie Mengke zurück, »ich warne Ihn! Das ist Plünderung und darauf steht im Kriegsfall die schwerste Strafe!«

»Ich nix Böses getan, nur Proviant geholt für Kompanie«, rief Tafelski wie von Sinnen. »Mach, daß du fortkommst, sonst ich dich kleinmachen . . .!« keifte er in höchster Not.

Alexander hörte nun, daß beide aufeinander einschlugen. Sofort sprang er aus seinem Bett. Nur mit Hemd und Hose bekleidet rannte er aus dem Zelt und rief: »Was geht hier vor?« Er packte die beiden Streithähne am Unifomrock und befahl: »Sofort auseinander!«

Tafelski schäumte vor Wut: »Mich wegen Plünderung vor

Gericht bringen. Der ganze Krieg ist große Plünderung, weiter nix! Ich lasse mich nicht von solche Schurke anfassen! Ich gebe ihm eins in die Fresse, und noch eins . . .!« Er wollte sich aus der Hand Alexanders befreien, »solche Halunke, tapfere Soldaten liegen im Regen ohne Fressen und Saufen.« Leo fletschte dabei seine lückenhaften, braunen Zähne.

Alexander herrschte Mengke an: »Unteroffizier, was hat Er mir zu melden?«

Der Unteroffizier nahm Haltung an und meldete voller Erregung: »Ich habe den Musketier Tafelski erwischt, als er mit einem Sack in der Hand aus dem ehemaligen Magazin der Österreicher mit geraubten Lebensmitteln herauskam. Außerdem habe ich aus der Ferne gesehen, das er Kisten auf einen Marketenderwagen geladen hatte, der von einem rothaarigen Weib weggefahren wurde!«

Alexander erschrak, denn er wußte, wer diesen Wagen besaß. Erneut versuchte Tafelski, sich aus der Hand des Leutnants zu reißen, um sich dann auf Mengke zu stürzen: »Ich dir die Kehle zudrücken, du Schwein!«

»Ruhe!« schrie Alexander und griff ihn fester: »Warum schreit Er so? Beruhige Er sich sofort!«

Soldaten aus der Nähe, die zum Teil bei diesem Regen unter freiem Himmel kampierten, versammelten sich jetzt um die Gruppe.

»Der Tafelski hat ganz recht«, riefen sie, »wir sind die Sieger und müssen trotzdem bei Regen und Kälte auch noch hungern!«

Alexander spürte die brenzlige Situation, deshalb rief er: »Sergeant Wuttke, hole Er sofort den Regimentsarzt, der Musketier Tafelski scheint krank zu sein.« Danach wandte er sich an Mengke: »Unteroffizier, melde Er sich sofort bei Kapitän von Möllendorf, er hat nicht das Recht, sich mit einem kranken Kameraden herumzuschlagen!«

Alexander schleppte den murrenden und fluchenden Tafelski in sein Zelt.

Der Arzt kam und erklärte einen Aderlaß für notwendig, da der Musketier von Sinnen sei. Eine Menge dunklen Blutes schoß aus Tafelskis haarigem Arm heraus. Langsam wurde er ruhiger und kam zu sich.

»Leo, wenn du nicht bald zur Umkehr kommst, nimmt es mit dir noch ein schreckliches Ende«, redete Alexander auf den Polen ein. »Zunächst bringt dich Sergeant Wuttke ins Lazarett, hast du verstanden?«

Wuttke brachte ihn weg.

Das Drama von Kolin

Im Juni lastete eine fast unerträgliche Hitze über dem Lager der Preußen. Seltsame Gerüchte kursierten im Regiment. Der Feind solle in der Nähe sein. Eine Ersatzarmee würde gegen Prag heranziehen, um die von Hunger bedrohten Österreicher und die Bevölkerung der Stadt zu befreien.

Kein Lüftchen regte sich, die dienstfreien Soldaten der Preußen hatten in den Zelten oder unter den Büschen Schutz vor der drückenden Hitze gefunden.

Alexander, der für die kommende Nacht ein Wachtpikett übernehmen sollte, lag auf seinem Feldbett und wehrte sich gegen die angriffslustigen Mücken.

Sergeant Wuttke kam ins Zelt. Alexander erhob sich und bot ihm ein Glas Bier an. »Hat Er gehört, Herr Sergeant, die Österreicher sollen mit einer Armee unter Feldmarschall Daun nur noch einige Tagesmärsche von Prag entfernt sein. Es wird wohl in Kürze etwas Entscheidendes geschehen.«

Wuttke wischte sich den Bierschaum vom Schnauzbart und meinte: »Der König hat noch nie eine Schlacht verloren, er wird wohl auch mit einem Marschall Daun fertig werden.« Mit einem Tuch wischte er sich die Schweißperlen von der Stirn.

»Herr Leutnant, ich glaube, der König wird siegen, und damit geht dann der Krieg zuende. Es ist ja auch die letzte Armee, die die Österreicher ins Feld schicken können. Wenn Seine Majestät diese Armee geschlagen hat, dann muß Prag kapitulieren«, er machte dabei eine wegwerfende Handbewegung, »was kümmern uns da noch die Russen, Schweden, Franzosen oder diese lächerliche Reichsarmee? Die werden davonlaufen wie eine Schafherde, die von einem Wachhund verfolgt wird.«

»Na, na, so einfach scheint mir die Sache wohl doch nicht zu sein«, gab Alexander zu bedenken. Wuttke aber blieb bei seinem unerschütterlichen Glauben an die Unbesiegbarkeit des Königs.

Auch die Nacht brachte kaum eine Abkühlung, eine drückende Schwüle lag über dem Land. Am westlichen Horizont sah man, an wieviel Stellen es in der Stadt Prag brannte. Der lodernde Feuerschein ließ den Nachthimmel in den verschiedensten Farben leuchten. Die preußischen Regimenter lagen so nahe an der Festung, daß man die Stimmen der österreichischen Artilleristen und das Geschrei bei den Löscharbeiten hören konnte. Die kurzen Nachtstunden waren im Nu verflogen. Alexander kontrollierte seine Wachtposten und meldete dem Rondenführer, der gerade aus einem Dickicht auftauchte: »Auf Wache keine besonderen Vorkommnisse!«

Der Himmel veränderte langsam seine Farbe, es begann zu grauen. Plötzlich fielen auf der linken Seite des Piketts mehrere Schüsse.

»Halt! Sofort stehenbleiben!« hallte es über das Feld. Alexander sprang auf den Wachtposten zu und fragte: »Wer hat hier geschossen?«

Da sah er, wie einige Husaren drei Zivilisten umstellt hatten, und daß aus den Büschen eine Anzahl von Infanteristen hervorkam. Die Zivilisten trugen Bauernkittel, obwohl ihre Gesichter und Hände ganz und gar nicht nach harter Arbeit aussahen.

»Durchsucht sie nach Waffen!« befahl Alexander.

Sergeant Wuttke beteiligte sich an der Leibesvisitation von den Schultern bis zu den Füßen. – »Laß Er die Schuhe ausziehen und untersuche Er die Absätze und die Sohlen«, befahl Alexander.

»Nichts zu finden, Herr Leutnant«, antwortete Wuttke.

»Bringe Er die drei in Begleitung der Husaren in das Zelt des Hauptmanns von Möllendorf! Ich folge gleich.«

Der Kompaniechef befand sich bei einer Besprechung im Regimentsstab, deshalb begann Alexander auf Befehl von Premierleutnant von Wartenberg mit dem Verhör.

»Wer seid Ihr? Weshalb durchstreift Ihr zu dritt in dieser Morgenstunde das besetzte Gebiet vor der Festung Prag?«

»Wir wollten unsere Felder anschauen, weil das Getreide schon so hochgewachsen ist«, antwortete einer von ihnen.

»Ihr sprecht aber keinen böhmischen Dialekt, Ihr seid doch Wiener!« herrschte Alexander sie an. »Außerdem sehen Eure Hände nicht nach Feldarbeit aus. Ihr seid österreichische Offiziere!« Lauernd blickte er dem ersten in die Augen. Dieser zuckte leicht und preßte seine Lippen aufeinander.

»Nein, wir sind keine Offiziere«, erwiderte ein anderer.»Wir gehören zur Ortsverwaltung der umliegenden Dörfer.«

»Ihr wollt doch hier keine Witze machen«, gab Alexander zurück. »In allen Dörfern ist bekannt, daß das Betreten der militärischen Bereiche wegen der Belagerung der Stadt strengstens verboten ist!« Er trat nahe an sie heran. »Legt Eure Kittel hier auf den Tisch!« befahl er.

Nur widerwillig gehorchten die Gefangenen der Aufforderung.

»Und nun zurücktreten!« Dann wandte sich Alexander an den Leutnant von Wartenberg: »Könnte ich wohl eine Schere haben?«

»Eine Schere? Was für eine Schere?«

»Einfach eine ganz gewöhnliche Schere«, antwortete er.

Leutnant von Wartenberg befahl seinem Burschen, vom Kompanieschneider eine Schere zu holen. Alexander bemerkte, wie die Gefangenen sich immer nervöser benahmen. Er ließ sie keinen Moment aus den Augen. Als ihm kurz danach eine Schere vom Burschen übergeben wurde, begann Alexander, die Taschen von den Röcken der Männer abzuschneiden. Er trennte das Innenfutter heraus und entrollte auf den Tascheninnenseiten gleichlautende Briefe an die Oberbefehlshaber der eingeschlossenen Armeen von Prag, unter anderem an den Prinzen Karl von Lothringen.

Leutnant von Wartenberg hatte die Augen aufgerissen und fragte ganz verblüfft: »Wie kamen Sie denn auf diesen Gedanken, die Taschen herauszuschneiden und diese Briefe zu entdecken?«

»Das habe ich bei meinem Besuch in Prag gelernt, Herr Premierleutnant«, war seine Erklärung.

Der Inhalt der Briefe verriet, daß Feldmarschall Daun seinen Angriff von außen her auf die Stadt am 20. Juni mit 65 000 Mann durchführen wolle. Er bitte Seine Hoheit, Prinz Karl von Lothringen, am selben Tag und zur selben Stunde einen Ausbruchsversuch aus der Festung zu beginnen, um damit die Preußen von zwei Seiten zu packen.

Leutnant von Wartenberg schmunzelte und meinte: »Das ist ja wieder ein außergewöhnlicher Fang, mein lieber Blankenburg. Sie sind doch ein Glückspilz. Ich erteile Ihnen hiermit den Befehl, sich sofort mit den Briefen in das Hauptquartier des Königs zu begeben. Nehmen Sie dazu das Handpferd des Kapitäns. Die Gefangenen werden unter strengster Bewachung nachgeliefert.«

Damit machte sich Alexander auf den Weg zum König.

»Diesmal bringt Er mir die wichtigste Nachricht, die ich bisher in diesem Feldzug erhalten habe«, sagte der König erfreut. »Er ist nicht nur ein tapferer und intelligenter Offizier, Er hat auch Fortüne.« Der König lächelte mild, als er diese Worte sprach: »Das Schicksal scheint Ihnen gewogen zu sein.«

In einem Korb, der abseits auf dem Boden stand, regte sich etwas. Ein feiner Hundekopf lugte über den Rand des Korbes. Biche sprang heraus, gähnte, streckte kurz sich und lief dann auf Alexander zu, an dem er mit freudigem Gejaule emporsprang.

»Sieh mal einer an, Biche erkennt Ihn wieder. Er scheint mit dem verwünschten Frauenzimmer eine heimliche Allianz geschlossen zu haben. Schäme sie sich, Biche!« der König lächelte und ließ Alexander gewähren, der jetzt der Hündin das glatte Fell hinter den Ohren und auf dem Rücken streichelte.

»Leutnant Blankenburg, Er bleibt bis auf weiteres im Hauptquartier und hält sich zu meiner Verfügung bereit!«

Zum Geheimen Kabinettssekretär Eichel gewandt, sagte der Monarch: »Man lasse mir sofort den General von Winterfeldt kommen. Die Kaiserin aus Wien ist durch die Schlacht bei Prag von ihrer Niederlage noch nicht überzeugt worden, also muß ich ihr eine zweite liefern. Der Erzfeind will niedergeworfen sein; doch wenn das geschehen ist, werde ich mich auf den gemeinsamen Feind, nämlich die Franzosen werfen und sie über den Rhein zurücktreiben.«

Alexander fand erneut Quartier beim Adjutanten des Generals von Winterfeldt.

Am Abend vor der Schlacht lag Alexander angekleidet auf seinem Feldbett. Er überdachte die vor ihm liegenden Stunden. Was würden sie ihm bringen? Er fühlte sich von seltsamen Gedanken heimgesucht, nämlich, daß von den zigtausend lebensfrohen, gesunden, jungen und gereiften Menschen wahrscheinlich wieder Tausende dazu bestimmt waren, verwundet oder gar getötet zu werden. Die große Betroffenheit über den Tod seines besten Freundes Heinz Zittelmann lag ihm noch bleischwer auf dem Herzen. ›Morgen schon können so viele sterben, weshalb denken sie an andere Dinge als an einen möglichen Tod?‹ sagte er zu sich selbst. Gerade durch diese Gedankenverknüpfung trat ihm die Beerdigung auf dem Schlachtfeld von Prag vor die Augen: das ferne Glockengeläute, die schräg einfallenden Strahlen der Sonne und der Gesang aus rauhen Soldatenkehlen:

»O Ewigkeit, du Donnerwort,
o Schwert, das durch die Seele bohrt . . .;
vielleicht ist heut der letzte Tag,
wer weiß, wie man noch sterben mag?«

Die einst heldenhaften Gedanken eines Jünglings namens Alexander waren zutiefst erschüttert. Worin lag der eigentliche Sinn eines Krieges und der vielen Schlachten, die schon über Jahrhunderte stattgefunden hatten? Wenn er es recht überdachte, so erschienen ihm Armeen auf den Kriegsschauplätzen wie Riesen, die sich gegenseitig umschlungen halten und miteinander ringen, wobei einer versucht, den anderen zum Straucheln zu bringen. Dabei klammert man sich an alles mögliche. Ein Gebüsch bietet Deckung, eine Mauer dient als Brustwehr, ein dicker Baumstamm bedeutet etwas Halt in Ermangelung eines Gebäudes, hinter dem man sich verschanzen kann. Wer die Deckung verläßt, begibt sich in die Schußlinie des Feindes. Für was nun sollen die Menschen sterben? War nicht jeder Krieg ein Wahnsinn, ein Verbrechen an den Menschen, die ihr Leben liebten? Und doch wurde er immer wieder als zwingende Notwendigkeit hingestellt, für unabwendbar erklärt. Es ist ein Teufelskreis, entfacht durch die satanische Dämonie, die den Menschen ergreift und ins Verderben führt.

Wann Alexander über diese Gedanken schließlich eingeschlafen war, wußte er am nächsten Morgen nicht mehr zu sagen.

Noch in der Dämmerung begannen die Infanterietrommeln zu dröhnen und weckten die Soldaten aus ihren Träumen. Das Sammeln der Kompanien, der Bataillone und Regimenter begann. Ein Teil der Armee zog von Prag aus ostwärts. Zuversichtlich und guten Mutes marschierten die Preußen am 18. Juni für ihren König aus dem Lager. Alexander ritt neben Oberst von der Marwitz, dem Kommandeur des Garderegimentes. Vor ihnen her galoppierte der König, umgeben von Offizieren und Adjutanten. Seit mehr als einer Woche hatten Hitze und Trockenheit angehalten. Täglich zogen kleine Wölkchen am Himmel entlang, die ab und zu auch mal die Sonne verdeckten, aber zum Abend klärte es sich immer

Energisch stieg der König die Stufen der Treppe empor. Sogleich trat er ans Fenster, das geöffnet war. – »Famos«, rief er begeistert. »Eine bessere Aussicht hätte ich nicht bekommen können.«

wieder auf, und die Sonne verschwand schließlich im gelbroten Dunst. Nur in den frühen Morgenstunden erfrischte der Tau die Erde. Das noch auf den Feldern stehende Getreide verdorrte. Sogar die Sümpfe trockneten aus. Das Vieh, das auf den verbrannten Wiesen kein Futter mehr fand, brüllte vor Hunger. Erst nachts und in der Tiefe der Wälder gab es etwas Abkühlung.

Auf der großen Heerstraße, der sogenannten Kaiserstraße, auf der nun die Regimenter marschierten, merkte man absolut nichts von einer kühlen Erfrischung. Lautlos bewegten sich die Männer in dem weichen und heißen Straßenstaub vorwärts. Nur mühsam kamen sie voran, denn die Räder der Wagen und Geschütze versanken handbreit im Boden, und die Soldaten spürten, wie der feine Sand sogar in ihre Schuhe und zwischen die Zehen drang. Der Staub war überall, in den Augen, den Haaren, den Ohren, in den Nasenlöchern und in ihren Kehlen erzeugte er einen ständigen Hustenreiz. Je höher die Sonne stieg, um so höher wirbelte der feine Staub hoch. Zeitweise war die Sonne nur durch einen Dunstschleier zu sehen. Es regte sich kein Lüftchen, die Soldaten schienen fast zu ersticken in dieser verschmutzten Luft. Kam man in ein Dorf, so stürzten sich alle auf den Ziehbrunnen, um sich mit Wasser zu erfrischen, innen wie außen.

Die Offiziere hatten allerhand zu tun, um die Kämpfer wieder auf die Straße zu bringen. Endlich erreichte die Vorhut, und zwar die Husaren des Generals von Zieten, die Anhöhe des Ortes Planian. Rechts am Weg lag ein Wirtshaus mit dem Namen Slati-Slunze, was zu deutsch heißt: »Die Goldene Sonne«.

»Zieten, lassen Sie Ihre Kundschafter ausschwärmen, damit sie das Kampfgebiet erkunden«, befahl Friedrich. Sein Blick war ernst, zeigte aber nicht den geringsten Anflug von Unruhe. Der Monarch ließ die Armee halten.

»Leutnant Blankenburg, durchsuche Er das Haus und berichte Er mir, ob wir einen geeigneten Aussichtspunkt unter dem Dach finden.«

»Zu Befehl, Euer Majestät!« Alexander öffnete die Tür zum Gasthaus, und ließ durch die Leibhusaren alle Räume, Kammern und Winkel nach eventuell versteckten Feinden absuchen. Er selbst kletterte über eine Stiege zur obersten Dachkammer hinauf. Von dem dortigen Fenster aus bot sich ihm ein großartiger Rundblick über die umliegenden Orte. Schnell sprang er die Stiege wieder hinunter und meldete dem König: »Von der Dachkammer hat Euer Majestät den besten Überblick auf die gesamte Umgebung.«

»Also, vorwärts!« rief Friedrich, »Marwitz, Graf Friedrich von Anhalt und Sie, meine Herren, begleiten mich!«

Energisch stieg der König die wackeligen Stufen der Treppe empor. Sogleich trat er ans Fenster, das geöffnet war.

»Famos!« rief er begeistert. »Eine bessere Aussicht hätte ich wohl nicht bekommen können.« Er wandte sich an seinen Flügeladjutanten: »Mein Fernrohr, bitte!« Ein Offizier von hohem Wuchs reichte dem König das gewünschte Fernglas.

Alexander betrachtete den König von der Seite. Das angespannte Profil unter dem großen Dreispitz, die wachen Augen, seine feingliedrigen Finger, ja, seine ganze Persönlichkeit strahlte heute eine große Ruhe aus. Hin und wieder zuckten die schmalen Lippen.

»Mon Dieu! Welch ein gigantischer Ausblick«, meinte er versonnen. »Das große Spiel soll also gespielt werden. Leider ist der Tod Tausender Menschen gewiß.« Er machte eine kleine Pause, um sich gleich danach selbst die Frage zu stellen: »Und mir?«

Er raffte sich auf. »Wohlan, Marwitz, lassen Sie alle meine Befehlshaber kommen, den Herzog von Braunschweig, von Treskow, von Manstein, von Krockow, von Ingersleben, Normann, Puttkamer, von Zieten und von Hülsen, Sie wissen schon . . .!«

Wieder hielt Friedrich sein Fernglas vor Augen. Angestrengt ließ er seine Blicke über die feindlichen Stellungen gleiten. Nach allen Seiten hin jagten die Adjutanten und Feldjäger davon. Bald schon sprengten aus allen Richtungen die Kommandeure und Befehlshaber zum Monarchen. Sie sammelten sich im Gastraum.

»Achtung, der König!« rief Oberst von der Marwitz. Man hörte die Treppe knarren. Ohne sie einzeln zu begrüßen, begann der König sofort: »Meine Herren, wir werden den Feind, dem es an guter Anlehnung fehlt, nur vom rechten Flügel her angreifen. Wir müssen ihn aufrollen und auf seinen linken Flügel werfen. Wagt sich nun der Feind von seinen Bergen in die Ebene, so empfängt ihn unsere ganze Kavallerie. Sie wird ihre Sache zu machen wissen. Er, mein lieber General Hülsen, führt unseren linken Flügel an und attackiert mit acht Bataillonen die Verschanzungen vor dem Dorf da drüben, wie heißt es doch gleich?«

»Krzeczhorz!« stotterte von der Marwitz, der die Landkarte vor sich hielt.

»Das kann ja kein Mensch aussprechen. Also, präge Er sich das Bild ein, mein lieber Hülsen, und nehme Er die Verhaue da drüben weg!«

Unablässig gab der Feldherr seine Anweisungen an die Generäle weiter. Dann stellte er die letzte Frage: »Haben mich meine Herren Generals alle verstanden? Wer mich nicht verstanden hat, mag es sagen, ich nehme ihm das nicht übel und will es gern wiederholen.«

Sie aber hatten alle verstanden, auch die besondere Art seiner

Orthographie. Ein neuer Totentanz sollte beginnen. Friedrich war offenbar wieder auf der Höhe seiner raschen Entschlußkraft.

Man trennte sich und die Regimenter rückten in der befohlenen Weise an.

Es war ein schöner, heller Sommertag. Große, weiße Wolken schwebten am Firmament dahin, hier und da mit ihren flüchtigen Schatten die Hügel, die Täler und die Weite der Landschaft streifend.

Noch herrschte ein gespannter Friede über den Feldern und Wäldern.

Um ein Uhr begann der Angriff in der befohlenen »schrägen Schlachtordnung«. General von Hülsen rückte auf das Dorf mit dem unaussprechbaren Namen vor, nahm es im Sturm, eroberte sieben Kanonen und schwenkte befehlsgemäß nach rechts gegen die feindliche Hauptstellung ein.

Alexander mußte einen Befehl an General von Zieten überbringen. Sofort schwang er sich aufs Pferd des Kapitäns von Möllendorf und jagte die große Heerstraße entlang. Zu seiner rechten Seite hin konnte er die sich entfaltenden Infanterieregimenter sehen. Die ersten, weißen Rauchwölkchen der feuernden österreichischen Artillerie standen am Himmel. Der Lärm der sich anbahnenden Schlacht war aus einer größeren Entfernung zu hören. Er jagte an den Gehöften des kleinen Ortes Braditz vorüber, ehe er hinter der Brücke eines schmalen Baches einen Feldweg in Richtung Kutlirz einschlagen konnte. In einem kleinen Wäldchen, das er schließlich erreichte, entdeckte er die weißen und blauen Husaren.

Inmitten des Stabes stand der ziemlich kleine Reitergeneral von Zieten in seiner farbenprächtigen Uniform. Alexander überreichte den schriftlichen Befehl einem der Offiziere, der das Schreiben sofort an von Zieten weitergab. Sein katzenartig aussehendes Gesicht entwickelte Energien. Er rief seinen Stabstrompeter und befahl: »Gebe Er das Zeichen zum Angriff!«

Das helle Signal erscholl nach allen Seiten. Im Nu ritten die Abteilungen an. Die Masse der Pferde sprengte auf einen Weg zu, der durch ein Lärchenwäldchen führte. Mitten im Wald sprang ein aufgescheuchter, brauner Hase mit weißen Läufen vor ihnen auf. Er schlug Haken auf Haken, um der wilden Hatz durch das

Pferdegetrappel zu entgehen. Dieses kleine Tier erregte Heiterkeit bei den Reitern, und erst, als ihn einer der Husaren laut anschrie, entwischte er im Dickicht.

»Viele Hunde sind des Hasen Tod«, dachte Alexander. In seiner schwäbischen Heimat pflegte man zu sagen: »Da liegt der Hase im Busch.«

Manchmal plagten den Preußenschwärmer doch gewisse Zweifel, ob sich nämlich ein solch kleines Land wie Preußen gegen eine Übermacht von feindlichen Heeren immer siegreich werde behaupten können. Nun hörte er wieder das Gebrumme und Gedröhn des Schlachtenlärms, der von Minute zu Minute an Intensität zunahm. Alexander hielt sein Pferd an, als er einen besonders guten Aussichtspunkt erreicht hatte. Von ihm aus hatte er einen herrlichen Rundblick und konnte die vielen Rauchballen aufsteigen sehen, die durch Kanonenschüsse aus den Wäldern, den Niederungen und von den Anhöhen in die Luft gefeuert wurden. So sonderbar es ihm auch vorkommen mochte, dieses gigantische Schauspiel aus Kanonendonner und Rauchwolken übte jetzt noch einen besonderen Reiz auf ihn aus.

»Buuuh!« und »Bumm!« ging es unaufhörlich in die Luft, eine rundliche, aus den Farben Lila, Grau und milchigem Weiß bestehende Wolke breitete sich aus. Auf Feldern und in Gebüschen gingen unentwegt Geschosse nieder. Dazwischen knatterten hundertfältig die Gewehrsalven der Infanterie. Alexander war gefangengenommen von dem, was seine Augen sahen. Er war regelrecht fasziniert von dem Schauspiel, das sich ihm hier bot. Melder und Feldjäger galoppierten vorüber, Geschützwagen rumpelten auf den ausgefahrenen Wegen. Er gab seinem Pferd die Sporen und ritt eilends davon.

Alexander erreichte den König auf einem Hügel an der Nordseite der Kaiserstraße und meldete sich zurück beim Flügeladjutanten.

Friedrich verfolgte den Angriff seiner Soldaten mit seinem Periskop. In seiner Mimik konnte man Zuversicht und Hochstimmung über den schon absehbaren Sieg erkennen. Alexander war beeindruckt von dem Übermaß an Einfluß eines einzelnen Mannes, der das Schicksal von Zigtausenden Kämpfern in seiner Hand hielt. Diese Machtfülle in der Person eines Heerführers schien

Alexander auf einmal recht bedenklich. Konnte ein einzelner Mann vor Gott, dem Schöpfer, diese enorme Verantwortung tragen?

Nun sah er wieder vom Feldherrnhügel aus das sich stetig steigernde Kampfschauspiel, was ihn mehr und mehr in Atem hielt.

Das Geheimnis des Sieges einer Schlacht verdankten die Preußen bisher der beispiellosen Zähigkeit ihres Königs. Hinzu kam der preußische Drill, durch den die Soldaten ihre eigenen Offiziere mehr fürchteten als den Feind. Deshalb war es auch gleichgültig, ob ein Bataillon aus ostpreußischen Landsleuten, pommerschen Bauernsöhnen oder heimatlosen Abenteurern zusammengestellt war.

In drei Gliedern, Schulter an Schulter, in gleichmäßigem Tritt, rechts und links flankiert von den Unteroffizieren, hinter allen die abschließenden Offiziere, so rückte man vor, dem feindlichen Feuer der Österreicher entgegen, bis das Kommando: »Halt! Salve!« ertönte. Es gab kein Zaudern, kein Ausweichen und kein Zurückweichen. Salve auf Salve ließ die Luft erzittern, dazwischen wüteten die Angriffe mit Bajonetten sowie das Artilleriefeuer der schweren Geschütze. So wurde an der ganzen Frontbreite der Sturmangriff gegen die Feinde vorangeführt.

Der Kampf nahm an Heftigkeit zu, auf preußischer Seite wurde er immer hartnäckiger und verbissener.

Mit wuchtigen Schritten rückten die Blauröcke des Prinzen Moritz von Dessau voran. Sie trugen ihre Gewehre senkrecht an die Schultern gedrückt; neben den blitzenden Blechmützen funkelten die Bajonette. Spielleute bliesen, pfiffen und trommelten den unsterblich gewordenen »Dessauer Marsch«, die Trompeten schmetterten das bekannte Motiv: »So leben wir, so leben wir, so leben wir alle Taaage!« Und Tausende Stimmen echoten: »Taaage!« Die meisten von ihnen ahnten sicher nicht, daß sie den Abend dieses begonnenen Tages nicht mehr erleben würden.

Alexander starrte in das Inferno dieses grausamen und überwältigenden Schauspiels. Innerlich von zwiespältigen Gefühlen beherrscht, einerseits von der Großartigkeit dieses Massenaufgebots mit beiderseitigem Siegeswillen, andererseits die tödliche Konsequenz mit ihrem unfaßbaren Grauen, die letztendlich zur totalen Ernüchterung führen würde, nein, es war kaum zu ertragen, was

Alexander jetzt innerlich durchlebte. Es war und blieb ein dämonisches Gemetzel, der Tod hielt eine reiche Ernte. Mit Entsetzen sah er, wie ganze Menschenreihen getroffen und niedergemäht wurden. Eine verheerende Bilanz des Grauens brachte diese Schlacht. Im Zentrum des Geschehens wütete die Meute, ein gewaltiges Hin und Her entfesselte sich in diesem sinnenbetörenden Gewimmel, eine schwindelerregende Schimäre. Ein nervenzerrendes Bild entwickelte sich vor seinen Augen, wie Säbeltaschen, Pelzmützen, schwarze Patronentaschen und farbige Dolmane durch die Luft flogen, ein Gewirr von Waffen aller Art, Degen und Gewehre, Musketen und Partisanen. Ganze Reiterregimenter ritten, die Säbel geschwungen, Standarten und Fahnen im Wind wehend, gegen die im Rauch stehende, feuerspeiende Mauer der österreichischen Infanterie an, immer gedrängt und zusammengepreßt.

Im Trab erklommen die Preußen einen Hügel nach dem anderen, immer durch die Wolken von den über ihnen krepierenden Kartätschengeschossen hindurch.

In kleineren Pausen hörte man das dumpfe Gestampfe der aufgeregten Pferde. Jede Schwadron und jedes Regiment entwickelte sich und schwoll wie eine Flut von Pferde- und Menschenleibern an.

In zügelloser Raserei schienen sie wie besessen vom mörderischen Sog der Schlacht, alle fielen der allgemeinen Mordlust dieses Kriegsrausches anheim.

Der König ließ sein Fernrohr immer wieder über die einzelnen Frontabschnitte gleiten, Adjutanten, Feldjäger, Dragoner und Kürassiere kamen und überbrachten Meldungen, empfingen neue Befehle. Seine Eliteregimenter, die Einsatzreserven, standen Gewehr bei Fuß und warteten auf den Angriffsbefehl. Der König dachte nach, prüfte die Abhänge, notierte neue Dispositionen, taxierte Höhen und Baumgruppen, schätzte die quadratisch angeordneten Getreidefelder ab, ja sogar die einzelnen Pfade, – er schien jeden Busch zu zählen.

Plötzlich ging ein Ruck durch seinen Körper. Er kniff die Augenlider zusammen. Seine Lippen zuckten verdächtig – was war geschehen? – Hatte ihn ein Dämon des Krieges gepackt? Alexander, der ihn ständig beobachtete, bekam den Eindruck, daß der König sich zu einem Entschluß durchgerungen hatte, der eine schicksalhafte Veränderung für das ganze Kampfgeschehen mit sich bringen sollte. Ein eigensinniger Machtrausch in ihm mußte wohl überhandgenommen haben.

»Meine Herren, mir nach!« rief er der kleinen Schar von Offizieren zu. Friedrich sprengte auf seinem Pferd den Hügel hinunter und über die Heerstraße, dem Schlachtfeld zu. Um ihn herum zischten und krepierten die heimtückischen Granaten.

Plötzlich befand sich der König mit seinem Anhang in dem wogenden Menschenstrom inmitten der Schlacht. Das rhythmische Stampfen der trabenden Pferde, das metallische Gerassel der Brustharnische, das Klingen der Säbel und das unbändige Gekeuche und Geschrei aus Tausenden Menschen- und Pferdeleibern wirkte wie ein gewaltiges Erdbeben.

Durch diesen Tumult hindurch bahnte sich der König seinen Weg zum Prinzen Moritz.

»Alles halt!« schrie er in den Tumult hinein. »Front!« dabei deutete er mit seinem blanken Degen nach Süden hin.

Der Dessauer tat, als höre er nichts. Was ging es ihn an, wenn der König plötzlich verrückt spielte. Er hielt sich an seinen ursprünglichen Befehl, den er frühmorgens bekommen hatte und den er unmöglich nach der jetzigen Entwicklung auf dem Schlachtfeld umstoßen konnte. Er ritt also weiter.

Jetzt hielt der König vor ihm auf der Straße an und rief ihm entgegen: »Hört Er nicht? Ich befahl: Halt! Front!« Er stieß mit seinem Degen in die Luft gegen das feindliche Zentrum.

»Das ist gegen meinen Befehl!« sagte Prinz Moritz fest. »Wenn Euer Majestät den Angriffsplan jetzt umstoßen, dann stehe ich für nichts ein!«

»So, so, dann stehen Euer Gnaden für nichts ein?« äffte der König ihn nach. Dabei glühten seine Augen wie die eines Wahnsinnigen. »Mir genügt, wenn ich dafür einstehe! Front! sage ich!« brüllte er aus vollem Hals.

Prinz Moritz, in seinem feurigen Naturell, kurz angebunden und gereizt, erwiderte mürrisch: »Das kann unmöglich gut ablaufen, den Feind schon hier anzugreifen; wir sind doch noch weit von dem gesteckten Ziel entfernt. Ich kann dem Befehl nicht nachkommen ohne die Truppen damit der allerschwersten Gefährdung auszusetzen.«

Bleich vor Zorn rief Friedrich erneut: »Front!« Mit gezücktem

Degen ritt der König auf den Heerführer zu. »Will Er meinem Befehl nun gehorchen oder nicht?« Der Kriegsdämon schüttelte ihn wieder, eine unerklärliche Macht beherrschte den Feldherrn.

Der Prinz blickte den König mit eiskalter Miene an: »Ich gehorche!« sagte er voll Ingrimm und mit deutlichem Widerwillen. Der Dessauer ordnete seine Regimenter in zwei Treffen und führte dann das erste gegen die Steilhänge vor. Mit großem Ungestüm erklommen die tapferen Blauröcke die schwierige Anhöhe. Sie quälten sich durch das höllische Kartätschenfeuer hinauf und nahmen die eine, dann auch die zweite Batterie des Feindes im Sturmlauf ein. Die Hälfte der tapferen Musketiere und Grenadiere aber sank getroffen nieder.

Der König verharrte in einiger Entfernung. Alexander behielt ihn und das Geschehen der Schlacht im Auge. Friedrich beobachtete den erneuten Erfolg mit grimmiger Befriedigung.

Alexander ahnte noch nicht, daß der Feldherr soeben sein eigenes Werk zerstört hatte. Sein Schlachtplan war durchbrochen. Bald darauf meldete Moritz von Dessau, daß seine Leute ihre Munition verschossen hätten. Der König mußte ihnen das zweite Treffen nachschicken. Die Schlacht tobte auf der ganzen Linie, aber die Reserven der Preußen waren verbraucht. Nun neigte sich der Erfolg zugunsten des Feindes.

Starren Blickes verfolgte der König den grauenhaften Umschwung, der sich da vor seinen Augen vollzog.

»Blankenburg!« schrie er, »eile Er zur Kürassierbrigade! Sie soll sofort gegen den Feind antreten! – Sofort attackieren! Hat Er mich verstanden?«

»Zu Befehl, Euer Majestät! Kürassierbrigade soll sofort gegen den Feind anreiten! Sofort attackieren!« wiederholte Alexander. Er riß sein Pferd herum und galoppierte, ungeachtet des feindlichen Feuers, in Richtung der Reservekavallerie.

Mit einem ohrenbetäubenden Gebrüll ritten die Preußen an. Ihnen voran Oberst von Seydlitz, der bald in zügelloser Raserei und mit unerhörter Bravour das erste Treffen der Österreicher durchbrach und auch das zweite Treffen des Gegners warf, bis er die höchste Erhebung des Schlachtfeldes erstürmt hatte und hier dem Feind sieben Fahnen entreißen konnte.

Doch dieser Teilerfolg war verlustreich erkämpft worden. Bei der weiteren Verfolgung erlebten die Soldaten ein mörderisches

Major Grant bei Kollin: »Sire! Wollen Sie die Batterie allein erobern?«

Fiasko, denn eine Bodenwelle hatte sie nicht erkennen lassen, welcher Abgrund auf sie wartete. Eine nicht vermutete Schlucht tat sich gähnend vor ihnen auf. Unter der anstürmenden Kavallerie, zwischen einer zwei Klafter tiefen, doppelten Böschung, scheuten die Pferde. Das zweite Glied stieß in das erste hinein, das dritte in das zweite Glied, und so bäumten sich die Leiber der Pferde auf, warfen ihre Reiter ab, zerquetschten sie noch im Fallen und glitten hinab, alle Viere von sich gestreckt. Die ganze Kolonne stürzte wie ein rollender Felsbrocken in den Abgrund, wo Pferde und Reiter sich zu einem einzigen, blutigen Fleischbrei vermischten. Es war die entfesselte Hölle.

Alexander schrie aus Leibeskräften: »Erbarme dich, großer Gott, o erbarme dich über deine Kreaturen!«

Er wollte weinen, doch die Tränen vertrockneten auf seinen erhitzten Wangen. Er eilte zum König zurück. Wohin Friedrich auch blickte, überall sah er, wie die eigenen Linien zurückgedrängt wurden.

Was noch nicht gefallen war, das wich zurück, was nicht wich, das sank dahin! Am schlimmsten wüteten zwei Batterien im österreichischen Zentrum, zu dem noch kein preußischer Angreifer vorgedrungen war. An mehreren Punkten begann jetzt eine wilde Flucht. Plötzlich begannen ganze Teile der preußischen Armee zu wanken, Kompanien und Bataillone nahmen Reißaus, alles wurde rissig, schwamm und trieb dahin, fiel auseinander, wollte sich erheben, stürzte nieder und drohte schließlich völlig auseinanderzubrechen.

Der König schreit seinem Adjutanten entgegen: »Mir nach!« In wildem Galopp stürzt er sich in das schlimmste Handgemenge. Er versucht, seine Truppen zum Stehen zu bringen. Er beschimpft sie, klammert sich an einen großen Grenadier, reißt ihn am Schulterriemen, schüttelt ihn und schreit:

»Hunde, wollt Ihr denn ewig leben?«

Alexander muß sein Pferd fest am Zügel halten. Vor dem König sinkt ein Adjutant vom Pferd. Noch einmal versucht der König, einige der Grenadiere, Kürassiere und Musketiere zusammenzuraffen, die er dann unter Todesverachtung gegen die Batterie anführt. Die Geschütze droben feuern jetzt in die verlorenen Haufen. Friedrichs Gefolgschaft wird immer geringer, einer nach dem anderen sinkt getroffen zu Boden. Kaum einer hält an der Seite Friedrichs stand, der seltsamerweise nicht getroffen wird, obwohl er auf seinem Apfelschimmel ein lohnendes Ziel abgibt.

Major Grant, ein geborener Schotte, reitet an den König heran und ruft ihm in höchster Aufregung zu: »Sire, wollen Sie die Batterie denn allein erobern?«

Friedrich starrt seinen Adjutanten entgeistert an. Er zügelt sein Pferd und blickt sich um. Das Feld hinter ihm ist leer. Er findet keine Worte für Major von Grant. Beschämt zieht er sein Fernglas hervor. Wie ein Schulbube, der sich ertappt fühlt und nun abzulenken versucht, richtet er das Glas auf die feindliche Batterie, als wäre er nur zur Beobachtung hergeritten.

Vor ihm zischen Stückkugeln in den dürren Grasboden, er achtet nicht darauf, sondern starrt verbissen durch sein Glas.

Major Grant blickt entsetzt zu Alexander. Dieser zuckt voller Verzweiflung mit den Schultern, so als wollte er sagen: Was soll man da machen?

Schließlich wendet sich der König mit seinem Pferd um und reitet wortlos zurück.

Alexander folgte ihm. Zeitweilig konnte er ihn von der Seite beobachten. In dem sich nur langsam verziehenden Pulverdampf starrte Friedrich dumpf und resigniert auf die grauenhaften Überreste des Tages. Auf der ganzen Strecke, durch die er nun ritt, sah er so viele Menschen und Pferde in ihren Blutlachen liegen, teilweise übereinander, wie er es zuvor noch nie gesehen hatte. Eine solche Zerstörung in ihren barbarischen Ausmaßen, diese Unmenge an Getöteten auf einem vergleichsweise engen Raum, war ihm bisher noch nicht vor Augen gekommen.

Das Donnern der Geschütze, welches ununterbrochen über Stunden angedauert und die Ohren gepeinigt hatte, war abgeebbt.

Je weiter Friedrich zurückkam, desto mehr Generäle, Stabsoffiziere und Adjutanten sammelten sich um ihn. Er wurde wieder zum Mittelpunkt als König und Feldherr. Doch der Nimbus der Unbesiegbarkeit seiner preußischen Armee war zutiefst erschüttert. Jeder war bedrückt und vermied es, dem Nebenmann in die Augen zu sehen.

Über dem ganzen Feld lagerte ein Dunst von Rauch, der sich

nur langsam verzog. Ein eigentümlicher Geruch von Salpeter und Schwefel, durchsetzt mit säuerlichem Gestank von Schwarzpulver, lag in der Luft. Viele, viele Tausende von jugendlichen, aber auch ältere Männer lagen hier in ihrem Blut, in den verschiedensten Körperhaltungen, je nachdem, wie sie getroffen worden waren, auf den Äckern und Wiesen, die vor Wochen noch bewachsen waren von Getreide und Gras. Die Grünflächen hatten sich in einen Leichenschauplatz verwandelt. Aus den entstellten Gesichtern der Getöteten glaubte Alexander eine stille Anklage zu erkennen, so als wollten sie rufen: »Genug! Genug, ihr wahnsinnigen Menschen! Hört auf mit diesem mörderischen Spiel! Kommt doch endlich zur Besinnung! Seid ihr denn alle vom Satan besessen?«

Plötzlich vernahm Alexander seinen Namen. Der König hatte ihn rufen lassen.

»Blankenburg, Er ist der jüngste Offizier in meiner Umgebung. Ich habe großes Vertrauen zu Ihm. Überbringe Er meinem Bruder und dem Feldmarschall von Keith diese Nachricht«, dabei übergab er ihm ein Schriftstück, »danach begebe Er sich sofort wieder zu Seinem Regiment, damit man Ihn nicht zu sehr beschimpft.«

Alexander sprengte davon, er ritt fast die ganze Nacht hindurch. Erst gegen zwei Uhr morgens erreichte er das preußische Lager vor Prag. Die große Stadt brannte noch immer an den verschiedensten Stellen. Gespenstisch flackerte der Widerschein der Feuersbrünste am nächtlichen Himmel.

Im Hauptquartier der Preußischen Armee standen die Generäle und Offiziere in tiefer Bestürzung da, nachdem sie die niederschmetternde Wahrheit von der Niederlage erfahren hatten. Auf die Fragen des Feldmarschalls von Keith über den Verlauf und das Ende der Schlacht antwortete Alexander kurz, aber sehr eindrücklich: »Ein Schlachten war das, Exzellenz, – von einer Schlacht im eigentlichen Sinne kann man hier wohl nicht mehr sprechen.«

Alexander schwankte leicht, denn inzwischen hatte er mehr als sechzehn Stunden im Sattel gesessen. Der Feldmarschall bemerkte das Erbleichen des jungen Offiziers.

»Bring Er den Leutnant sofort in sein Quartier!« befahl er einem der Adjutanten aus seinem Stab.

Als Alexander wieder zu sich kam, denn eine Ohnmacht hatte ihn erfaßt, stand Reinhold Friesicke an seinem Lager. Dessen Fußwunde war bereits so gut verheilt, daß er in beschränktem Maße als Offiziersbursche seinen Dienst tun konnte. Natürlich trug er noch einen Verband und wurde daher vom allgemeinen Felddienst befreit. Er hatte seinem Leutnant ein gutes Bauernfrühstück zubereitet mit einem heißen Kaffee.

»Guten Morgen, Herr Leutnant«, sagte er, »ich wünsche, gut geruht zu haben!«

»Guten Morgen, Reinhold, ja ich habe wie ein Toter geschlafen.« Er wollte sich aufrichten, spürte aber einen stechenden Schmerz im Rücken. »Mein Kreuz«, stöhnte Alexander leise vor sich hin. »Die Strapazen des gestrigen Tages sind mir doch sehr in die Knochen gefahren. Reinhold, bitte glaube mir, gestern befand ich mich im Vorhof der Hölle! Es war einfach furchterregend, unbeschreiblich grausam, dieses Leid und Elend.«

Reinhold trat näher an ihn heran und fragte: »Darf ich Ihnen den Rücken ein wenig massieren?«

»Ja, Reinhold, das darfst du, aber bitte, wenn wir unter uns sind, wollen wir doch per Du sein, so war das doch ausgemacht.«

»Ja, Alexander«, und Reinhold begann eifrig zu kneten und zu massieren.

»Wie konnte es nur zu solch einer Katastrophe kommen?« wollte Reinhold wissen.

»Ja, ursprünglich war der Schlachtplan des Königs einmalig gut, geradezu kühn und hervorragend durchdacht. Die Masse unserer Armee war nur zum Scheinangriff formiert worden. Sie sollte sich jedoch in Wirklichkeit dem Gegner verweigern, das heißt, ihn täuschen und sich auf der Kaiserstraße immer mehr nach rechts hin verschieben, so daß unsere Truppen an dem rechten Flügel immer stärker geworden wären. Zuerst entwickelte sich alles glänzend. Die Infanterietruppen der Generäle von Hülsen und von Treskow brachen tief in die rechte Flanke des Feindes ein. Sie eroberten zwei schwere österreichische Batterien. Doch General von Manstein ließ sich mit seinen Truppen vom Störfeuer vorgeschobener Kroatenabteilungen irritieren und schwenkte zu früh nach rechts, um die feindlichen Stellungen auf den Höhen frontal anzugreifen.«

Alexander verzog vor Schmerzen mehrmals sein Gesicht und

stöhnte vor sich hin, wenn Reinhold seinen Rücken allzu kräftig bearbeitete. Doch dann fuhr er fort: »Kaum waren die Bataillone einige Schritte vorgerückt, da überraschte sie ein wütendes Feuer aus den feindlichen Geschützen.«

Alexander schüttelte sich und stöhnte: »Es wurde entsetzlich! Einfach unvorstellbar grausam, Reinhold. Der Frontalangriff entwickelte sich zu einem wahnsinnigen Blutbad, einem Massensterben.«

Er holte tief Luft und seufzte erneut: »O, großer Gott, wie grausam, wie bestialisch solch ein Krieg werden kann.«

Reinhold reichte ihm ein frisches Hemd, damit er sich anziehen konnte.

Alexander legte seine weiße Halsbinde an und zog sich den ausgebürsteten Uniformrock über. Dann setzte er sich an den groben Feldtisch.

»Wie kann aber eine Schlacht verlorengehen, wenn der Plan genial und gut durchdacht war?«

»Ach, weißt du, Reinhold, Fortuna kann man nicht pachten. In einer Schlacht beeinflussen sich die beiden Pläne der Befehlshaber gegenseitig und verändern sich nach den auftretenden Begebenheiten und nach den daraus entstehenden Situationen.« Alexander demonstrierte auf dem Tisch mit typischen Handbewegungen die militärischen Vorgänge, die er Reinhold klarzumachen versuchte.

»An einem Punkt des Schlachtfeldes werden dann mehr Kämpfer durch plötzlich auftretendes Granatfeuer vernichtet als erwartet. Ganze Infanterieregimenter können sich wegen der Schwierigkeit des Geländes oder wegen nicht erkannter Sümpfe oder anderer Hindernisse nicht rechtzeitig entwickeln. Der Feldherr ist auf einmal gezwungen, dorthin mehr Soldaten zu schicken als beabsichtigt. Die Frontlinie beginnt zu wanken, sie schlängelt sich wie ein Faden mal hierhin, mal dahin. An- und abrückende Bataillone behindern sich und versäumen somit den Anschluß an die Frontlinie. Wo eigentlich die Infanterie das Feld beherrschen sollte, haust das todbringende Kartätschenfeuer der feindlichen Artillerie und bringt Tod und Verderben. Die Kavallerie gerät mitten in das Inferno hinein. Unvorhergesehene Kämpfe entwickeln sich. Plötzlich verschwinden Regimenter in den Rauchwolken explodierender Granaten. Die Reihen lichten und verschieben sich. Aus irgendwelchen Bodenwellen tauchen unvermutet feindliche Reserven auf, und die kampferprobten Truppen müssen zurückweichen. In manchen Haufen stehen tragischerweise zuletzt die eigenen Kämpfer Rücken an Rücken. Auf einmal ist alles durcheinander, ein heilloses Getümmel herrscht und keiner weiß, wie es enden soll«, er holte tief Luft und stöhnte laut.

»O, wie ich den Krieg inzwischen hassen gelernt habe, Reinhold. Und doch besteht unser ganzes Leben, ja das gesamte Weltgeschehen aus Kampf und Streit, das Blutvergießen will einfach kein Ende nehmen. Weshalb sich die Menschen aber immer wieder bekriegen, sich drangsalieren, dahinmorden, niedermachen und bezwingen müssen, – ich weiß es nicht.«

Alexander sah hoch und ächzte unter dem Eindruck der schaurigen Bilder des Vortages, die sich in der Erinnerung noch verstärkten.

Reinhold starrte seinen Leutnant betroffen an und schwieg. Dann begann er ganz behutsam zu erklären: »Der Herr Jesus prophezeite seinen Jüngern, daß die Menschen bis zum Ende der Weltgeschichte von Kriegen und Kriegsgeschrei hören würden, weil im steten Wechsel der Zeiten sich ein Volk gegen das andere erheben werde. Dazu würden viele Krankheiten, Pestilenzen und Trübsale aller Art die Menschheit heimsuchen.«

»Das mag schon stimmen, aus der Weltgeschichte erkennen wir, daß diese Worte Jesu leider wahr sind«, gab Alexander zur Antwort. Während er allmählich zu essen anfing, fuhr er fort: »Ich frage mich nur, worin das Wesen eines Krieges eigentlich besteht? Woher kommt nur das unaufhörliche Streiten zwischen den Völkern?«

»Nun, das menschliche Herz ist geprägt von Streitempfindungen. Der Apostel Jakobus hat das so erklärt: ›Wieso gibt es denn bei euch soviel Streit, Krieg und Kampf? Kommt nicht alles daher, daß ihr den Leidenschaften und Trieben in euch nicht widerstehen könnt? Ihr wollt alles haben und könnt doch nicht alles bekommen. Ihr seid voller Neid und tödlichem Haß; doch gewinnen werdet ihr dadurch nichts. Streitet, zankt und kämpft soviel ihr wollt! Es nützt nichts, so lange ihr nicht Gott um alles bittet.‹

Ist das nicht realistisch erklärt? Was müssen wir denn täglich erleben? Denk doch einmal daran, wie oft sich die Kinder gegen die Anordnungen der Eltern auflehnen, oder wie sich die Eheleute untereinander streiten können. Ich selbst rebelliere oft gegen die

Ansichten meines Vaters. Oder nehmen wir ein anderes Beispiel: Wie spinnefeind können Nachbarn gegeneinander auftreten, oder wie bösartig reagieren Verwandte aus Neid, Eifersucht oder Habgier. Die ganze Gesellschaft ist erfüllt von ihrem egozentrischen Wesen. Im täglichen Leben herrscht ein millionenfacher Kleinkrieg, ist es nicht so? Natürlich darf man das alles nicht verallgemeinern, es ist nicht überall so.« Reinhold tippte an seine Brust: »Im Grunde genommen sind wir mehr oder weniger alle Kriegstreiber, ist das nicht auch deine Meinung?«

Alexander trank seinen Kaffee zu Ende und stellte die Tasse zur Seite.

»Aber muß es denn immer so bleiben? Wenn ich bedenke, daß der Zweck eines Krieges Verwüstung, Drangsalierung, Schändung, und Zerstörung ist, so heißt das für mich nichts anderes als Mord an den Mitmenschen. Und wenn ich über die Mittel zum Krieg nachdenke, sind doch Lüge, Verrat, Spionage und Anstiftung zum Brandschatzen und Stehlen gang und gäbe. Die Einwohner eines fremden Landes werden ausgeplündert und getötet. Betrug, Hinterlist, brutale Gewalt, größere Gaunereien sind ein solch schreiendes Unrecht, und doch im Krieg an der Tagesordnung. Das alles fällt unter den Begriff ›Kriegslist‹. Denk einmal an die Praktiken der Sieger gegenüber den Besiegten; wieviel Grausamkeiten, Rohheiten, Vergewaltigungen und andere Ausartungen, zum Beispiel die bestialischen Folterungen, werden im Alkoholrausch begangen. Hier nützen alle gutgemeinten Anordnungen und Befehle des Königs, selbst wenn sie durch Strafandrohungen unterstrichen werden, nichts mehr. Gegen solche Auswüchse sind die Armeeleitungen machtlos. Ist erst einmal der Damm gebrochen, so haben für die verrohten Soldateskas unter diesen Umständen alle sittlichen Maßstäbe keine Bedeutung mehr. Und trotzdem wird der Militärstand als ein begehrenswertes Ziel in der Gesellschaft angestrebt. Alle Herrscher dieser Welt tragen Uniformen als Zeichen der Macht, die sie haben. Soldaten und Offiziere, die am meisten getötet und vernichtet haben, werden für diese Gewalttaten in der Regel noch mit Orden und Ehrenzeichen belohnt, ist das nicht unglaublich?!«

Alexander war in eine erregte Auseinandersetzung mit sich selbst geraten. Seine Augen glühten, während er mit seinen Händen heftig gestikulierte. »Der Krieg ist doch das schrecklichste Unrecht, das Menschen verüben können.« Er griff seinen Burschen am Arm und fragte: »Sag, Reinhold, kannst du mir erklären, warum das immer so weitergehen sollte? Weshalb kann es keine Umkehr geben, keine Besinnung auf das Gute und Erstrebenswerte?«

Reinhold blickte seinen Vorgesetzten betroffen an, er überlegte und antwortete dann: »Gott klagte einst darüber, daß die Menschen sich von seinem Geist nicht mehr lenken und strafen lassen wollten. Das war zu der Zeit Noahs, als auch die Gewalttaten überhandgenommen und die Geschöpfe sich dem Bösen zugewandt hatten. Diese antigöttliche Gesinnung ist bis zum heutigen Tag an den Menschen haften geblieben, obwohl Gott die Sintflut kommen ließ und mit Noah und dessen Familie einen neuen Anfang gemacht hat.«

Alexander hatte seinen Kopf in die Hände gestützt und starrte vor sich hin. »Gibt es denn nie Frieden auf Erden?«

Reinhold, der sich auch an den Tisch gesetzt hatte, versuchte seinem Leutnant eine möglichst einleuchtende Antwort zu geben: »Ja, Alexander, es gäbe zwei Arten von Friedensmöglichkeiten, einerseits den Frieden des Herzens, der auf dem Glauben an seinen Gott beruht, andererseits den Frieden unter den Völkern, dessen Voraussetzung die Herrschaft des Geistes Gottes wäre, der in allen Menschen regieren müßte. Wie du die Menschen nun kennengelernt hast, wird das wohl eine Illusion bleiben. Meiner Meinung nach wollen sich die Menschen nicht von Gott leiten lassen, weil sie sich in ihrer persönlichen Freiheit nicht einschränken lassen wollen. Jeder einzelne kann nur für sich allein und ganz persönlich seinen Beitrag zum Frieden leisten, indem er zum Friedensstifter wird. Die Erkenntnis aus dem Wort Gottes muß in unser Herz geschrieben sein: ›Großen Frieden haben, die dein Gesetz lieben; sie werden nicht straucheln, – aber die Gottlosen haben keinen Frieden‹. Das hatte schon der König David erkannt. Es müßte also Gottes Gebote für uns zur Richtschnur erhoben werden, um den Frieden Gottes in uns zu erleben.«

»Dann wird es wohl nie Frieden zwischen den Völkern geben?« stellte Alexander fest.

»Ja, wie gesagt, solange die Menschen sich von Gottes Geist nicht regieren lassen, wird es keinen dauerhaften Frieden geben können, aber es wird der Zeitpunkt kommen, wo der Schöpfer eingreift und es der Menschheit demonstrieren wird, auf welche Art es zum Friedensreich kommen kann, und zwar durch seinen Sohn Jesus Christus, der als himmlischer Friedensstifter von Gott auf Erden eingesetzt werden wird.«

Reinhold nahm seine Bibel zur Hand, die er stets bei sich trug, blätterte darin, um seine Aussage durch das Wort Gottes zu unterstreichen: »Es wird zur letzten Zeit der Berg, da des Herrn Haus ist, fest stehen, höher als alle Berge und über alle Hügel erhaben, und alle Heiden werden herzulaufen, und viele Völker werden hingehen und sagen: Kommt, laßt uns auf den Berg des Herrn gehen, zum Hause des Gottes Jakobs, daß er uns lehre seine Wege und wir wandeln auf seinen Steigen! Denn von Zion wird die Weisung ausgehen und des Herrn Wort von Jerusalem. Und er wird richten unter allen Heiden und zurechtweisen alle Völker. Da werden sie ihre Schwerter zu Pflugscharen und ihre Spieße zu Sicheln machen. Denn es wird kein Volk wider das andere das Schwert erheben, und sie werden hinfort nicht mehr lernen, Krieg zu führen.«

Reinhold schlug seine Bibel wieder zu.

Alexander war sehr nachdenklich geworden, denn diese Worte hatte er von seinem Vater nie gehört. »Meinst du nicht, daß das nur ein menschlicher Wunschtraum ist, eine Sehnsucht der geplagten Menschen, die unter den ständigen Kriegen soviel zu leiden haben?«

»Ganz und gar nicht«, entgegnete Reinhold. »Gott wird durch seinen Sohn allen Menschen vor Augen führen, daß der Friede unter den Völkern schon hier auf Erden möglich ist, doch nur durch den Geist des Schöpfers.«

Alexander hatte sich alles geduldig angehört, zu groß war sein Entsetzen über das Fiasko bei der Schlacht um Kolin. Die tragischen Erfahrungen hatten ihn für diese Worte etwas zugänglicher gemacht. Doch dann schüttelte er ungläubig mit seinem Kopf. »Das klingt ja alles sehr wohltuend, aber mir fehlt dazu einfach der Glaube. Es scheint mir wie eine Fata Morgana, Reinhold, trotzdem bin ich froh, daß du mir das vorgelesen hast und bei mir bist. Ich danke dir für dieses Gespräch, vielleicht begreife ich es irgendwann einmal.«

Er stand auf, legte seine Schärpe und den Ringkragen an, setzte seinen Dreispitz auf und begab sich in das Zelt des Regimentsstabes.

Die Offiziere standen im großen Kreis um den Feldtisch, auf dem mehrere Karten und Schreiben lagen.

Major von Lüderitz trat an den Tisch und erklärte den versammelten Offizieren: »Seine Majestät ist im Lager eingetroffen. Die Belagerung von Prag wird aufgehoben. Die preußische Armee verlor in der Schlacht von Kolin über 14 000 Mann. Wenn wir nicht den Rückzug antreten, stehen wir in Gefahr, von außen umzingelt zu werden.« Er blickte seine Offiziere an, die wie erstarrt um ihn herumstanden.

Gebieterisch hob er seinen rechten Zeigefinger und sagte: »Meine Herren, das ist kein Grund zur Resignation. Eine verlorene Schlacht bedeutet noch lange nicht, einen Krieg verloren zu haben. Wir glaubten alle, eine siegreiche Schlacht werde den Krieg mit Österreich schnell beenden. Kolin hat eine neue Lage geschaffen. Die Franzosen ziehen auf die Weser zu. Wir haben sichere Nachrichten, daß die Russen in Ostpreußen eingefallen sind, und die Schweden sollen in Pommern auf dem Vormarsch sein.«

Er stemmte seine Hände in die Hüften und fuhr fort: »Meine Herren, schon der kaiserliche Feldhauptmann Georg von Frundsberg hat seinen Mannen klargemacht: ›Viel Feind, viel Ehr!‹ Natürlich ist der ein Narr, der seinen Feind unterschätzt, deshalb flößen Sie den Truppen jetzt Mut und Zuversicht ein.«

»Wer aber kann einer solchen Übermacht an Feinden erfolgreich widerstehen?« rief Premierleutnant von Wartenberg ganz erregt.

»Der König!« antwortete Major von Lüderitz mit Nachdruck. »Natürlich weiß ich aus meiner eigenen, langjährigen Kriegserfahrung, daß es einem einzelnen Menschen unmöglich ist, gegen eine vielfache Übermacht an Feinden, die ebenfalls auf Tod und Leben kämpft, zu siegen, wenn nicht der Glaube an den Sieg die Herzen der Kämpfer beseelt. Nicht durch das Gelände, auf dem die Truppen stehen, nicht durch die Anzahl der Kanonen und Tausender Pferde wird ein Krieg entschieden, sondern durch jene eigenartige Kraft, die man den Geist des Heeres nennt. Deshalb kommt es auf Sie an, meine Herren, mit welcher Überzeugungskraft Sie Ihren Männern die Notwendigkeit der Befehle und Anordnungen des Königs vor Augen führen.«

Er trat an den Tisch und nahm ein Papier zur Hand.

»Also, meine Herren, vor Tagesanbruch wird die Belagerung aufgehoben. Schon um drei Uhr früh sollen die ersten Truppen vom Ziskaberg abmarschieren. Es ist unerhört wichtig, daß das Belagerungsgerät und die Geschütze angesichts der feindlichen Übermacht in taktischer Ordnung fortgeschafft werden, um sicher auf preußisches Gebiet zu gelangen. Damit dies am schnellsten ausgeführt werden kann, müssen wir Infanteristen unseren Kameraden von der Artillerie helfend zur Seite stehen.«

Die Offiziere eilten zu ihren Einheiten und gaben den Befehl weiter. Die Mannschaften stiegen aus den Laufgräben und halfen den Kanonieren und Fuhrknechten beim Abbau und Abtransport der schweren Geschütze. Sie wurden bei Leitmeritz eingeschifft und über den Wasserweg nach Norden transportiert.

Als Alexander an der Anlegestelle stand, dachte er an sein tollkühnes Abenteuer, wie er in der Uniform eines russischen Stabsoffiziers hier das Schiff verlassen mußte, weil die Preußen im Anmarsch waren und die österreichische Armee sich auf der Flucht befand. Damals war er noch uneingeschränkt vom heldenhaften Geist des Preußentums überzeugt, – doch da lebte auch Heinz Zittelmann noch. Das Grauen von Kolin aber sollte er erst einige Wochen später erleben. Welch eine Wandlung hatte sich dadurch in den wenigen Wochen bei ihm vollzogen.

Als Alexander nun den militärisch gut organisierten Rückzug der Preußen erlebte, die vorbildliche Kameradschaft bei den Mannschaften, den Offizieren und selbst bei den Generälen, verblaßten die trüben Gedanken, die ihn gegen das Kriegshandwerk eingenommen hatten.

Der wochenlange Dienst im Hinterland wirkte auf die Infanterieregimenter und die Kavallerieeinheiten beruhigend. Die Faszination des militärischen Schauspiels begeisterte Alexander erneut.

Überraschender Besuch

Das Wetter deutete auf einen frühen Winter hin. Die klaren Nächte brachten bereits die ersten, leichten Bodenfröste. Die morgendliche Frische allerdings wurde von den Reisenden nach den schwülen Sommertagen als sehr angenehm empfunden. Auf allen Gräsern und Büschen lag ein zauberhafter Kristallglanz, der in der Herbstzeit die Natur überzog. Bei Tag wehte ein mildes Lüftchen, und wenn die Sonne schien, wurde es doch noch recht warm.

Die beiden Reisenden, die sich in einem groben Wagen der Extrapost von Kassel her dem sächsischen Gebiet näherten, blickten durch die trüben Fensterscheiben auf Land und Leute in dieser Gegend.

»Wie mag er wohl aussehen?« fragte Thomas, der überraschend und in geheimer Mission für nur wenige Wochen in die Heimat zurückgekehrt war. »Ob er diesen grauenhaften Feldzug unbeschadet überstanden hat?«

»Das berührt mich herzlich wenig«, antwortete der Pfarrer, »ich ärgere mich maßlos darüber, daß ich deinem Drängen so schnell nachgegeben habe und mich zu dieser Reise habe überreden lassen. Was soll denn dieser ungehorsame Abenteurer denken, wenn er seinen alten Vater plötzlich sieht? Wenn er meinen sollte, ich würde diesem Hans Liederlich nachlaufen, hat er sich aber mächtig geirrt.«

»Aber, Herr Vater! Er wird sich sehr, sehr freuen, wenn er Euch sieht. Er ist doch Euer Sohn, auch wenn er sich über Nacht selbständig gemacht hat. Eilte der Vater des verlorenen Sohnes, von dem Jesus sprach, nicht froh seinem Sohn entgegen?«

»Ja, aber mit dem großen Unterschied, daß jener Sohn sein liederliches Leben schon bereut hatte, ehe er sich auf dem Weg zurück zum Vaterhaus machte!«

Thomas versuchte, seinen Vater zu beschwichtigen: »Vielleicht können wir Alexander irgendwie freikaufen, dann will ich ihn gern mit nach Kanada nehmen.«

»Freikaufen? Daß ich nicht lache! Was dieser fürchterliche

Geier aus Potsdam erst in seinen Krallen hält, das läßt er nie wieder los! Das zerhackt er mit seinem mörderischen Schnabel!«

Thomas hatte seinen Vater ursprünglich nicht in seinen geheimen Plan einweihen wollen, nämlich beim König von Preußen vorstellig zu werden und diesen zu ersuchen, den Bruder freizugeben, damit er ihn als Missionsgehilfen mit nach Kanada nehmen könne. Leider war jedoch mit dem Vater zunächst keine friedliche Auseinandersetzung möglich. Die Verbitterung saß zu tief, und es bedurfte manchen Kampfes, sein Verständnis für Alexanders jugendlichen Leichtsinn zu wecken. Die vielen mühsamen Streitgespräche zermürbten Thomas so sehr, daß es zeitweise ganz hoffnungslos für seinen Plan aussah, bis sich dann die ganze Familie vehement für Alexander einsetzte. Der Vater lenkte letztlich, wenn auch widerwillig, ein, denn er hatte sich schließlich doch durchgerungen zu dem Entschluß, Thomas bei seinem Vorhaben zu unterstützen und ihn auf der Reise zu begleiten. So konnte er in dieser nicht einfachen, verworrenen und kriegerischen Zeit die Pässe besorgen lassen. Was man noch vor einem Jahr für unmöglich gehalten hatte, wurde überraschend zur Wirklichkeit. Jetzt befanden sich die beiden auf dem Weg zum Heerlager der Preußen.

»Wir sind nun bald am Ziel, Herr Vater. Man kann in der Ferne bereits die Türme der Stadt erkennen.« Thomas zeigte auf die am Horizont sichtbar gewordene Silhouette der Stadt. Mit einem unerwarteten Ruck hielt der Postwagen an, so daß Vater und Sohn in die alten Lederpolster gedrückt wurden.

»Großer Gott, was ist denn nun schon wieder los?« brummte der Vater.

An der Tür erschien jetzt ein großer, schlanker Offizier und verlangte die Pässe.

»Pässe, Pässe und immer wieder die Pässe!« polterte der Pfarrer los. »Sehen wir denn aus wie Strauchdiebe oder wie entlaufene Strafgefangene?«

Der Offizier in seiner blauen Uniform gab mit einer bedauernden Geste zu verstehen, daß es nicht anders ginge, und sagte: »Verzeihung, der Herr, ich tue nur meine Pflicht.« Prüfend schaute er in die Papiere, bevor er höflich das Zeichen zur Weiterfahrt gab.

»Das ganze Preußen scheint ein Zuchthaus zu sein, überall Kontrollen und Durchsuchungen.« Pfarrer Blankenburg wurde nun, da das Ziel der Reise fast erreicht war, wie von einem inneren Schüttelfrost gepackt. War es die Müdigkeit, die endlose Weite der fremden Landschaft? Thomas ahnte die Beweggründe, die den Vater zu ständigem Nörgeln und Murren veranlaßten.

Erneut begann dieser zu wettern: »Was diese Preußen nur mit ihrem Wort ›Pflicht‹ bezwecken wollen? Mir scheint, dahinter verstecken sie ihren Stolz, ihre Überheblichkeit und ihre brutale Härte in der Erziehung.«

»Der Streit um den Sinn der Pflichten ist wohl der weit verbreitetste, den es gibt«, meinte Thomas und versuchte, das Gespräch in eine andere Richtung zu lenken.

Bald hatte der Postwagen den Gasthof erreicht, den ihnen der Kutscher zur Übernachtung empfohlen hatte.

»Tu, was du willst«, herrschte der Vater seinen Sohn Thomas an. »Keinen Schritt werde ich aus diesem Zimmer gehn. Diese Preußen sollen mich nicht andauernd mit ihren verhaßten Uniformen an den größten Räuberhauptmann unseres Zeitalters erinnern. Falls du einen Achtgroschenmann namens Alexander Blankenburg treffen solltest, so richte ihm aus: wenn er seinen geplagten Vater begrüßen wolle, so soll er gefälligst herkommen. Ich will ihn nicht bei den Räuberhorden dieses Antichristen besuchen.«

»Herr Vater, schenke Er mir bitte das Vertrauen, denn ich habe doch meinen Plan und werde alles zu Eurer besten Zufriedenheit erledigen. Ihr könnt Euch darauf verlassen, daß es mir gelingen wird.« Damit verabschiedete sich Thomas. Er freute sich über den kleinen Hoffnungsschimmer, den er aus den Worten des Vaters entnahm, daß dieser nun doch einverstanden war, Alexander wiederzusehen. Deshalb machte er sich auf den Weg, um so schnell wie möglich im Hauptquartier der preußischen Armee vorstellig zu werden.

Den König sprechen zu wollen, schien fast aussichtslos zu sein. Schon zweimal hatte Thomas versucht, bei ihm vorgelassen zu werden, aber vergeblich. Jetzt, beim dritten Mal, begegnete er einem Kammerherrn des Königs, der ihn in einen Raum verwies, der mit Offizieren und allerlei Zivilisten gedrängt voll war.

»Sie werden sicher verstehen, daß Seine Majestät in diesen Kriegszeiten mit Arbeit völlig überlastet ist. Sie könnten aber Ihren Brief aus Kanada dem Geheimen Kabinettssekretär übergeben, der ihn gewiß Seiner Majestät vorlegen wird, falls der Inhalt des Schreibens von solch großer Bedeutung ist, wie Sie meinen«, dabei umspielte ein leichtes Lächeln die Lippen des Kammerherrn.

Thomas entgegnete: »Es wurde mir aber dringend empfohlen, diesen geheimen und äußerst wichtigen Brief dem König von Preußen persönlich zu übergeben und zu erläutern.«

Der Kammerherr hob ablehnend die Hände und erwiderte: »Herr Blankenburg, ich kann Ihnen leider keinen anderen Bescheid geben, die Vorschriften über den Dienstweg sind gerade in diesen Wochen so streng gehalten. Ich sehe mich außerstande, Ihren Wünschen nachzukommen und möchte Sie deshalb bitten, mir den Brief ruhig zu übergeben, den ich dann gern und sofort weiterleiten werde.«

Thomas unterbrach den Kammerherrn erneut: »Ich bestehe aber darauf, von Seiner Majestät persönlich empfangen zu werden.«

»Herr Blankenburg, meine Zeit ist sehr begrenzt, ich habe Ihnen erklärt, daß Seine Majestät mit Geschäften zur Zeit überlastet ist«, er zog seine Uhr hervor. »Sie werden gestatten, daß ich mich verabschiede, adieu, mein Herr.« Er verbeugte sich leicht und wandte sich dem nächsten zu.

Thomas drehte sich enttäuscht um, alles hatte er versucht und nichts erreicht.

»Verzeiht mir, Herr.« Ein Stabsoffizier, der einige Papierrollen in den Händen hielt, sprach ihn von der Seite an: »Im Vorübergehen hörte ich den Namen Blankenburg, – wenn ich mich vorstellen darf, von Marwitz ist mein Name. Ich bin der persönliche Adjutant Seiner Majestät. Was führt Sie zu uns?«

Thomas berichtete vom Kriegsschauplatz in Kanada, von seinen Kontakten zur englischen Armee und von dem Brief eines preußischen Militärberaters im Stabe des englischen Oberkommandierenden, den er Seiner Majestät persönlich übergeben sollte. Major von Marwitz hörte dem jungen Missionar aufmerksam zu, ohne ihn ein einziges Mal zu unterbrechen. Dann bestätigte er ihm seinerseits, daß der Kammerherr vollständig im Recht sei, wenn er sage, daß der König überlastet sei, fügte dann jedoch hinzu: »aber Ausnahmen bestätigen ja bekanntlich die Regel, Herr Blankenburg. Ich selber werde mit Seiner Majestät darüber sprechen, um eventuell einen Termin für Sie zu erwirken. Bitte hinterlegen

Sie doch Ihre Adresse, Sie erhalten bestimmt von mir eine Nachricht.« Er machte eine kurze Pause, dann fragte er Thomas: »Wissen Sie, in welchem Regiment Ihr Bruder dient?«

»Er ist Soldat im Regiment Itzenplitz«, antwortete Thomas. »Wir haben leider seit längerer Zeit nichts mehr von ihm gehört. Natürlich würden wir ihn gern besuchen.« Er machte eine hilflose Geste.

»Ach so, der Bruder ist also S o l d a t im Regiment von Itzenplitz«, das Wort ›Soldat‹ betonte er besonders. Es schien, als wollte der Major noch etwas hinzufügen, aber er unterließ es. Dann lächelte er leicht und sagte: »Nun gut, ich werde Ihnen den Standort des Regimentes ausnahmsweise aufschreiben. Bitte, behandeln Sie diese Information aus Gründen der militärischen Geheimhaltung streng vertraulich.«

Er legte die Rollen zur Seite und schrieb den Ort des Regimentes auf. »So, Herr Blankenburg, da haben Sie einen Passierschein. Ihr Bruder wird sich gewiß freuen, Sie wiederzusehen. Wegen der Audienz beim König machen Sie sich keine Sorgen, ich glaube nämlich, daß ich da bestimmt etwas erreichen kann. Nun, wie gesagt, Sie erhalten umgehend Nachricht von mir.« Damit verabschiedete sich dieser freundliche Offizier von Thomas.

»Niemals!« rief der Vater erregt. »Ich werde mich niemals in die Höhle dieses Schurken von Brandenburg begeben.« Pfarrer Blankenburg stapfte im Zimmer erregt hin und her.

»Vater, bedenke doch, es ist vielleicht eine nie wiederkehrende Gelegenheit, Alexander aus den Händen der Preußen herauszuholen. Wenn ich dem König deutlich machen kann, daß ich mich in Kanada auf der Seite seiner englischen Verbündeten nützlich mache und Alexander dort sein Betätigungsfeld finden könnte, bestünde doch die Möglichkeit, daß er vom preußischen Militärdienst befreit wird.«

Noch immer wanderte der Vater erbost im Zimmer auf und ab.

»Zuerst will ich aber mit meinem Herrn Sohn darüber reden . . .«

»Auf keinen Fall, Vater«, unterbrach ihn Thomas. »Bevor wir nicht mit dem König gesprochen haben, dürfen wir Alexander nichts davon sagen. Wir müssen ihn mit diesem Plan einfach überrumpeln.«

»Also gut«, meinte der Vater verdrießlich. »Ich werde darüber bei ihm keinen Ton verlieren, doch ansehen möchte ich mir das wilde Früchtchen schon. Es reizt mich, herauszubekommen, ob es sich überhaupt lohnt, für den Ausreißer um Gnade zu bitten.«

Alexander war mit seinen Unteroffizieren in einem großen Bauernhaus untergebracht. Reinhold Friesicke hatte einen Tee gekocht. Die herbstliche Kühle drang bereits bis in die Räume. Eifrig debattierte Feldwebel Liebler mit ihm über die Frage des Militärdienstes. Als Alexander gerade die Schärpe loshaken und seinen Rock ausziehen wollte, vernahm er eine ihm vertraute Stimme, die ihn fast erstarren ließ. War es Einbildung? Täuschten ihn seine Sinne? Das konnte doch wohl nicht wahr sein! Thomas befand sich doch auf einem anderen Kontinent, Tausende Meilen von hier entfernt, dachte er und lauschte angestrengt, ob er Weiteres hören würde.

»Es muß das Bauernhaus sein«, sagte jemand mit einer anderen Stimme.

Großer Gott, narrte ihn denn irgendein Fieber? War das nicht Vaters Stimme? Oder spielte ihm seine Phantasie einen Streich?

Erschrocken sprang Alexander auf, als sich im Türrahmen sein Bruder zeigte, den er in Kanada glaubte.

»Thomas!« rief er vor Freude, »Thomas, großer Gott, Thomas!« Er rannte auf ihn zu, schloß ihn in seine Arme und küßte ihn.

Diese Wiedersehensfreude wurde von einer anderen, dunkleren Stimme unterbrochen: »Für seinen Vater hat der davongelaufende Sohn wohl keinen Blick und Kuß, wie?«

Alexander ließ seinen Bruder los und umarmte den Vater genauso stürmisch und rief: »Vater, mein Vater!« Seine enthusiastische Freude kam von Herzen.

»So, so, – hier also finde ich Ihn wieder, meinen Sohn!« Man merkte dem Pfarrer eine wirkliche Wiedersehensfreude an. Er löste sich aus der Umarmung und hielt Alexander ein wenig von sich entfernt, um ihn genauer betrachten zu können.

»Zeig mal, wie du aussiehst, mein Junge. Wirst du deinem alten Vater noch in die Augen schauen können?« Er zog ihn ein wenig näher ans Fenster und meinte: »Ein bißchen schmal, aber sonst ganz frisch und gesund schaust du aus.«

»O Vater, ich freue mich ja so sehr, euch beide hier zu sehen«, bekannte Alexander freimütig.

»Na, na, nach allem, was passiert ist?« Der Vater mußte mit seinen Gefühlen kämpfen. »Ach ja, was ich noch sagen wollte, die Mutter, Marie-Luise und Georg lassen dich herzlich grüßen.«

Feldwebel Liebler und Friesicke hatten nach der ersten stürmischen Begrüßung still das Zimmer verlassen. Ein wenig umständlich zog nun der Vater seinen Mantel aus. Alexander war ihm dabei behilflich.

Pfarrer Blankenburg rieb sich verlegen die Hände und spähte kritisch im karg möblierten Raum umher.

»Hier also läßt der König seine Soldaten hausen? Nicht sehr bequem, oder? Na, Hauptsache sauber und warm«, stellte er fest.

Thomas erblickte den Ringkragen und den Degen an der Wand, dann bemerkte er noch die silberne Schärpe. »Vater, schau doch einmal richtig hin! Alexander ist gar kein einfacher Soldat mehr, er ist ein Offizier!«

»Offizier? Wie denn, Offizier?« Der Alte räusperte sich, um seiner Verwunderung Herr zu werden. »Na ja, wenn Sein König in einer Schlacht das halbe Offizierskorps verliert und dazu noch zigtausend Kämpfer, dann muß man schon für Nachwuchs sorgen.« Der alte Groll stieg wieder in ihm hoch.

»Bitte, setzt euch doch«, forderte Alexander die beiden auf. Er stellte noch zwei Stühle mehr an den Tisch.

»Reinhold!« rief er in den Flur hinaus, »bereite uns doch bitte noch einen Tee! – Nicht wahr, Vater, Ihr trinkt sicher gern noch etwas Warmes? Darf ich euch auch etwas zu essen anbieten?«

»Nur keine Umstände, Herr Leutnant, wir haben ja vorhin im Gasthaus gespeist. Aber ein Täßchen Tee schlage ich dir nicht ab.«

Der Vater hatte ihn ›Herr Leutnant‹ genannt. Die beiden Brüder freuten sich darüber.

»Was verdient denn so ein Offizier eigentlich?« wollte der Vater wissen.

»Elf Taler und achtzehn Groschen monatlich, Vater.«

»Ei jeujeujeu«, lachte der Pfarrer und zwinkerte mit den Augenlidern.

»Das ist ja ein fürstliches Gehalt, da kann mein Sohn wohl wie der König von Frankreich leben?«

»Nun Vater, ich bin zufrieden«, sagte Alexander schlicht.

»Na ja«, der Vater zog aus seiner großen Rocktasche umständlich eine Geldbörse heraus und zählte ihm fünfzig Goldstücke auf den Tisch.

»Das ist für dich, mein Sohn, Offiziere haben in der Regel einen Zuschuß bitter nötig, oder irre ich mich da?«

Alexander ergriff die Hand seines Vaters und sagte überwältigt: »Ich danke dir, lieber Vater. Gott möge es dir alles reichlich vergelten.«

»Na, na, meinst du es wirklich so? Ansonsten solltest du den Namen Gottes nicht unnütz führen«, ermahnte er ihn.

»Ach Vater, wenn du nur wüßtest, ich bin Gott wirklich von Herzen dankbar, einen solchen Vater zu haben wie dich.«

»Wie bist du nur so schnell Offizier geworden?« wollte Thomas jetzt wissen. »In der Regel werden doch in Preußen nur die Söhne von Adligen dazu berufen?«

Nun schilderte Alexander seinen abenteuerlichen Ritt nach Prag und die geheime Mission, die er im Hauptquartier der Österreicher durchzuführen hatte.

»Nach diesem geglückten Auftrag, über den der König so erfreut und stolz war, hat er mich auf der Stelle zum Leutnant befördert«, erklärte er.

»Für solch eine mutige Tat war das nur recht und billig«, bemerkte der Vater, der trotz seiner nach außen hin demonstrierten Gleichgültigkeit recht stolz auf seinen Sohn war.

Die Stunden vergingen wie im Flug, in denen sie einander ausgiebig von ihren Erlebnissen erzählten. Thomas hatte berichtet, wie es ihm unter den Indianern ergangen war, bei denen er missionierte. Er sprach auch von den Kämpfen in den kanadischen Urwäldern zwischen den Engländern und Franzosen.

Alexander seinerseits verschwieg nicht, wie er in die Falle der Preußen geraten war. Dann aber berichtete er von dem Feldzug und der Schlacht bei Lobositz und Prag, sowie von der Belagerung der Festung Königstein und der Katastrophe von Kolin.

»Eigentlich bist du viel zu schade für diesen Reichsfriedensbrecher und Abenteurer. Du setzt dein Leben für ihn aufs Spiel, und was ist der Sinn der Sache? Er hat Sachsen überfallen und die Kaiserin Maria Theresia angegriffen, deshalb ist er auch in die Reichsacht genommen worden. Die ganze Welt ist empört und steht ihm entgegen«, erhitzte sich der Vater.

Thomas gab Alexander unauffällig ein Zeichen, darauf nicht einzugehen. Darum fing er gleich wieder an, von Kanada zu erzählen, und ehe sie sich versahen, dunkelte es draußen.

»Kannst du nicht versuchen, ein paar Tage Urlaub zu bekommen?« sagte Thomas. »Wir könnten uns dann die Umgebung ein wenig genauer ansehen und länger beieinander bleiben.«

Alexander überlegte kurz: »Ja, übermorgen wird der Kapitän wieder anwesend sein, dann will ich ihn darum bitten. Versprechen kann ich nichts, ich will es aber versuchen.«

»Na, wenn es gar nicht gehen sollte, werden wir dich einfach noch öfter besuchen«, sagte Thomas spitzbübisch, was sein Bruder aber anders verstand.

Dann verabschiedete man sich freundlich.

In diesen Tagen übernahm Sergeant Wuttke das Exerzieren der neu eingetroffenen Rekruten. Die Kantonisten aus dem preußischen Königreich waren fast noch Kinder, die aber doch mit großer Begeisterung und in ihrem jugendlichen Übermut den Befehlen ohne weiteres Gehorsam leisteten. Unter ihnen befanden sich auch angeworbene Ausländer, die oftmals wie Galgenvögel aussahen. Es war eine zusammengewürfelte Schar von undurchsichtigen Kreaturen, denen man eine gewisse Verschlagenheit von den Augen ablesen konnte.

Alexander überprüfte den Exerzierdienst seiner Unteroffiziere.

Wuttke schrie: »Das Gewehr hoch!« Die Rekruten rissen es von ihren Schultern. Wieder erscholl ein Kommando, sie ergriffen die Patronen und brachten sie mit der rechten Hand vor den Mund.

»Öffnet die Patronen!« hieß das Kommando.

»Aber etwas schneller, ihr lahmen Enten!«

Mit verzerrten Gesichtern rissen die Rekruten die Patronen ab.

»Pulver auf die Pfanne!« brüllte der Sergeant.

Sie schütteten Pulver in die Zündpfanne. Sie schlossen die Pfannen, sie schwenkten das Gewehr nach links zum Laden. Sie steckten die Patronen in den Lauf und schütteten das Pulver dort hinein.

»Zieht den Ladestock!« rief Wuttke, »aber ein bißchen schneller, ihr krummgewachsenen Schlafmützen, sonst lasse ich euch alle wie die jungen Hasen über den Acker springen. Habt ihr mich verstanden, ihr trägen Kamele?«

Es folgten noch weitere schlimme Kraftausdrücke. Vielfach hielt Wuttke den Ausländern sogar die Faust unter die Nasen: »Ihr Sauhunde, wenn ihr nicht pariert, werde ich euch die ganze Nacht durchexerzieren lassen!«

Alexander mußte lächeln. Er sah sich im Geist wieder auf dem Exerzierplatz in Berlin stehen, um verzweifelt den schnellen Befehlen des Wuttke zu folgen.

In einer Pause klagte Wuttke ihm sein Leid: »Es ist eine Schande, Herr Leutnant, die Blüte des Regimentes ist vernichtet. Ich sehe sie noch heute auf dem blutgetränkten Schlachtfeld niedersinken. Das waren doch Prachtkerle! Die Besten liegen in Lobositz und Prag. Mit dem heutigen Gesindel kann der König doch keinen Krieg mehr führen.«

»Aber, aber, Sergeant Wuttke, nur Geduld«, mahnte Alexander, »aus dem schlappen Rekruten Blankenburg ist doch auch etwas geworden.«

»Na, Herr Leutnant, Seine Griffe waren nicht die schlechtesten, sie klangen fast wie die Glocken der Garnisonskirche von Potsdam, so wahr ich Hermann Wuttke heiße.«

Alexander war nicht wenig erstaunt, als er einen Feldjäger über den Acker galoppieren sah. Dieser wandte sich an Premierleutnant von Wartenberg, der ihn zu Alexander schickte. Er überbrachte ihm den Befehl, Leutnant Blankenburg möge sich um vier Uhr nachmittags im Hauptquartier des Königs einfinden.

Alexander war etwas verwirrt. Was konnte der Anlaß sein? Er hatte sich doch schon mit seinem Vater und seinem Bruder verabredet. Sofort eilte er in sein Quartier, um sich umzuziehen. Dann bat er Reinhold Friesicke, seinen Vater zu benachrichtigen, daß er die Verabredung nicht einhalten könne. Es täte ihm leid, aber er sei zum König befohlen worden.

Alexander ließ sich das Begleitpferd von Kapitän von Möllendorf geben und ritt im scharfen Tempo davon.

Das Hauptquartier des Königs befand sich im Schloß. Dort erwartete ihn das gewohnte Bild: Offiziere, Adjutanten, Ordon-

Nachdem Alexander seinen schriftlichen Befehl vorgezeigt hatte, wurde er von einer Ordonanz die Treppe hochgeführt. Auch hier verhandelten hohe Offiziere des Stabes miteinander.

nanzen kamen und gingen. Zur Seite des Treppenaufgangs hin, an Marmorpfeilern gelehnt, in Nischen und auf Fensterbänken, saßen oder standen die vielen Wartenden aller Stände und verschiedensten Altersgruppen. Auch Militärs, die für den Nachschub zuständig waren, – Mütter mit ihren halbwüchsigen Söhnen, denen die Einberufung bevorstand, – Ordensgeistliche, deren Kirchen oder Klöster als Quartiere offenbar vom Militär beschlagnahmt worden waren, – Großbauern, die vom König um eine Entschädigung für verlorengegangene Pferde bitten wollten, fanden sich dort ein.

Ein hochgewachsener Offizier nahm Alexander in Empfang. Nachdem er seinen schriftlichen Befehl vorgezeigt hatte, wurde er von diesem eine Treppe hochgeführt. Sie endete in einem Vestibül, dessen Fenster zum Hof hinausgingen. Auch hier verhandelten hohe Offiziere des Stabes miteinander.

Der Offizier ging nach rechts voran und betrat einen Salon, der mit hellblauen Stofftapeten ausgeschlagen war. Die beiden Männer durchschritten eine weitere Flügeltür, an der ein Wachtposten stand. Ihre Schritte wurden durch die dicken Teppiche, die hier auf glänzendem Parkett ausgelegt waren, völlig verschluckt.

Ein Wachtposten neben der Tür stand wie eine aus Stein gemeißelte Figur da und blickte unbeweglich an den Offizieren vorbei.

Oberst von der Marwitz empfing Alexander herzlich und drückte ihm lächelnd die Hand: »Seine Majestät hat Sie herbefohlen, Sie sind ein Offizier mit Fortüne«, versicherte er ihm als Adjutant des Königs.

»Herr Leutnant Blankenburg!« rief von irgendwo eine Stimme.

»Also, dann viel Glück, mein Lieber«, wünschte ihm von der Marwitz.

Mit gespannten Gefühlen betrat Alexander das hell erleuchtete Zimmer des Königs.

Friedrich stand in der Mitte des Raumes.

»Leutnant Blankenburg meldet sich auf Befehl Seiner Majestät zur Stelle«, rief Alexander und salutierte, indem er seinen Hut vor die Brust hielt.

»Leutnant, blicke Er nach rechts!« befahl ihm der Monarch.

Alexander war wie vom Schlag getroffen, als er in der Ecke seinen Vater und Thomas stehen sah.

Der König schritt nach seiner Gewohnheit im Zimmer auf und ab. Er trug eine einfache Uniform und hohe Stiefel.

»Diesen Besuch hat Er hier wohl nicht erwartet, wie?« Die Stimme des Königs klang leicht erregt.

»Begrüße Er Seinen Vater und Seinen Bruder«, befahl ihm der König.

Alexander war ganz blaß geworden, er verneigte sich ein wenig und sagte: »Herr Vater und Thomas, ich begrüße Euch«, dabei bemerkte er die zusammengezogenen Augenbrauen seines Vaters. Er wußte nicht, was diese Begegnung hier zu bedeuten hatte.

Der König ergriff wieder das Wort: »Wir haben uns zu dritt ausgiebig über Kanada und den Krieg zwischen den Engländern und Franzosen unterhalten.« Er zog seine Tabaksdose hervor und krümelte ein wenig vom Tabak auf den Handrücken, den er dann genüßlich in die Nase sog. »Aber Ihr Vater und Ihr Bruder brachten auch andere Dinge zur Sprache, die mich weniger erfreut haben. Ihr Bruder bittet mich nämlich, Sie aus meinen Diensten zu entlassen, damit Sie ihm in Kanada bei den Indianern als Missionsgehilfe beistehen könnten. Ihr Vater wies auf den großen Missionsauftrag der Kirche hin, die Ihren Dienst dort viel nötiger hätte. Ich soll Ihn also gehen lassen.«

Verständnislos starrte Alexander zu den beiden hinüber. Thomas ergriff das Wort und sagte: »Wir haben Seine Majestät um deine Befreiung vom Militärdienst gebeten.« Er machte eine kurze Pause: »Aber . . ..«

»Aber die Entscheidung liegt bei Ihm!« fügte der König schroff hinzu. »Ich halte meine Offiziere nicht, wenn sie gehen wollen. Sollen sie doch gehen, wohin ihnen der Sinn steht.«

Alexander würgte es in der Kehle. Vor Aufregung brachte er kein Wort heraus. Noch immer starrte er entgeistert den Vater und seinen Bruder an.

»Na, nun steht Er da wie das Standbild des Großen Kurfürsten, wie?« Der König lächelte ein wenig spöttisch.

»Zu Befehl, Majestät, ich bin unfähig, darauf etwas zu antworten.«

»Meine Offiziere sollen nicht zum Dienst gezwungen werden. Die Sache ist doch ganz klar, Ihr Vater und Ihr Bruder bitten mich, Sie vom Dienst zu suspendieren. Ich gebe Ihn also frei.«

Alexander wankte leicht, der Boden unter seinen Füßen schien nachzugeben, seine Lippen bebten, als er antwortete: »Nein, Majestät, es ist unmöglich, ich kann und ich will nicht gehen!«

»Du hattest aber geschrieben, du könntest es in der Armee nicht mehr aushalten«, warf der Vater ein.

»Ja, Herr Vater, das hatte ich geschrieben, aber damals war ich Rekrut in Berlin. Heute jedoch denke ich ganz anders darüber.«

»Und warum denkt Er heute anders?« wollte nun der König wissen. Ein wenig lauernd blickte er ihn von der Seite an.

»In solch schweren Schicksalsstunden verläßt ein Offizier Seinen König und die Armee nicht«, und damit hatte Alexander seine Fassung wiedergewonnen.

»Er meint, die Willigen führt das Schicksal zusammen?« Der König ging auf den Leutnant zu: »Nun, ich verstehe, wir haben im Feuer der feindlichen Batterien zusammengestanden, wir haben die Gefahren, aber auch die guten Stunden miteinander durchlebt.«

»Zu Befehl, Euer Majestät! Ich kann die Armee in dieser schweren Zeit nicht verlassen. Ich käme mir vor wie ein Verräter.«

»Wenn es nun aber Sein Vater und auch der Bruder verlangen?« fragte der König nochmals.

»Euer Majestät, ich habe meine Entscheidung getroffen, ich kann es nicht.«

Nun hörte man ein scharfes Räuspern des Vaters. Der König wandte sich stracks an die beiden: »Sehen Sie, meine Herren, ich kann meinen Leutnant nicht wider seinen Willen aus der Armee entlassen. Er ist aus freien Stücken geneigt, weiterhin mein treuer Mitstreiter zu bleiben. Können Sie das verstehen?«

Der Vater räusperte sich erneut, dann sagte er mit gepreßter Stimme: »Wenn Euer Majestät gestatten, daß wir uns jetzt zurückziehen, mir ist nicht ganz wohl.« Er seufzte tief.

Der Vater warf Alexander einen vernichtenden Blick zu, Thomas hingegen verließ mit gemischten Gefühlen den Raum. Alexander aber stand wie angewurzelt da und schaute ihnen beschämt nach.

Der König näherte sich seinem Leutnant und tippte ihm mit der schmalen Hand auf die Brust: »Geh Er jetzt! Folg Er Seinem Vater, Leutnant Blankenburg. Der alte Herr hat es sich sehr zu Herzen genommen, daß ich ihm seinen Sohn gestohlen habe.«

Er ging wieder auf und ab. »Ich bin in diesem grausamen Krieg leider gezwungen, viele Familienväter und Söhne zu stehlen«, sagte er mit Bitterkeit in der Stimme. Doch gleich wandte er sich an Alexander in freundlichem Ton: »Ich werde Ihm diese Haltung nie vergessen, Leutnant Blankenburg. Mit dem heutigen Tag wird Er als Adjutant in meinem Stabe Seinen Dienst versehen.«

Friedrich berührte ihn noch einmal kurz und sagte: »Und nun gehe Er zu Seinem Vater. Solange sich Seine Verwandten hier aufhalten, bleibt Er bei ihnen, ich befehle es!«

Alexander salutierte und schritt zur Tür. Im Vorzimmer erfuhr er, daß die beiden Herren bereits das Schloß verlassen hätten und davongefahren seien. Nun ritt Alexander, so schnell er konnte, zu dem Gasthaus, das Thomas ihm als Adresse angegeben hatte.

Mit schweren Schritten stampfte Pfarrer Blankenburg im Zimmer hin und her. Alexander vernahm vom Flur her die polternde Stimme des Vaters. Sein Herz schlug höher, als er anklopfte und die Tür öffnete.

»Unerhört!« brüllte der Vater den Sohn an. »Das ist der Gipfel der Frechheit! Er wagt es noch, vor meine Augen zu treten, Er widerspenstiger Rebell?« Er stieß mit seinem Stock auf den Fußboden. »Geh Er nur zu Seinem König! Was will Er denn hier bei mir? Er ist ein Windhund in meinen Augen, der zu Seinem Räuberhauptmann gehört! Scher Er sich fort, aber auf der Stelle!« keuchte der Vater.

»Bitte, Vater, gib mir doch die Gelegenheit, dir meine Haltung zu erklären«, flehte Alexander.

»Erklären?« schrie der Alte. »Das hat Er doch gerade da drüben in der Räuberhöhle des Unersättlichen ausgiebig getan!«

Bedrohlich fuchtelte der Vater mit seinem Stock vor Alexanders Nase herum. »Eines kann ich dir versichern, Freundchen, das große Gericht Gottes wird über diesen Unmenschen hereinbrechen, und zwar so, wie es in der Schrift geschrieben steht: ›Mit Mann, mit Roß und Wagen, hat sie der Herr geschlagen!‹ Die Niederlage von Kolin war erst der Anfang, bald wird seine ganze Armee vernichtet sein wie die des Pharao im Roten Meer!«

Nun nahm Alexander seinen ganzen Mut zusammen: »Vater, der König verteidigt die protestantische Sache. Er mußte diesen

Krieg beginnen, sonst hätten ihn die anderen Nationen überfallen. Die Dokumente darüber sind doch in aller Welt bekannt.«

»Schweig Er! – Dieser Rechtsbrecher ist kein Mensch, er ist das Tier, von dem die Schrift sagt, er will die ganze Welt beherrschen! Doch der Arm des Herrn ist nicht zu kurz. Dieser Menschenschinder wird durch die Macht Gottes untergehen! Merk Er sich das!«

Thomas versuchte vergeblich, die beiden Streithähne auseinanderzubringen. Leider ließ man ihn überhaupt nicht zu Wort kommen.

»Wie viele kostbare Männer jagt er in den Tod, nur um seinen Machthunger zu stillen! Aber, was der Mensch sät, das wird er auch ernten!« schnaufte er.

Alexander nutzte die kleine Atempause, die der Vater gerade nötig hatte nach seinem Wutausbruch und sagte: »Der König setzt für die gerechte Sache sein eigenes Leben ein! Ich habe ihn persönlich im schärfsten Kugelhagel vor Kolin bis etwa hundert Schritt vor die österreichischen Stellungen begleitet!«

»Schweig Er, wenn Sein Vater spricht!« rief der Pfarrer.

»Die ganze Welt weiß, wie er seine Frau behandelt. Er hat sie einfach verbannt, weil er ein hochmütiger Antichrist ist. Sein heiliges Ehegelöbnis hat er hinterlistig gebrochen. Er läßt schlechtes Geld pressen und handelt dadurch wie ein Falschmünzer. Schon als Kronprinz war er Aufrührer, ein feiger Vaterlandsverräter, der vor der gerechten Strafe seines Vaters fliehen wollte. Seinem Räuberfreund Katte hat man das Haupt abgeschlagen.« Der Pfarrer tippte seinem Sohn an die Brust: »Ihn hätte man hängen sollen, dann wäre jetzt Frieden in Europa. Aber das ist seine hinterlistige Art, daß andere leiden müssen für seine eigenen Untaten.«

»Herr Vater, es steht aber auch geschrieben: ›Ihr Väter, reizet eure Kinder nicht zum Zorn . . .‹. Friedrich wurde als 17jähriger vor den Augen des ganzen Hofstaates wie ein Sklave in erniedrigender Weise gedemütigt und sogar mit dem Stock verprügelt! – War das etwa im Geiste Jesu?«

Die Wangen des Vaters glühten im Zorn, seine Augen waren gerötet.

»Ach, sieh mal einer an, mein Herr Sohn will mir Bibelunterricht erteilen. Was weißt du schon von Kindererziehung, du Grünschnabel? Ich hätte meinen Stock auch öfter gebrauchen sollen«. Drohend hob er diesen empor. »Vielleicht wäre dann etwas Gescheites aus dir geworden!« Der Vater schnappte nach Luft, so hatte er sich in die Erregung gesteigert. »Seine Offiziere und Generäle behandelt dieser Wahnsinnige wegen seiner eigenen Fehler wie Verbrecher. Sein Rückzug aus Böhmen war das Werk eines militärischen Dilettanten. Aber sein eigenes Versagen schiebt er für gewöhnlich anderen in die Schuhe, degradiert die besten Offiziere und setzt sie in den Kerker. Ein gnadenloser Tyrann ist er, ein satanischer Despot ist dein Zwingherr!«

Thomas befürchtete das Schlimmste, so hemmungslos in seiner Wut hatte er seinen Vater noch nie erlebt.

Alexander war empört über diese maßlose Verunglimpfung seines geliebten Königs. Sein Inneres rebellierte entschieden gegen die Art und Weise, wie sein Vater sich hier gebärdete.

»Herr Vater, hört auch mir einmal zu! Ich halte Friedrich von Preußen für den genialsten Feldherrn unserer Zeit und für den besten Staatsmann in Europa.«

Der Vater schnappte nach Luft: »Das ist ja unerhört! Was willst du ungeratener Glücksritter schon von der Politik wissen? Was weißt du eigentlich vom Lauf der Weltgeschichte? Du solltest dir einmal das Urteil von in anderen Ländern lebenden Persönlichkeiten mit Rang und Namen anhören, die den Preußen mit ihrem Geist weit überlegen sind! Du würdest die Augen aufreißen und staunen, was die zu sagen haben! Die Politik dieses Blutsaugers ist die eines Schwachsinnigen. Er hat die ganze Welt gegen sich aufgebracht und wird deshalb über kurz oder lang mit seinem ganzen Gesindel untergehen. Dieser Abenteurer wird als Flüchtling wie ein Bettler durch die Lande fliehen oder sich eine Kugel in den Kopf schießen. Vielleicht zieht ihn eines Tages der Pöbel durch die Gosse. Lange dauert es mit diesem Ausbeuter sicher nicht mehr, so wahr wie ich Johannes Blankenburg heiße!« Er griff zur Karaffe und goß sich ein Glas Wasser ein, das er in gierigen Zügen austrank. Er näherte sich nochmals seinem Sohn und bedrängte ihn: »Thomas hat alles unternommen, um dich aus den Klauen dieses Sklaventreibers zu befreien, aber du zeigst dich widerspenstig und undankbar wie immer.« Der Pfarrer kam noch näher, so daß Alexander zurückweichen mußte.

»Als dein Vater möchte ich dir noch ein letztes Angebot

machen: Trenne dich von diesem finsteren Gewaltmenschen und kehre mit uns zurück nach Tübingen. Du weißt es nun, Thomas möchte dich als Missionsgehilfen mit nach Kanada nehmen. Bitte, erkläre dich jetzt! Antworte mir sofort und auf der Stelle!«

Thomas wollte gerade noch etwas sagen, doch der Vater hielt ihm Ruhe gebietend die Hand entgegen: »Schweig, Thomas! Dein Bruder soll jetzt klar und deutlich antworten.«

Es entstand eine bedrückende Stille. Doch Alexander blickte seinem Vater fest in die Augen. Wenn auch zunächst etwas stockend, dann aber mit großer Überzeugungskraft kamen ihm die Worte über die Lippen: »Mein Vater, ich würde gern allezeit Euer folgsamer Sohn sein und bleiben, denn Ihr habt sicher in vielen Dingen recht. Ich schätze Euch als meinen Vater und Erzieher. Nun bitte ich Euch, mich nicht falsch zu verstehen, wenn ich Euch sage, daß ich diesen König nicht verlassen kann. Ich muß ihm dienen. Ich käme mir wie ein Fahnenflüchtiger, wie ein ehrloser Verräter vor, wenn ich diesen, in meinen Augen noch immer tapferen Helden in dieser Lage verlassen würde.«

Die schmale Gestalt des Vaters sank geräuschvoll in den Lehnstuhl, sein Stock fiel ihm aus der Hand. Er mußte sich erst einmal fassen.

»Darf ich dir noch ein wenig mehr erklären, wie es dazu gekommen ist?« fuhr Alexander nach einer kleinen Pause fort. »Die erste Zeit in Berlin kam mir wie der Vorhof zur Hölle vor. Ich meinte, nicht mehr weiterleben zu können. Oftmals dachte ich daran, einfach wegzulaufen, zu desertieren. Ja, ich bekenne Euch, mein Vater, mehr als einmal trug ich mich mit dem Gedanken, meinem Leben ein Ende zu machen.«

Der Vater hob seinen Stock wieder auf und stützte sich mit den Händen auf ihn. Düster blickte er vor sich hin. Als sein Sohn aber von den Selbstmordabsichten sprach, die er gehabt habe, zuckte er zusammen.

»Nach einer großen Enttäuschung unternahm ich schließlich einen Fluchtversuch mit einem sächsischen Fuhrmann, der mich in der Verkleidung eines Fuhrknechtes bis an die preußische Staatsgrenze mitnahm. Es gelang mir auch, die stark bewachte Grenze nach Sachsen zu überwinden. In einem der ersten Orte hinter der Grenze arbeitete ich als Knecht in einem Gasthaus, um mir das Reisegeld nach Tübingen zu verdienen. Eines Tages saßen zwei Männer in Zivil in der Gaststube, – es waren mein Premierleutnant und mein persönlicher Ausbilder, ein ehrenwerter Sergeant. Am letzteren wäre ich schuldig geworden, denn es bestand die Gefahr, daß dieser tadellose Mann wegen meiner gelungenen Flucht zum Selbstmord getrieben worden wäre. Deshalb ging ich freiwillig in diesen schrecklichen Kerker, in die von Mauern und Palisaden umgebene Stadt Berlin zurück. Ein Brief, den ich in Sachsen an Euch geschrieben hatte, war noch nicht abgeschickt, darum habt Ihr nie etwas von dieser Sache erfahren.«

Alexander holte tief Luft, er bemerkte, daß seine Beichte dem Vater zu Herzen ging. »Dann begann der furchtbare Krieg. Die Einkreisung Preußens war bei den Feinden des Königs eine beschlossene Sache. Die erbeuteten Dokumente aus den Staatsarchiven in Dresden haben gezeigt, unter welcher Parole die Feinde Friedrichs den Staat Preußen zerschmettern wollten, nämlich: ›Teilt ihn, schmälert ihn!‹ In diesem Feldzug habe ich den wahren König erlebt. Er verlegte sein Hauptquartier oftmals in einfachste Bauernhäuser, er schlief, wenn es sein mußte, bei seinen Soldaten auf Stroh.

Ich habe die Schlachten von Lobositz und Prag miterlebt, aber auch die grauenhafte Niederlage von Kolin. Ich weiß nicht, ob ich den König liebe, das klingt so hochtrabend, aber nie könnte ich meines Lebens mehr froh werden, wenn ich ihn jetzt wie ein feiger Hund verlassen würde. Wir gehören einfach zusammen. Die Musketiere und die Grenadiere stehen für ihren König ein, der mitten unter ihnen lebt. Vater, ich habe die Grauen des Kriegs gesehen und ich hasse jeden Krieg. Beim Anblick der Toten und Verwundeten, der oftmals grausam Verstümmelten, könnte ich laut schreien. Und trotzdem verbindet mich eine geheimnisvolle Kraft mit diesem König. Ich kann und ich will ihn nicht verlassen, so wahr mir Gott helfe!«

Der Vater war in sich zusammengefallen und konnte zu diesem Bekenntnis der Treue kein Wort sagen. Er schloß seine Augen und stöhnte laut auf und winkte mit dem Stock zur Tür hin.

»Geh!« flüsterte Thomas seinem Bruder zu, »warte auf mich unten in der Gaststube.«

Alexander verließ lautlos das Zimmer. Über eine Stunde mußte er bei den lärmenden Soldaten und Offizieren warten.

Nach geraumer Zeit erschien Thomas in dem verqualmten Schankraum.

»Endlich! Wie geht es dem Vater?« fragte Alexander besorgt.

»Es hat ihn furchtbar mitgenommen«, sagte er, »ich befürchtete schon, er könnte einen Schlaganfall bekommen. Sein hoher Blutdruck und sein schwaches Herz machen ihm zu schaffen. Du weißt ja, er ist nicht mehr der Jüngste. Er redet unentwegt von dem rebellierenden Sohn, der sich gegen ihn auflehnt, der die Gebote Gottes mißachtet und keinen Respekt vor seinem Vater hat.«

»Warum haßt er nur den König von Preußen so maßlos? Hat er ihm persönlich denn ein Unrecht angetan?« fragte Alexander.

»Das nicht, aber er ist der Meinung, daß er als der große Reichsfriedensbrecher unser Vaterland ins Verderben führen wird. Er sieht es so, daß Friedrich mit unsagbarer Brutalität und Kaltschnäuzigkeit die Gebiete seiner völkischen Nachbarn überfällt und deren Territorien ausplündert. Für unseren Vater ist der König der grausamste Despot, den man sich vorstellen kann. Er sieht in ihm den Zerstörer des alten deutschen Reichsgefüges und des allgemeinen Staatsrechtes.«

»Was ist schon wirklich Recht? Für Friedrich ist das Ziel der Friede. Das Mittel dazu ist der Kampf ums Dasein. Wenn man die Geschichte der Völker betrachtet, muß man doch erkennen, daß das sogenannte Recht in alle möglichen Richtungen auslegbar ist, um nicht zu sagen tausendfach. Und schließlich übt jeder ein eigenes ›Recht‹ aus.« Alexander winkte unwirsch ab.

Thomas legte ihm die Hand auf die Schulter: »Komm, Alexander, laß uns nicht mehr streiten. Ich freue mich doch so sehr, daß ich dich gesund und in dieser schmucken Offiziersuniform wiedergefunden habe.«

»Meinst du, ich könnte mich doch noch vom Vater verabschieden?«

»Alles, was in meinen Kräften steht, werde ich versuchen, damit er nicht unversöhnlich von hier zurückfährt. Ich will auf jeden Fall verhindern, daß ihr im Streit auseinandergeht.«

»Was Vater wohl jetzt macht?«

»Nun, ich habe ihm vorhin einen Beruhigungsgetränk verabreicht, – jetzt wird er tief schlafen, hoffe ich.«

Die Brüder unterhielten sich noch eine geraume Zeit und Thomas hatte Gelegenheit, von den heimtückischen Kämpfen in den Urwäldern Nordamerikas zu berichten. Vor allem aber erzählte er von den Missionseinsätzen bei den Indianern, daß es ihm eine große Genugtuung sei, sie mit dem Evangelium bekanntzumachen, dann das Wunder der Wiedergeburt an den ehemals heidnischen Götzendienern und Medizinmännern erleben zu dürfen. Das nun sei seine Lebensaufgabe, zu der er sich berufen fühle. Da er unbedingt noch tatkräftige Hilfe brauche, hätte er sich ausgemalt, daß er, Alexander, wie damals in Frankfurt, gewillt sein könnte, ihm nach Kanada zu folgen. Zu schade wäre es, sich nun mit diesen anderen Tatsachen vertraut machen zu müssen. Aber er sei auch davon überzeugt, daß der König Friedrich ohne Zweifel ein Mensch wäre, den man nicht mit einem gewöhnlichen Maßstab messen könne.

»Gerade deshalb fasziniert mich dieser Staatsmann, Thomas, und ich hoffe, ihn als sein neu ernannter Adjutant noch besser kennenlernen zu können«, sagte Alexander.

»Wie, du bist sein Adjutant?« Thomas blickte ihn erstaunt an.

»Ja, gerade heute hat er mich zu diesem Dienst berufen.«

»Wohl, weil du ihm die Treue gehalten hast?« Thomas klopfte seinem Bruder wieder auf die Schulter: »Recht hat dein König, ein Mann, der Treu und Glauben hält, verdient den Segen.«

Für einen Augenblick hielt er inne, dann sagte er freimütig: »Aber, Alexander, vergiß es nicht, es gibt einen König, der unserer Treue mehr wert ist als alle Könige dieser Erde!«

»Ja, ich weiß, Thomas, ich habe einen Burschen, der ein überzeugter Christ ist. Der hat mir schon sehr viel Kraft und Freude vermittelt. Überhaupt gibt es einige treue Christen hier in der Armee, die ihren Dienst leisten. Mein Feldwebel Liebler zum Beispiel prägt es der Kompanie immer wieder ein:

›Wer Gott vertraut, der wird beschützt,
wie sehr des Feindes Donner blitzt.
Wer sich getrost auf Gott verläßt,
der ist vor Feindeswaffen fest.‹

So lautet seine Parole.«

Stunden waren vergangen, als sich die Brüder voneinander trennten. »Was wird nun morgen werden mit Vater?« fragte Alexander besorgt.

Thomas umarmte ihn und versicherte: »Ich werde nochmals mit ihm sprechen, vielleicht läßt er sich doch noch versöhnlich stimmen. Eigentlich sollte ihm das als Pfarrer nicht schwerfallen, denn die Barmherzigkeit gilt doch auch für den Sohn, der einen anderen Weg gewählt hat. Sicher wird ihm das auch noch klar werden und er wird für dich beten können.«

»Ich danke dir, Thomas.«

Dann ritt Alexander zurück zu seiner Kompanie und berichtete Kapitän von Möllendorf von seiner Versetzung in das Hauptquartier des Königs. Sein Kompaniechef gratulierte ihm, obwohl er ihn nicht gern gehen ließ, denn er und alle Kameraden schätzten ihn als aufrichtigen und zuverlässigen Offizier, den man viel lieber behalten wollte.

Am kommenden Tag erwachte Johannes Blankenburg ziemlich spät und war noch immer erschöpft von der Aufregung des vergangenen Tages. Am liebsten wäre er gleich nach der Auseinandersetzung mit seinem Sohn abgereist, doch seine körperliche Verfassung hatte es ihm nicht erlaubt. Thomas hatte dafür gesorgt, daß er sich erstmals richtig ausschlafen konnte. Obwohl sein Körper nicht vollständig wieder hergestellt war, ging es ihm doch wesentlich besser. Thomas, der seinen Vater beobachtete, wie er wohl gelaunt sein mochte, begann ein Gespräch, um doch noch einen milden Abgang zu arrangieren.

»Herr Vater, Alexander wäre gewiß enttäuscht, wenn wir uns bei ihm nicht mehr verabschieden würden. Wie denkst du darüber? Sieh mal, es ging mir so durch den Sinn, daß gerade wir als Boten Gottes Vermittler von Gnade und Versöhnung sein sollten. Christus hatte dem Petrus doch auch eine neue Gelegenheit gegeben, sich ganz für die Nachfolge mit allen Konsequenzen zu entscheiden.«

Der Vater schien ruhiger und nachdenklicher geworden zu sein als am Vortag.

»Wenn ich es richtig sehe, so hat es Alexander in keinem Augenblick an Ehrfurcht Euch gegenüber fehlen lassen. Er verteidigte wohl seinen Standpunkt, aber er ist nie respektlos geworden.«

Der Vater brummelte etwas Unverständliches, aber seine Hartnäckigkeit schien gewichen zu sein.

»Mein Vater, man kann über die Person des Königs geteilter Meinung sein, doch ich verstehe nicht, wieso Ihr ihn nur so hemmungslos beschimpft und ihn grenzenlos haßt.«

»Das will ich dir sagen, mein Sohn, weil er ein Antichrist ist und die einfachsten Regeln des christlichen Anstandes mit Füßen tritt. Ganze Völker verwickelt er in Kriege und läßt die hoffnungsvolle Jugend von zigtausend Eltern einfach dahinschlachten.«

Thomas setzte sich zu seinem Vater an den Tisch, der gerade dabei war, sein Frühstück einzunehmen.

»Vater, hör mal, seit Christi Himmelfahrt hat man schon so manchen Staatsmann oder auch Kirchenfürsten einen Antichristen gescholten. Du weißt doch selbst, die Christen von Rom sahen in dem Kaiser Nero den Antichristen. Später wurden verschiedene Päpste als Antichristen beschimpft. Martin Luther zum Beispiel nannte den damaligen Papst so. Zur Zeit der Inquisition dachten die Holländer, König Philipp II von Spanien wäre es und Herzog Alba sei der falsche Prophet, von dem in der Bibel gesprochen wird. Sogar der Apostel Johannes schrieb: ›. . . so sind nun schon viele Antichristen gekommen; daran erkennen wir, daß es die letzte Stunde ist . . .‹. Ich glaube, der wirkliche Antichrist, der einstige Weltbeherrscher, wird unvergleichlich bezaubernder sein, so daß er alle Völker der Erde fasziniert und sie alle durch Zeichen und Wunder in seinen Bannkreis zieht. Friedrich mag von einem Machtrausch befallen sein, aber er verlangt nicht, daß man ihn anbetet. Wir sollen wohl die Zeichen der Zeit erkennen, aber nicht vor der Zeit, die Gott gesetzt hat, richten.«

Nach einer weiteren Nacht, die sie im Gasthaus verbracht hatten, war der Pfarrer schon milder gestimmt, denn ihn bewegten die Gedanken, die ihm sein Sohn Thomas vor Augen gestellt hatte, nachhaltig.

»Vielleicht hast du recht, Thomas, denn wenn wir Alexander zwingen würden, mit uns mitzukommen, könnte es sein, daß er noch verstockter und unzugänglicher würde.«

»Ja, Vater, es ist das Gesetz des Herrn, daß alles wachsen und ausreifen muß. Wir handeln sicher gescheiter, wenn wir ihn bei seinem großen Vorbild lassen und abwarten, wie Gott seinen Weg verlaufen läßt. Vielleicht wird er schneller von diesem Menschen enttäuscht, als er es sich träumen läßt«, sagte Thomas und verhielt sich so, als ob der Vater schon seine Entscheidung gefällt hätte und er dazu nur noch seine Zustimmung geben müsse.

Am Nachmittag dieses Tages besuchten die beiden Alexander in seinem Regimentsquartier, wo er sich aufhalten wollte, wie es mit Thomas vereinbart war.

»So, Herr Leutnant«, begann der Vater, »wir haben beschlossen, ohne Ihn nach Hause zu fahren.« Er ergriff die rechte Hand seines Sohnes: »Daß Er mir aber auf Sein Leben achtgibt und sich nicht unnötig in Gefahr bringt für diesen . . .«. Er schluckte seinen Groll hinunter. »Und denke Er daran, Er hat auch noch eine Mutter und Geschwister, die ihn lebendig wiedersehen wollen.«

Alexander fiel dem Vater um den Hals und hauchte mit bewegter Stimme: »Nun habe ich doch noch einen gnädigen Vater!«

»Na ja, laß es gut sein«, vorsichtig löste sich der Vater aus der Umarmung seines Sohnes. »Ich meine es doch nur gut mit dir, hoffentlich bereust du deinen Starrsinn nicht eines Tages.« Seine Stimme klang rauh vor innerer Bewegung, er kramte noch in seiner großen Manteltasche und zog seine Geldbörse hervor. »Ach ja, was ich noch sagen wollte«, er griff in den Geldbeutel, »hier hast du noch eine kleine Zulage zu deinem fürstlichen Sold. Dein großer König bezahlt seine Offiziere recht großzügig, aber einen Zuschuß kann der Herr Leutnant gewiß noch gebrauchen, wie?«

»Ich danke Euch von Herzen, lieber Vater, weil Ihr mir die Hoffnung gebt, daß die Tür zum Vaterhaus für mich geöffnet bleibt«, antwortete er mit heiserer Stimme. »Bitte, Vater, grüß mir die Mutter aufs herzlichste, sowie Marie-Luise und Georg.«

»Das will ich tun.«

Noch einmal reichten sie sich die Hände.

Der Vater bestieg mit Thomas die Kutsche, nachdem auch die Brüder sich noch einmal innig umarmt hatten. Doch dann rief der Alte dem Kutscher zu: »Vorwärts! Fahr Er zu!« Die Pferde zogen an und die Kutsche setzte sich in Bewegung.

Alexander winkte heftig und blickte dem Wagen nach, bis er hinter der nächsten Straßenecke verschwunden war. In der Hand hielt er noch die Goldstücke, die er als Zeichen der väterlichen Versöhnung ansah. In seinen Augen schimmerten nun doch ein paar Tränen.

Unter den Augen des Königs

Der Abschied vom Regiment Itzenplitz wurde für Alexander zu einer herzbewegenden Sache. Sergeant Wuttke drückte ihm lange die Hand und sagte: »Vergessen Sie nie Ihren alten Vater Wuttke, Herr Leutnant. Sie waren mir immer wie ein guter Sohn.« Seine Stimme klang ganz wehmütig.

Feldwebel Liebler bemerkte: »Wenn es gestattet ist, werde ich immer für den Herrn Leutnant beten.«

»Tun Sie das, Feldwebel, ich danke Ihnen dafür«, erwiderte Alexander.

Reinhold Friesicke hatte mit aller Sorgfalt gepackt. Mit dem Kompaniewagen schaffte er die persönlichen Sachen zum Hauptquartier des Königs.

Alexander begann seinen Dienst als Adjutant zu einer Zeit, als für den König die politische und militärische Lage immer trüber wurde. Aus allen Teilen des Staatsgebietes erreichten ihn Hiobsbotschaften. Am tiefsten erschütterte den König die Nachricht vom Heldentod des Generals von Winterfeldt, einem seiner besten Militärberater. In ihm hatte Friedrich seinen treuesten Helfer verloren, zu einem Zeitpunkt, wo er für die Verteidigung der Provinz Schlesien ganz unentbehrlich gewesen wäre.

»Nie werde ich wieder einen Winterfeldt finden«, klagte der König.

Auch vom Norden waren traurige Nachrichten eingegangen. Am 13. September hatten die Schweden Anklam besetzt.

»Für mich gibt es nichts Gutes mehr zu tun«, schrieb Friedrich an seine Lieblingsschwester Wilhelmine, »es sind der Feinde zuviel.«

Man hatte dem König von den Verwüstungen und den abscheulichen Grausamkeiten, die von den Kosaken und Mongolen in Ostpreußen verübt worden waren, berichtet. Vom Westen her drangen die Franzosen ein, und das Reichsheer bewegte sich auf Erfurt zu, um mit der Befreiung Sachsens zu beginnen. Doch mitten in diese trostlose Stimmung brachte man dem König die Nachricht von General Lehwaldt, daß die Russen Ostpreußen geräumt hätten. Sofort schöpfte der Monarch wieder Mut. Er schickte an General Lehwaldt den Befehl, sein Korps mit der Hauptarmee zu vereinen.

Alexander wurde bei diesen Nachrichten immer wieder an seine geliebte Jeannette erinnert. Wo sie sich wohl gerade befinden mochte? Ob sie überhaupt in diesen Kriegswirren zurück nach Preußen kommen konnte? Welche Rolle spielte ihre Herrschaft, die sie kurz vor Ausbruch des Krieges mit nach Petersburg genommen hatte? Wie oft hatte er das kleine Miniaturbild von ihr betrachtet. Von inniger Liebe zu ihr durchdrungen, drückte er das liebe Bild an seine Lippen und flüsterte: »Mein einziger Herzensschatz!«

»Der König hat Sie in sein Herz geschlossen, junger Mann«, eröffnete der Major von Massow dem neu ernannten Adjutanten. »Irgend etwas an Ihnen scheint ihn an seine eigene Jugendzeit zu erinnern, wie ich es aus einem Gespräch entnehmen konnte, als er sich mit der Frage nach Ihrer Verwendung hier im Hauptquartier befaßte. Doch die Zeit, die Sie in seiner unmittelbaren Nähe verbringen, wird nicht nur lehrreich, sondern auch schwierig für Sie sein.« Major von Massow saß vor Alexander: »Bitte, nehmen Sie doch Platz, Herr Leutnant.« Mit großem Ernst setzte er sein Gespräch fort: »Was ich Ihnen hier in aller Deutlichkeit sagen möchte, ist, daß Sie sich daran werden gewöhnen müssen wie wir alle hier, irgendwann das Gefühl zu bekommen, vom König manchmal übergangen oder auch zurückgesetzt zu werden, um ganz unvermittelt auch wieder seine Freundschaft und seine Gunst zu erleben. Geben Sie sich von vornherein keiner Illusion hin. Sie werden häufig diesem Wechsel von Zuneigung oder scheinbarer Ablehnung ausgesetzt sein. Im großen und ganzen aber meint er es gut mit Ihnen.«

Alexander nickte nur, als er erwiderte: »Ich danke Ihnen, Herr Major, für Ihre freundliche Einweisung.«

Major von Massow, der bei Alexander einen gewissen Hang zur Ungeduld verspürte, setzte mit Nachdruck hinzu: »Vor allem gewöhnen Sie sich daran, ihm ganz geduldig zuzuhören, nur so können Sie Ihre Aufgabe zu seiner Zufriedenheit erfüllen. Bitte, überschätzen Sie bei den Gesprächen Ihre scheinbare Passivität nicht, zu der Sie zeitweise verurteilt sein werden. Es kann dann aber passieren, daß er Sie urplötzlich in seine geheimsten Empfindungen, in seine Gefühle und in sein Denken einweiht. Bewahren Sie auch in dieser Situation dann peinlichst genau den gehörigen Abstand, damit er seine Aufgeschlossenheit Ihnen gegenüber nicht schon in der nächsten Minute bereut.«

Der Major verschränkte seine Arme vor der Brust und fuhr fort: »Außerdem müssen Sie wissen, Blankenburg, er fordert von sich das Letzte, aber auch von den Männern seines Stabes. Er kann es einfach nicht verstehen und will es auch nicht, daß seine Untergebenen sich mit weniger zufriedengeben, daß sie sich begnügen mit dem, was ihnen nur möglich erscheint.«

Der Major machte eine Handbewegung: »Der König will sehr oft das Unmögliche erzwingen. Er hat seine eigenen Kräfte niemals geschont und wird es sicher auch in Zukunft nicht tun. Er sieht bereits ziemlich alt aus, obwohl er erst 45 Jahre zählt und sich im besten Mannesalter befindet. Er gönnt sich weder ausreichend Schlaf noch die erforderliche Ruhe, er treibt Raubbau an seinem Körper. Den Anordnungen oder Empfehlungen seiner Ärzte leistet er kaum Folge.« Der Major beugte sich ein wenig vor und meinte vertraulich: »Es wird wahrscheinlich an Ihnen liegen, ob Sie für ihn eine Art Seelendoktor werden, ohne daß er dabei Ihre Absicht bemerkt. Das erfordert von Ihnen allergrößte Geschicklichkeit, denn den König kann man nicht so schnell täuschen, er ist ein großer Menschenkenner. Besonders in Zeiten, wenn um ihn herum alles zur Hölle wird, könnten Sie ihm wirklich helfen, wenn Sie die gewisse Sensibilität besitzen. Es wäre schön, wenn der König trotz allem den Eindruck von Ihnen bekäme, als wären Sie dazu überhaupt nicht imstande.«

Alexander saß ganz still vor dem Major, eine gewisse Furcht beschlich ihn jetzt. Wie sollte er, der 25jährige kleine Leutnant, diesem übermächtigen Willensmenschen und genialen Denker jemals helfen können? So hatte er seinen Auftrag überhaupt noch nicht gesehen.

Major von Massow schien seine Gedanken lesen zu können: »Haben Sie beileibe keine Furcht vor der Aufgabe, lassen Sie sich niemals von seinem beißenden Spott und seinem oftmals überheblichen Getue täuschen. Er leidet meistens innerlich, auch wenn er nach außen lacht. Haben Sie keine Sorge, wenn Sie manchmal stundenlang überhaupt nicht zu Wort kommen. Oft will er, auch wenn er Sie fragt, nur seine eigene Antwort anbringen. Im Grunde ist er sehr einsam und mißtraut vielen in seiner Umgebung. In solchen Situationen dürfen Sie nichts weiter als sein Echo sein, schon Minuten später könnten Sie für ihn zum Seelentröster werden.«

Der Major lehnte sich wieder zurück und erhob einen Zeigefinger: »Wissen Sie, er braucht auch Liebe, die er selbst nicht geben kann, – die er von niemandem außer von seiner Mutter, gegebenenfalls noch von seiner Schwester, bekommen hat.« Der Major hielt inne, als fürchte er, in der Schilderung seiner Gedanken zu weit gegangen zu sein. Doch dann fuhr er fort: »Vielleicht klingt das für Sie alles überzogen, aber Sie werden erfahren, daß ich ihn richtig einzuschätzen weiß. Bitte, Herr Leutnant, Sie müssen möglichst immer der Unbefangene sein, der den Eindruck erweckt, alles zum ersten Mal zu hören, der sich aber dann so verhält, als würde kein Freund oder irgendein Priester ihn von der furchtbaren Last und aus dem Gefängnis seines Ichs befreien können als nur Sie selbst. Sie müssen davon wissen, aber sie dürfen es ihn niemals spüren lassen.«

Alexander stöhnte leise vor sich hin, so daß der Major zu lächeln begann. »Es mag sich jetzt alles so kompliziert anhören, Blankenburg, aber ich denke mir, daß Seine Majestät Sie nicht umsonst in seine direkte Nähe beordert hat. – Ach, und das noch, – erwarten Sie niemals von ihm eine Anerkennung dafür. Der Dank, der Ihnen gebührt, soll ganz einfach nur das starke Gefühl sein, durch Ihre Geduld dem König geholfen und dadurch etwas für Preußen getan zu haben.«

Alexander konnte sich nach diesen klaren und ermunternden Worten noch nicht vorstellen, einer solchen Aufgabe gewachsen zu sein. Zunächst wollte er seine Berufung nur in dem einfachen Adjutantendienst sehen.

In den ersten Wochen seines Dienstes bekam er den König nur selten zu Gesicht. In dem augenblicklichen Hauptquartier, hier in diesem kleinen Ort, herrschte das durchaus gewohnte, unruhige Getriebe: Sie kamen und gingen, die Kuriere und Ordonnanzen, die Offiziere und hohen Generäle. Der ansonsten stille Ort glich einem Militärlager. Das Wiehern der Pferde war weithin zu hören, das Stampfen der Hufe sowie das Fluchen und Schimpfen der Stallknechte und Troßleute gehörte zum täglichen Einerlei.

Oberst von der Marwitz kümmerte sich auch um Alexander, der sich in seinem neuen Wirkungskreis noch recht unsicher fühlte. »Ja, ja, Ihre Aktion mit dem sensationellen Ritt nach Prag in der Uniform eines russischen Stabsoffiziers hat alle Gemüter erregt. Tagelang war die Geschichte in aller Munde von Ihrem großen Glück, und so mancher scheint von der Eifersucht geplagt zu sein über die Gunst, die Sie nun beim König genießen. Heute mittag werde ich Sie zur Tafel geleiten und Sie allen Mitarbeitern des Stabes Seiner Majestät vorstellen. Bedenken Sie bitte stets, – es gibt immer welche, die Sie beneiden, aber Eifersucht erhöht die Gunst und Gegenliebe nährt die Liebe. Behalten Sie eine natürliche Würde. Hüllen Sie sich in das undurchdringliche Geheimnis, das zwischen dem König und Ihnen besteht, und jeder wird Sie dann für einen bedeutenden Menschen halten.«

»Sie machen mir Angst«, bekannte Alexander freimütig.

»Im Gegenteil«, lächelte der Oberst väterlich, »ich möchte Sie nur an die Gunst der Stunde erinnern. Nutzen Sie die Gelegenheit.«

Zunächst fühlte sich Alexander in seiner neuen Umgebung überhaupt nicht wohl, er hatte ein geradezu unheimliches Befinden, wenn er über die vielen Worte nachdachte, die man ihm von höchster Stelle ins Bewußtsein gerückt hatte. Er, der den König bisher nur aus der Ferne bewundert, ja, fast vergöttert hatte, der voll Ehrfurcht zu ihm aufblickte, der sich von der Ausstrahlung des Königs hatte gefangennehmen lassen, mußte nun den rechten Weg für sein Handeln finden.

Reinhold Friesicke, dem er darüber sein Herz ausschüttete, versuchte ihn in seiner einmaligen Art und Weise zu trösten, indem er Worte aus der Heiligen Schrift zitierte. »Könige wissen, wie es in der Umgebung von Königen zugeht«, begann er. »Salomo, der weise König, sah das so: ›Den Königen ist Unrecht tun ein Greuel; denn durch Gerechtigkeit wird der Thron befestigt. Rechte Worte gefallen den Königen, und wer aufrichtig redet, wird geliebt.‹ «

Er hielt inne und ließ die Worte ihre Wirkung tun. Dann aber fügte er mit Nachdruck hinzu: »›Des Königs Grimm ist ein Bote des Todes, aber ein weiser Mann wird ihn versöhnen.‹ Zwischen diesen beiden Angelpunkten wird sich dein Leben in der Nähe des großen Königs Friedrich von nun an abspielen. Wir wollen Gott um Weisheit bitten«, riet ihm Reinhold, »weil die göttliche Weisheit die Menschenweisheit stets überflügelt, auch die Weisheit der Könige. Denn auch das steht in der Bibel geschrieben: ›Keine Weisheit, kein Verstand, kein Rat besteht vor dem Herrn. Rosse werden gerüstet zum Tag der Schlacht; aber der Sieg kommt von dem Herrn.‹ Präg dir das nur gut ein.«

Der letzte Satz imponierte Alexander besonders. Seit diesem Tag nun begann er, öfter in der Bibel nachzulesen, die ihm einst der Pastor aus Sachsen vor seiner Rückkehr nach Preußen überließ. Bisher hatte er jedoch keinen Anlaß gesehen, sich intensiver damit zu befassen, – das änderte sich nun.

Überhaupt lernte Alexander seinen Burschen jetzt viel besser kennen. Dieser wurde ihm mehr und mehr ein Freund und guter Berater.

Reinhold erkannte die innere Anspannung, den seelischen Druck, dem Alexander zur Zeit unterworfen war. Er konnte es sich ausmalen, wie groß das Unbehagen in der Umgebung des Stabes in ihm sein mußte, weil er sich der gewichtigen Aufgabe noch nicht gewachsen fühlte.

»Wenn man dich so ansieht, Alexander«, sagte Reinhold eines Abends, »könnte man meinen, du hättest gerade etwas Schlimmes erlebt, dabei bist du doch ein königlicher Adjutant, und viele beneiden dich darum. Freu dich doch und danke Gott für all das Gute!«

In dem warmen, ruhigen Ton, mit dem Reinhold sprach, lag so viel Freundlichkeit, daß es Alexander gleich viel leichter ums Herz wurde. Seine gütige Ausstrahlung wirkte so beruhigend auf den noch immer an sich zweifelnden königlichen Adjutanten.

»Ach Alexander«, begann Reinhold liebevoll, »laß den Kopf nur nicht hängen. Das Leben ist so lang, und die Anfechtung dauert sicher nur eine relativ kurze Zeit, dann stehst du über den Dingen. Es geht uns doch gut, wir brauchen den Winter über nicht in irgendeinem eiskalten Bunker oder Zelt zu verbringen. Wir können Gott wirklich von Herzen danken, daß wir es hier so gut getroffen haben. Es geschieht dir doch nichts Böses.«

Alexander konnte nur zustimmend nicken.

Reinhold hatte es sich neben dem Feldbett bequem gemacht und schickte sich an, noch mehr zu erzählen. »Weißt du, mein Vater war mir immer ein leuchtendes Vorbild. Er war ein ganz bescheidener Mann und hatte ein dankbares Herz. Sein Wahlspruch lautete: ›Gib uns, o Geber aller Gaben, was alle anderen Wünsche stillt. Gib uns an allen Tagen doch himmlische Zufriedenheit.‹

Wir haben einen kleinen Bauernhof und einiges Ackerland. Die Bauern leben nicht schlecht. Wir waren zwölf Kinder, acht Burschen und vier Mädchen. Gott sei Dank! Mit drei Knechten ging der Vater mähen. Ich hatte eine schöne Jugendzeit und wir lebten als überzeugte Christen. Mutter hat mich vielleicht etwas bevorzugt und manchmal auch verwöhnt.«

Alexander hörte aufmerksam zu. Ihm gefiel die Art, wie Reinhold vom Leben seiner Familie erzählte und es interessierte ihn auch sehr.

»Irgendwie begannen mich ab einem gewissen Alter meine Geschwister zu beneiden, was ich erst gar nicht bemerkte. Da begab es sich dann . . .«, plauderte er munter weiter und führte seine lange Geschichte fort, wie seine Brüder an ihm schuldig wurden. Sie hatten ihn in den Wald geschickt, aus dem er mit Pferd und Wagen Holz abholen sollte, das ihnen aber nicht gehörte. Fürstliche Waldaufseher hatten ihn dort geschnappt. Auch wußte er nicht, daß der Wald zum Gebiet des Kurfürsten gehörte. Sie hatten ihn erst einmal verprügelt. Später wurde er vom Fürsten selbst dazu verurteilt, als Kantonist in die Armee einzutreten, um damit seine Schuld abzubüßen, obwohl er ja eigentlich ganz unschuldig an der Sache gewesen war.

Alexander hatte sich an einen Balken gelehnt, der hinter seinem Stuhl stand. Er hatte die Beine übereinandergeschlagen und die Arme über der Brust verschränkt und hörte aufmerksam zu.

»Siehst du, das menschliche Gericht weiß von der Wahrheit nichts«, fuhr Reinhold fort, »der Mensch denkt und Gott lenkt. Meine Brüder wollten nur an mir einen kleinen Racheakt vollführen, aber unser Gott führte es letztlich doch zum Besten. Kurze Zeit später, nachdem ich zum Militärdienst gezwungen wurde, brach die Pest bei uns im Dorf aus. Meine sieben Brüder und zwei meiner Schwestern starben kurz hintereinander an dieser Seuche. Der Vater und die Mutter waren zu dieser Zeit gerade in Pommern bei Verwandten, deshalb blieben sie am Leben. Mein Vater klagte noch lange Zeit über diesen herben Verlust, denn er sagte mir: ›Jeder Finger, den man abhackt, tut in gleicherweise weh‹. Dann fügte er sich in sein Schicksal und meinte: ›Wenn du damals nicht zu den Soldaten gekommen wärst, dann würdest du wohl auch nicht mehr leben.‹ Als ich das letzte Mal bei den Eltern zu Hause war, gab mir der Vater ein wunderbares Wort mit auf den Weg: ›Verlangst du ein zufried'nes Herz, so lern die Kunst, dich in den Willen Gottes fein zu fügen‹. Der Vater lebt das aus, was er sagt. Jetzt bearbeitet er mit der Mutter und den beiden anderen Schwestern den Hof und die Äcker. Die Scheunen sind voll, und das Getreide im Speicher ist reichlich vorhanden, und wir besitzen eine große Anzahl von prächtigem Vieh. Zwei alte Knechte helfen dem Vater, so gut sie noch können.« Reinhold hielt seine Hände gefaltet und sagte mit gesenktem Blick: »Ja, unser Vater betet viel. Wenn man ihn nach dem Sinn dieser schweren familiären Heimsuchung fragt, dann antwortet er schlicht: ›Der Herr hat's gegeben, der Herr hat's genommen, der Name des Herrn sei gelobt!‹«

Alexander stand sinnend da und schwieg. Doch schließlich begann auch er, aus seinem Elternhaus zu berichten: »Wenn ich so darüber nachdenke, mein Vater ist wohl Pfarrer, ob er aber solch ein Schicksal so aus Gottes Hand hinnehmen würde, möchte ich stark bezweifeln.«

Alexander machte eine kleine Pause, die Reinhold nutzte, um noch etwas zu dem von ihm Gesagten hinzuzusetzen: »Es gibt für mich kein blindes Schicksal. Alles sollten wir uns von Gott erbitten. Wenn wir unser Glück suchen, geht es uns oftmals wie den Fischern, die ihre Netze auswerfen und sie gegen die Strömung schleppen. Die Netze bauschen sich dann so mächtig auf, daß man sich wer weiß was für große Hoffnung macht bezüglich des zu erwartenden Fanges. Zieht man sie dann heraus, ist der Fang kaum der Rede wert.«

Es folgte noch ein reicher Gedankenaustausch, vermischt mit Familienerinnerungen und eindrucksvollen Begebenheiten, die sie als Kinder geprägt und in eine bestimmte Richtung gedrängt hatten.

Als es dunkel geworden war, erhob sich Reinhold, um das Bett seines Leutnants aufzudecken.

»Es ist wohl Zeit, endlich schlafen zu gehen«, sagte er zu Alexander, der gerade einige Gedanken seiner Jeannette widmete.

Reinhold schickte sich an, noch seine Abendandacht zu halten. Alexander bat ihn: »Bitte, Reinhold, laß mich doch teilhaben an deiner Andacht und an deinem Glauben, und bete mit mir.«

Reinhold las zunächst einen Vers aus der Bibel, um danach das

Nachtgebet zu sprechen: »Lieber Herr Jesus, treuer Heiland, wir möchten uns jetzt ganz bewußt deiner Obhut anbefehlen. Bei dir wollen wir unsere Zuflucht suchen und uns mit allen unseren Lieben, wo sie auch sein mögen, unter deinen Schutz stellen. Wir möchten dir danken für alle bisherige Bewahrung, für deine noch immer gültige Erlösung und deine Barmherzigkeit mit uns Menschenkindern. Vater im Himmel, laß uns ruhen wie Jakob auf einem Stein. Schick deine heiligen Engelscharen hernieder, uns zu umgeben. Laß uns dein Heil sehen, und wir wollen dir getrost folgen. Weck uns in der Frühe auf, und schenke uns frischen Mut und neue Kraft für den kommenden Tag. Laß uns von deinem Heiligen Geist durchdrungen sein.«

Mit Rücksicht auf Alexander begann Reinhold jetzt noch das »Vater unser« zu beten. Leise murmelte Alexander es mit, denn dieses Gebet war ihm geläufig.

Für die Nachtruhe trennten sich die beiden. Jeder legte sich auf sein nicht gerade weiches Feldbett nieder und versuchte, möglichst schnell einzuschlafen.

Doch Alexander lag noch lange wach und starrte mit offenen Augen in die Dunkelheit. Bald schon hörte er das gleichmäßige Schnarchen von Reinhold, der nebenan offenbar ziemlich schnell seinen Schlaf gefunden hatte. Er dachte über das Gebet nach und merkte, daß sich seine vorherige, innere Zerrissenheit allmählich in Zuversicht verwandelte. Er faßte neuen Mut und Vertrauen in Gottes unsichtbare Führung, die er nicht sehen, aber erleben durfte. Allmählich dämmerte auch er hinüber in die erholsame Welt des Schlafens und Träumens.

Ende Oktober erreichten den König bittere Nachrichten über Plünderungen und Raubüberfälle durch die französischen Truppen. Der Herbst war ins Land gezogen und brachte manchen kühlen Luftzug, nicht nur in der Natur, sondern auch auf der politischen Bühne. Die Franzosen nämlich behandelten die Sachsen nicht wie Verbündete, sondern wie Feinde. Proviant und Geld wurde durch die französischen Befehlshaber mit Gewalt von der Bevölkerung erpreßt. Ganze Gegenden wurden ausgeplündert, kostbare Möbel einfach zerhackt, Weinfässer aufgebrochen, Dokumente und Akten zerrissen und vernichtet. Auch die Kirchen blieben nicht verschont. Altäre, Kirchenstühle und Kanzeln wurden zertrümmert, Gemälde zerschnitten, Kelche und Kreuze geraubt. Große Felder und Wiesen waren von Bettfedern übersät, da man auf der Suche nach Wertgegenständen sogar die Daunenbetten aufschnitt und die Federn in der Gegend herumstreute. Das lebende Vieh, das man nicht mitnehmen konnte, wurde geschlachtet. Was sie nicht selbst aßen, wurde den Hunden zum Fraß vorgeworfen. Die Bevölkerung Sachsens, die in den Franzosen eigentlich Bundesgenossen zu finden geglaubt hatte, war zutiefst enttäuscht und geriet in große Verbitterung.

Als Friedrich seine Stellungen bei Erfurt verließ, um sich nach Sachsen hinzuwenden, begab sich der französische Marschall und Prinz Soubise mit seinem Heer über die Saale und näherte sich der bedeutenden Handelsstadt Leipzig.

An einem grauen Oktobermorgen bekam Alexander den Auftrag, mit einigen Husaren zusammen einen Erkundungsritt durchzuführen. Der Befehl lautete, die Bewegungen der französischen Armee auszukundschaften. Der Ritt führte sie zu einem ausgedehnten Bergwald entlang der Saale. Es war ein kühler, regnerischer Herbsttag. Himmel und Horizont hatten ein und dieselbe Farbe, nämlich grau in grau. Bald hatte man den Eindruck, ganze Nebelschwaden wollten das kleine Streifkommando im kalten Dunst verschlingen. Dann setzte kräftiger Regen ein und prasselte von der Seite auf die Reiter und Rosse hernieder.

Alexander ritt auf einem nervösen Vollblut dahin. Regenrinnsale liefen ihm über die Hutkrempe auf die Schultern. Er hielt die Augen bis auf einen winzigen Spalt zusammengekniffen, um die Landschaft zu erspähen. Auch das Pferd neigte den Kopf in leicht gebückter Haltung. Es hatte die Ohren angelegt und die Augenlider ein wenig geschlossen, um sich so vor dem Regen zu schützen.

Neben Alexander ritt ein Wachtmeister der Husaren. Sein mageres Gesicht war von einem dichten, schwarzen Vollbart umgeben. »Sauwetter!« schimpfte dieser ärgerlich vor sich hin. Er war klein von Wuchs, hatte gebräunte Wangen und dunkle Augen.

Alexander dachte währenddessen darüber nach, warum man gerade ihn dazu erwählt hatte, sich mit einer Husarenabteilung auf das jenseitige Ufer der Saale vorzuwagen, hinein in den dortigen Wald, zumal durch andere Kundschafter bereits die Nachricht bekannt wurde, daß der Prinz Soubise sich mit dem feindlichen Hauptheer im Anmarsch gegen die Preußen befand.

Hinter dem altgedienten Wachtmeister folgten im Zug je zwei nebeneinander reitende Husaren, eine Abteilung von zwölf Mann. Sie hatten teilweise die Pferdedecken über die Köpfe gezogen, um sich vor dem unaufhörlich schüttenden Regen zu schützen. Die kleinen Kavalleriegäule, sowohl die Füchse wie auch die Braunen, sahen durch das an ihnen herunterströmende Wasser wie Rappen aus. Die Hälse mit ihren durchnäßten Mähnen wirkten ganz schlank. Dampf stieg von den Pferden auf. Die Uniformen, die Satteldecken und auch die Säbeltaschen waren vom Regen durchnäßt, der Erdboden unter den Hufen weich und schlüpfrig. Die Husaren saßen fröstelnd und zusammengekauert auf ihren Rössern, strikt darauf bedacht, nicht noch mehr Wasser durch die Kleidung sickern zu lassen.

Es mochten wohl drei Stunden vergangen sein, als die kleine Aufklärungsabteilung, dem schmalen Weg folgend, am rechten steilen Ufer der träge dahinfließenden Saale eine Lichtung erreichte, von der aus sie ein militärisches Schauspiel erster Güte entdeckten.

»Alles halt!« rief Alexander. Er parierte sein Pferd und konnte mit bloßem Auge sehen, wie Einheiten der Reichsarmee mit den französischen Truppen im Tal dahinzogen. Sie bewegten sich in drei Kolonnen voran, dazwischen die schwerfällige Artillerie, Reiterei voraus und Reiterei hinten nach. Es war ein farbenprächtiger militärischer Bandwurm, der aber nur langsam vorwärts kam. Es konnten Tausende, vielleicht sogar Zigtausende sein, die dort entlangzogen.

»Großer Gott!« sagte Alexander bei diesem Anblick. »Das scheint ja die gesamte französische Armee zu sein.«

Als er versuchte, diese große Heerschar zu zählen, tauchte eine Abteilung von etwa dreißig feindlichen Husaren auf, die keiner von ihnen auf dieser Höhe erwartet hätte. In ihrem Gefolge befand sich auch ein Trainwagen.

»Was können wir tun?« fragte Alexander den erfahrenen Wachtmeister.

»In Gottes Namen drauf!« rief er munter. »Wir schnappen uns ein paar Franzmänner und bringen sie als Gefangene mit ins

Der Rittmeister blieb, wie abgesprochen, zunächst mit seinen Husaren außerhalb des Klosters als Reserve im Versteck.

Hauptquartier. Solche Leute wissen oft mehr, als unsere Generäle ahnen.«

»Wohlan! Geben Sie das Kommando!« befahl Alexander.

»Reitet an! Marsch, marsch!« rief der Wachtmeister und schon begann die wilde Jagd. Die preußischen Husaren stürzten sich auf die völlig verblüfften Feinde, die sich zunächst mutig und geschickt wehrten, aber nicht selber die Initiative ergriffen, um in die Offensive zu kommen. Die Folge war, daß mehr als die Hälfte der Franzosen ohne Kampf das Weite suchten. Die restlichen Kundschafter wurden von den preußischen Soldaten überwältigt und mußten sich ergeben.

Es hatte zwar keine Toten, aber sieben Verwundete gegeben. Unter den Gefangenen befand sich ein Zivilist, der mit einer Mönchskutte bekleidet war.

»Wer seid Ihr?« herrschte ihn Alexander an. Er vermutete einen Spion in ihm. Der Mönch fiel auf seine Knie und flehte um Erbarmen.

»Im Namen Gottes, bitte helfen Sie uns!«

»Uns? Sie sind doch allein, oder sollen wir etwa den Franzosen helfen? Was bedeutet das also?« Alexander befahl, den Mann zu durchsuchen.

Er trug keine Waffe bei sich.

»Ich frage noch einmal: Wer sind Sie?« Alexander vermutete eine Falle.

»Gnädiger Herr, bitte helfen Sie uns, denn wir leben hier in der Nähe in einem Kloster, das mitten im Wald steht. Die Franzosen sind gekommen und über das ganze Anwesen wie Heuschrecken hergefallen. Sie hausen wie die Hunnen, sie treiben schändliche Dinge mit den Nonnen, um Jesu willen, helfen Sie uns!«

Beim näheren Hinsehen entdeckte Alexander in dem Gesicht des Mönchs Blutspuren. Er war offenbar von den Feinden arg zugerichtet worden. Der Mönch zitterte am ganzen Körper.

»Das geht leider nicht so einfach, wie Er sich das denkt«, gab Alexander zur Antwort. »Ich habe einen Befehl auszuführen, und diesen muß ich erst zu Ende bringen.«

»Guter Herr, um Jesu Christi willen bitte ich Euch, helft uns! Man muß Gott mehr gehorchen als den irdischen Herren!« Er weinte herzergreifend.

Der preußische Wachtmeister hatte einen französischen Offizier gefangengenommen, den er vor Alexander stellte, damit er ihm Auskunft geben könne. Sogleich kam heraus, daß es sich um einen Ungarn handelte, der in der französischen Armee diente. Alexander konnte weder Ungarisch noch Französisch, so daß er durch diesen Major nichts in Erfahrung brachte.

»Was macht dieser Mönch in Ihrer Truppe?« wollte Alexander wissen.

Der Major zuckte nur mit den Schultern.

»Das ist der Anführer! Der schlimmste Räuber, den ich je erlebt habe!« rief der Mönch dazwischen.

Alexander deutete auf den Mönch und sah den Major fragend an. Dieser aber blickte mit eiserner Miene an ihm vorbei. Offenbar wollte er jeglichem Verhör schweigend standhalten.

Alexander versuchte es mit Englisch, aus ihm etwas herauszubekommen, erhielt aber keine Antwort.

Da kam ihm die Idee, daß er es mit Latein versuchen könne und siehe da, der Major war auf einmal bereit, Auskunft zu geben. So erfuhr Alexander, daß die französischen Husaren tatsächlich ein Kloster überfallen hatten und dabei waren, es auszuplündern. Der Major nannte auch seinen Namen. Er hieß Michael Branko. Um sich aus dieser Lage loszukaufen, bot er Alexander seine goldene Uhr an und dazu seine gefüllte Geldtasche.

Für Alexander war es ein höchst peinlicher Augenblick. »Hören Sie, Herr Major, bei uns Preußen ist es nicht Sitte, sich von den Gefangenen Geschenke geben zu lassen oder irgendwelche Wertsachen gewaltsam an sich zu nehmen. Das private Eigentum eines jeden Gefangenen ist nach unserer Auffassung unantastbar. Einem preußischen Offizier ist es sogar verboten, von den Gefangenen Geschenke anzunehmen, um sich damit loszukaufen, und wären sie noch so reich. Unser König legt ausdrücklich Wert auf eine strenge Moral, auf Anstand und Sitte!«

Verblüfft blickte der Major auf den preußischen Offizier, von dem er nicht im geringsten vermutete, daß er als Adjutant beim König diente.

Nun gab Alexander Befehl, mit den entwaffneten Gefangenen und den Beutepferden den kürzesten Weg zum preußischen Sammelpunkt einzuschlagen.

Der kleine Mönch rief jetzt voller Verzweiflung: »Und was wird aus uns und dem Kloster? Dort hausen sie doch wie die Vandalen!« Dabei fuchtelte er bittend mit seinen Händen in der Luft herum.

»Der Krieg ist grausam, ich weiß«, bestätigte Alexander, »aber ich muß zunächst meinen Auftrag erfüllen, das heißt, die Erkundung über die feindlichen Truppenbewegungen weiterleiten und die Gefangenen ins Lager bringen.«

Alexander war ungehalten, denn seit dem frühen Morgen saß er mit seiner Mannschaft im Sattel. Stundenlang waren sie geritten, hatten sich aber kaum eine Pause gegönnt, die Nässe ließ ihre Kleider an der Haut kleben und alle verspürten großen Hunger.

Der schreckliche Regen hatte zwar aufgehört, doch tropfte es noch immer von den Bäumen, und neue Nebel senkten sich auf die Berge und Wälder herab. Die Gefangenen gingen im Gänsemarsch hintereinander her, flankiert von den Preußen, die auch den erbeuteten Trainwagen mit sich führten.

Den Mönch hatte Alexander auf dem Wagen aufsitzen lassen, der über glitschige Wurzeln und Äste hinwegholperte. Mit neugierigen Blicken beobachtete der Wachtmeister die beiden Offiziere, die sich in einer Sprache verständigten, die er nicht verstand. Auch hatte er bald den Eindruck, die beiden würden schneller miteinander vertraut werden, als man es erwarten konnte.

Alexander erfuhr also einiges aus dem Leben des Majors, was das barbarische Treiben dieses Ungarn erklärte. Er kam aus einem protestantischen Elternhaus und hatte von Kindheit an die ständigen Schikanen und Unterdrückungen durch die römisch-katholische Kirche miterlebt. Er haßte sie deshalb und entwickelte in der Folgezeit einen wahren Feuereifer gegen alles, was zu dieser Kirche gehörte, um sich an ihr zu rächen. Alle Katholiken und ihre Geistlichkeit waren ihm derart zuwider, daß er nun im Krieg, wo immer er an ein Kloster geriet, den Befehl erteilte, alles auszuplündern, niemanden zu schonen, und zwar mit systematischer Gründlichkeit.

»Aber, Herr Major, wenn Sie wirklich ein lutherischer Christ sind, wie halten Sie es denn mit dem Gebot Gottes, das da sagt: ›Vergelte niemals Böses mit Bösem‹?«

Durch Rede und Gegenrede entwickelte sich ein regelrechtes Streitgespräch zwischen den beiden Männern, und zwar nicht von Katheder zu Katheder, wie es auf den Universitäten üblich ist, sondern hier von Sattel zu Sattel.

Die Einwände Alexanders, sowohl theologischer als auch menschlicher Art, ließ der gefangene Major nicht gelten. Er hatte sich so richtig in Wut geredet und ließ sich auch nicht noch einmal unterbrechen.

»Hätten Sie uns nicht gefangengenommen, so gäbe es heute ein geplündertes Kloster mehr auf der Welt. Wir wollten dieses gerade gründlich ausrauben. Es ist nämlich so ein richtiges Weiberkloster!«

»Aber, aber, Herr Major!« rief Alexander entrüstet. »Sie agieren ja wie ein Heide! Ich denke, Sie haben Ihren Glauben an Jesus Christus? Der hätte Sie bestimmt wie damals seine Jünger ermahnt und gesagt: ›Wißt ihr nicht, ihr Gläubigen, die ihr euch als meine Nachfolger ausgebt, welch Geistes Kinder ihr seid? Des Menschen Sohn ist doch nicht gekommen, um das Leben der Menschen zu vernichten, sondern um es zu erhalten!‹«

Der ungarische Major starrte den preußischen Offizier erstaunt an. Selbst Alexander war verblüfft über seinen plötzlichen Missionseifer, den er vor Jahren noch belächelt hätte. Die Erziehung in seinem Elternhaus und die Freundschaft mit Reinhold Friesicke war wohl doch nicht spurlos an ihm vorübergegangen.

Der Ungar aber blieb hart und fest in seiner Überzeugung, als er fortfuhrt: »Feind bleibt Feind! Wir haben es bei den Nonnen mit den geistlichen Erbfeinden unseres Glaubens zu tun. In meinem Vaterland treiben es die Katholiken noch weit ärger als wir hier.«

Der ungarische Major in der französischen Husarenuniform lächelte arglistig: »Ich weiß es, daß sich meine versprengten Husaren sammeln werden, um das zu vollenden, woran Sie uns durch Ihre Attacke gehindert haben!« Er verzog seinen Mund zu einer Grimasse, die Alexander sehr beunruhigte, denn was konnten die Nonnen eines deutschen Klosters dafür, daß lutherische Gläubige in Ungarn durch katholische Geistliche drangsaliert wurden, nur weil sie das Glaubensbekenntnis ihrer Peiniger nicht annehmen wollten? Man lebte doch nicht mehr im finsteren Mittelalter oder in der Zeit der Inquisition. Hatte denn das Zeitalter der Aufklärung nicht soviel Einsicht vermitteln können, daß man geistliche Standpunkte nur mit geistlichen Mitteln klären konnte? Weshalb wurden solche religiösen Auseinandersetzungen auch noch in die Nachbarländer hineingetragen?

Urplötzlich reifte in Alexander der Plan zur Rettung der in Gefahr stehenden Nonnen. Er fühlte sich auf einmal wie ein Werkzeug in Gottes Hand, um die von dem Major erwähnte Absicht des Feindes zu verhindern. Eile war geboten, aber er und seine Männer mußten mit ihren Gefangenen zunächst in die entgegengesetzte Richtung reiten. Er trieb sie an, schneller vorwärtszukommen, soweit es mit den Verwundeten überhaupt möglich war. Als sie dann in einer kleineren Ortschaft auf einen preußischen Sammelplatz stießen, lieferte er dort die Gefangenen und den erbeuteten Trainwagen ab. Auch seine Männer ließ er dort und sprengte, so schnell er konnte, ins nahe gelegene Hauptquartier.

Oberst von der Marwitz empfing ihn schon vor dem Haus. »Sind Sie allein? Kommen Sie etwa als Flüchtling?« wollte der Oberst wissen.

»O nein, Herr Oberst, wir hatten sogar ein glücklich verlaufenes Gefecht, bei dem wir mehrere Gefangene gemacht haben. Meine Männer befinden sich zusammen mit den Gefangenen im ersten Sammellager, weil ich noch eine wichtige Mission erfüllen muß.«

»Haben wir eigene Verluste?«

»Nein, Herr Oberst, nur vier Leichtverletzte.«

»Aber warum haben Sie die Gefangenen und unsere Männer zurückgelassen?«

»Bitte vielmals um Entschuldigung, Herr Oberst, aber wie ich schon sagte, mich ruft eine heiligere Pflicht.«

Von der Marwitz sah den jungen Leutnant erstaunt an: »Was heißt hier eine heiligere Pflicht?« Der Oberst begriff natürlich nicht, was Alexander meinte. »Wie soll ich denn das verstehen?« wollte er wissen.

In kurzen Zügen berichtete Alexander von dem Vorgefallenen und gab auch gleich die beobachteten Truppenbewegungen bekannt. Dann bat er von Marwitz, das Kloster und seine Insassen retten zu dürfen.

Dieser schwieg ein Weilchen, doch dann reagierte er sehr energisch: »Sie haben recht, Blankenburg, ein Unternehmen dieser Art sichert den guten Ruf unseres Königs und unserer Armee weithin, wenn es bekannt wird. Nicht nur das allein, es bringt auch noch dem, der eine solche Rettungstat ausführt, hohe Ehre ein bei Freund und Feind. Kommen Sie, General von Zieten wartet gerade im Vorzimmer, ich kann darüber nicht allein entscheiden. Die militärischen Erkenntnisse über die französischen Truppenbewegungen werde ich Seiner Majestät persönlich übermitteln.«

Sie betraten das Vorzimmer zum Hauptquartier. Alexander blieb in angemessenem Abstand an der Seite stehen. Fünf Schritte von sich entfernt sah er den legendären Reitergeneral Hans Joachim von Zieten, den ›Vater der preußischen Husaren‹, wie man ihn nannte, in seiner prachtvollen Uniform. Der General war als entschiedener Christ bekannt und genoß den Ruf eines gerechten Mannes, der auch seine Feinde anständig zu behandeln pflegte. Trotz seiner meerkatzenähnlichen Gesichtszüge vermittelte er einen wohltuenden Eindruck. Er winkte Alexander zu sich: »Leutnant Blankenburg, was ich soeben höre, wäre in meinen Augen eine echte Christentat. Das Kloster wird gerettet! Das ist mein ausdrücklicher Befehl! Ich gebe Ihnen einen Rittmeister und fünfzig Husaren mit. Handeln Sie im Namen Gottes kühn und tapfer! Sela!«

Weil das Pferd, das Alexander bei seinem Erkundungsritt getragen hatte, sehr erschöpft war, bekam er jetzt einen ausgeruhten Schimmel aus dem Stall des Generals, denn nun kam es auf Schnelligkeit an. In Kürze war die Mannschaft von Husarenmannschaft zusammengestellt, die ihn bei seinem Vorhaben begleiten sollte. So ritten die fünfzig entschlossenen Preußen mit dem einmaligen Auftrag ihres Generals, ein Nonnenkloster von den Feinden zu befreien und es unter Schutz zu stellen, los.

Als sie an die Stelle kamen, wo er die feindlichen Husaren gestellt und gefangengenommen hatte, beriet sich Alexander kurz mit dem Rittmeister, in welcher Weise sie vorgehen wollten.

»Wenn wir mit dem gesamten Kommando, also den fünfzig Husaren, geschlossen in den Klosterhof einreiten, versetzen wir möglicherweise die Nonnen in eine noch größere Angst und Panik. Deshalb denke ich, zunächst mit nur zehn Mann in das Anwesen einzudringen. Sie folgen uns dann im Abstand von zirka fünf Minuten, aber ohne viel Aufsehen zu erregen, bis Sie den Klosterhof voll überblicken können und halten sich dort in Reserve. Vielleicht haben die Räuber auch schon das Weite gesucht, weil ihnen die Lust am Plündern nach unserem kurzfristigen Eingreifen vergangen ist. Bei diesen Halunken sollte es mich nicht wundern, wenn ich das ganze Nest schon leer vorfinden würde.«

Alexander atmete auf. Er hatte sich in die Rolle des Kommandoführers bereits ganz hineingefunden, daß es ihm gar nicht mehr bewußt war, daß der Rittmeister um zwei Rangstufen höher stand als er. Dieser aber lächelte nur charmant und sagte: »Zu Befehl, Herr Leutnant, Sie sollen mit mir zufrieden sein.«

Das Kloster stand in einem mächtigen Eichenwald und war gar nicht so einfach zu finden. Erst, nachdem sie ein ganzes Stück hineingeritten waren, erkannte man die Klostergebäude. Dicht um die Klostermauern herum lagen prächtige Gartenanlagen mit kleinen Teichen, die außerordentlich gut gepflegt waren.

Der Rittmeister blieb, wie abgesprochen, zunächst mit dem größeren Teil der Truppe außerhalb des Anwesens. Er ließ das umliegende Gebiet nach eventuell nachrückenden Franzosen absuchen.

Alexander, begleitet von einem Unteroffizier und den übrigen Husaren, ritt auf die Tore zu. Rings um das Gartengebiet herrschte tiefe Stille. Nur ein Krähenschwarm überflog das Anwesen. Schnell hatte die Truppe der Husaren in ihren roten Dolmanen mit den weißen und silbernen Verschnürungen die Mauer erreicht. Auf einem Rundweg entlang der Mauer kamen sie fast unauffällig zu einem weit geöffneten Tor. Auf dem Hof entdeckte Alexander etwa zwanzig zusammengekoppelte Pferde, die von einem einzigen Ungarn am langen Schlaufzügel gehalten wurden. Dieser hatte es sich auf einer seitlich stehenden Bank bequem gemacht. Er trug die Uniform der ungarischen Husaren, mit denen die Preußen am Vormittag ihre Säbel gekreuzt hatten. Es gelang den Preußen, sich leise dem feindlichen Posten zu nähern, der wie von einer Tarantel gestochen emporsprang und gleich Alarm schlagen wollte. Doch blitzschnell traf ihn der Hieb eines preußischen Husaren, der ihm sofort die Schlaufzügel entriß. Der Ungar war stöhnend zur Erde gesunken, wo er bewußtlos neben der Bank liegenblieb.

Gerade wollte Alexander seiner Mannschaft neue Befehle geben, als aus der gegenüberliegenden Eingangshalle fünf Nonnen kreischend herausgestürzt kamen, verfolgt von feindlichen Husaren. Sie versuchten durch Flucht in ihrer verzweifelten Lage, den lüsternen Soldaten zu entkommen.

Als sie jedoch die preußischen Husaren erkannten, erschraken sie sehr. Alexander gab seinem Pferd die Sporen und ritt auf die verängstigten Nonnen zu: »Befürchten Sie nichts! Wir kommen Ihnen zu Hilfe«, rief er mit lauter Stimme.

Augenblicklich konnten die in Angst und Schrecken gejagten Frauen erkennen, daß dieser Zuruf des preußischen Leutnants richtig war, denn einer seiner Männer hieb den gewalttätigsten Bedränger nieder, so daß auch die übrigen ihre Opfer losließen und davonstürmten.

Gerade wollte Alexander den Befehl zur Besetzung des Hauptgebäudes geben, als noch andere der Plünderer, hochbepackt mit geraubtem Kirchengut, aus dem Hauptportal kamen. Alexander kommandierte: »Vorwärts! Entreißt ihnen das gestohlene Gut und entwaffnet diese Strolche!«

Unverzüglich gingen die Husaren zu Werke, ergriffen die Plünderer, entwaffneten sie und nahmen ihnen das Diebesgut ab. Die Nonnen, die das alles mit angesehen hatten, hielten entsetzt die Hände vor die Augen.

»Vorwärts! Mir nach!« brüllte Alexander, »jetzt kämpfen wir auch die Innenräume frei!« Mit gezücktem Säbel stürmten die preußischen Husaren die Freitreppe empor und gelangten in einen hochgewölbten und breiten Gang des Hauptstockwerkes. Nach rechts und links spähend, rannten sie den langen Gang runter, da öffnete sich am Ende des Ganges fast geräuschlos eine hohe Flügeltür. Ein ehrwürdiger Greis im klösterlichen Gewand ließ sich im Türspalt sehen. Ein angstvolles Zittern hatte sich seiner bemächtigt.

Doch Alexander streckte ihm freundlich seine Hand entgegen und sagte: »Seien Sie unbesorgt, Sie haben nichts mehr zu befürchten, ehrwürdiger Vater! Sehen Sie uns als Ihre Retter an. Meine Husaren haben den schändlichen Feinden den ganzen Raub abgenommen, es wird nichts weggeschafft werden. Sie bekommen alles zurück.«

Mit großem Erstaunen und völlig entgeistert blickte ihn der Greis an. Seine bebenden Lippen waren nicht imstande, auch nur ein einziges Wort zu sprechen.

In diesem Augenblick hörte man vielhufiges Pferdegetrappel und lautes Stimmengewirr vom Klosterhof heraufdringen. Kurz darauf betrat der Rittmeister der zurückgebliebenen Husaren den oberen Gang. »Sehen Sie, da kommt ja unsere Verstärkung«, sagte Alexander zu dem alten Herrn, um den noch immer zitternden Greis zu beruhigen. »Sie sind nun in Sicherheit, es wird keinem ein Leid geschehen. Alles, was dem Kloster genommen wurde, wird zurückgebracht.«

Endlich fand der geistliche Herr seine Sprache wieder und er konnte ausrufen: »Gelobt sei Jesus Christus!« Er hielt seine Arme in die Höhe und rief voll Freude: »Ich danke unserem Herrn und Ihnen von Herzen.« Dann schüttelte er Alexander unentwegt die Hände, während ihm die Tränen über die Wangen liefen.

»Ja, danken Sie nur Ihrem Gott, er hat alles so geführt. Ohne seine Hilfe wären Sie alle verloren gewesen«, antwortete Alexander.

Der Greis kam ihm einen Schritt näher: »Wer sind diese Leute?« fragte er und deutete auf die Husaren.

»Wir sind königstreue Preußen, doch wir fühlen uns von Gott geschickt, damit wir Sie aus den Klauen der Feinde befreien.«

»Königstreue Preußen?« wiederholte der Geistliche und machte große Augen.

»Jawohl, ehrwürdiger Vater, wir sind Preußen und Protestanten!«

»Also, – wirklich Preußen? Wirklich Protestanten?« Seine ängstliche Miene von vorhin war gänzlich geschwunden. Er fühlte sich auf einmal so glücklich und froh, als befände er sich unter Engeln, die ihn gerettet hatten. Erneut erhob er seine Hände und rief: »Gelobt sei Jesus Christus! Dem Herrn sei gedankt für seine gnädige Errettung aus diesen Stunden der Angst und Verzweiflung!« Dann fragte er mild:

»Würden Sie erlauben, daß ich das alles jetzt der hochwürdigen Äbtissin berichte? Wenn sie nur nicht vor Aufregung über diese enthemmten Männer mit ihren sittlichen Entgleisungen gestorben ist!«

Der alte Herr zog sich in den Raum zurück, aus dem er gekommen war.

Nach und nach brachten die preußischen Husaren das ganze geraubte Kirchengut heran. Alexander ließ alle Gegenstände im Gang aufstellen. Es war unfaßbar, was die Feinde in so relativ kurzer Zeit zusammengerafft hatten, um es fortzuschleppen, – alle Gerätschaften und Kunstwerke, darunter kostbare Gemälde, goldene Kelche und Teller, Kruzifixe, wertvolle Spiegel, Wäsche aller Art und Gewänder der Klosterinsassen, Altardecken und anderes. Der Wert dieser Dinge war kaum zu schätzen, von ihrem religiösen Wert ganz zu schweigen.

Alexander wandte sich an den Rittmeister und fragte ihn, ob sonst alles zufriedenstellend vonstatten gegangen wäre. Dieser antwortete ihm, daß es bei den kämpferischen Auseinandersetzungen noch sieben Verletzte gegeben habe. Im Klosterhof habe man zwanzig Gefangene und dreißig Beutepferde sichergestellt. Offenbar waren einige feindliche Soldaten zu Fuß entkommen.

Kurz darauf kam der Geistliche zurück und teilte Alexander mit, daß die hochwürdige Äbtissin ihn sehen und ihm persönlich danken wolle.

»Darf ich zuvor fragen, wen ich der Äbtissin melden und vorstellen darf?«

Alexander verneigte sich und nannte seinen Namen.

Als die hohe Flügeltür zum Eingangszimmer der Äbtissin geöffnet wurde, durch das sie eintraten, standen Alexander und der Rittmeister überwältigt vom Glanz der Einrichtung im Raum.

In seinem Heimatland hatte Alexander nur wenige Klöster von innen zu sehen bekommen, die sich aber, im Gegensatz zu diesem hier mit ihrer Ausstattung, eher dürftig ausnahmen. Welch ein Gegensatz zwischen dem, was es hier zu sehen gab, und dem, was er für eine Vorstellung von Klöstern im allgemeinen hatte, die den Menschen Verzicht und Entsagung abverlangten. Sie sollten doch Stätten der ganz einfachen und schlichten Lebensart sein, in dem man sich dem ständigen Gebet zu Gott widmen konnte, ohne jeglichen Pomp und Luxus.

Das Empfangszimmer, das sie jetzt betreten hatten, war riesig in seinen Ausmaßen an Breite, Länge und Höhe. Es war ein Saal mit spiegelblankem Parkettboden und seidenen Stofftapeten an den Wänden. Von der Stuckdecke hingen in Regenbogenfarben schimmernde Kristalleuchter herab, alles schien ihnen so prachtvoll wie in einem fürstlichen Schloß. Von einer asketischen Strenge eines Klosters war hier nicht das mindeste zu entdecken.

Er und der Rittmeister kamen sich in dieser Umgebung auf einmal so verschwitzt und verdreckt vor. Ihre Stiefel sahen besonders schäbig aus, denn dieser Tag hatte ihnen einen stundenlange Ritt im strömenden Regen über aufgeweichte Wege abverlangt.

Mit der Würde einer Monarchin, aber auch mit der Güte eines mütterlichen Herzens trat ihnen die Äbtissin entgegen. Sie streckte ihnen ihre beiden Hände entgegen, um sie freudig zu begrüßen.

»Mein lieber Leutnant Blankenburg«, sagte sie, »von ganzem Herzen möchte ich Ihnen und Ihren Soldaten danken für die große Hilfe in der schrecklichen Not. Mutig und beherzt haben Sie die Räuber überwältigt und uns aus ihrer Hand befreit. Gelobt sei Jesus Christus, der Sie als Retter zu uns geschickt hat.«

Sie hielt einen Moment inne, denn ihre Stimme drohte zu versagen: »Es war ja alles so furchtbar, so widerlich, so qualvoll für uns. Wenn Sie nicht gekommen wären, wer weiß, ob wir diesen Vorgeschmack der Hölle lebend überstanden hätten.«

Sie holte tief Luft und fuhr erleichtert fort: »Aber jetzt wollen wir unseren Gott preisen, der uns vor Schlimmerem bewahrt hat. Ich werde Ihren Einsatz und Ihr Verhalten dem König und unserem Bischof melden.«

Sie drehte sich zur Seite und zeigte auf eine andere, hohe Flügeltür, die in das Refektorium führte. »Bitte, seien Sie und Ihre Männer unsere Gäste. Ich werde ein Essen für Sie zubereiten lassen.«

Alexander bat darum, seine Männer in zwei Gruppen speisen zu lassen, damit die Gefangenen im Hof nie unbeaufsichtigt blieben. In ihren durchnäßten und teilweise ramponierten Uniformen paßten sie zwar nicht in das Bild gepflegter Gastlichkeit, aber sie waren dankbar, nach dem anstrengenden Unternehmen, jetzt so gut versorgt zu werden.

So war es nicht verwunderlich, daß es jeweils eine fröhliche Runde wurde, die herzhaft zulangte, worüber die Äbtissin sich sehr freute.

Zum Abschied wurde den Preußen noch reichlich Verpflegung eingepackt, die sie in Taschen auf die Beutepferde luden. Die Nonnen ließen es sich nicht nehmen, ihren Rettern von der Mauer aus noch lange nachzuwinken, bis auch der letzte der Soldaten im Wald verschwunden waren. Zum Glück gab es keinen Regen mehr, nur einzelne Wassertropfen fielen hier und da von den Zweigen.

Während sich der Zug zum Hauptlager in Marsch setzte, hörte man aus einer gewissen Entfernung ein ungeheures Brummen, Donnern und Knallen. Alexander blickte auf seine Uhr. Es war kurz nach drei Uhr am Nachmittag. Sollte man im Spätherbst zu dieser Stunde noch eine Schlacht begonnen haben? Später erfuhr man von dem grandiosen Sieg Friedrichs II, mit seinem Reitergeneral von Seydlitz in der Schlacht bei Roßbach.

Am späten Vormittag des 5. November 1757 setzte sich die verbündete Armee von Franzosen und Reichstruppen unter dem Klang von Hörnern und Trompeten in Bewegung. Siegessicher marschierten sie auf das preußische Lager zu. Sie wußten, daß sie doppelt so viele Truppen hatten wie die Preußen.

Als sie nahe genug dran waren, um halb drei Uhr, wurden die Zelte des preußischen Lagers so plötzlich abgebrochen, als hätte man sie wie bei einer Theateraufführung mittels einer Schnur zum Einsturz gebracht.

Vierzig Minuten später eröffneten preußische Haubitzenbatterien aus verdeckten Hügelstellungen heraus das Feuer auf die in der Ebene dahinziehenden Franzosen und ihre Verbündeten. Währenddessen hatte Seydlitz 38 Schwadronen Kavallerie hinter den Höhen unbemerkt in die Flanke des Feindes geführt. Auf sein Kommando: ›Marsch! Marsch!‹ stürzte sich urplötzlich die preußische Kavallerie wie eine Lawine auf den Feind. Sie ritt ihn über den Haufen und zersprengte die Truppen vollständig. Nach dieser Attacke setzte Friedrich seine Infanterie in Marsch, die unverzüglich mit den Bajonetten auf die Feinde losging. Seydlitz aber, der die feindliche Kavallerie in alle Winde zerstreut hatte, hielt im tobenden Gewimmel der Schlacht seine Regimenter eisern in der Hand, bremste im rechten Augenblick die Verfolgung, machte mit seinen Schwadronen kehrt und fiel der feindlichen Infanterie in den Rücken, die dadurch von vorn und von hinten bekämpft wurde.

Die Feinde warfen ihre Waffen weg und stoben in alle Himmelsrichtungen auseinander. Es war ein überwältigender Sieg, der in nur wenigen Stunden erfochten worden war. Der König ernannte daraufhin Seydlitz noch auf dem Schlachtfeld zum Generalleutnant und heftete ihm den Schwarzen Adlerorden an die Brust.

Am Ende dieser Schlacht meinte Friedrich: »Glück von Anfang, – jetzt muß ich auf die andere Seite gehen. Neue Gefahren in Schlesien warten auf mich.«

Später sang die Jugend in Preußen:

»Und wenn der Große Friederich kommt,
und klopft nur auf die Hosen,
dann läuft die ganze Reichsarmee,
Panduren und Franzosen.«

Das Wunder von Leuthen

Während König Friedrich die Franzosen im Westen zur Räson gebracht hatte, waren den Preußen in Schlesien von den Österreichern schwere Verluste zugefügt worden. Die wichtigste Festung Schweidnitz war verlorengegangen. Am 25. November 1757 kapitulierte die schlesische Hauptstadt Breslau.

Nun eilte der Preußenkönig mit seinen kampferprobten Truppen in anstrengenden Gewaltmärschen nach Schlesien, um den Österreichern unter Prinz Karl von Lothringen Einhalt zu gebieten. Sein Entschluß stand fest. Er wollte den Feind angreifen, wo immer er ihm begegnen würde. Seine Armee zählte 35 000 Mann, die der Österreicher aber 70 000 Mann.

Bei widerlichem Winterwetter marschierten seine Grenadiere, Musketiere und Füsiliere entschlossen dem Feind entgegen.

Am Abend des 3. Dezember 1757 versammelte Friedrich seine Generäle in der Nähe des Ortes Parchwitz. Alexander war nach seinem kleinen ›Nonnenfeldzug‹, wie Friedrich dieses Unternehmen leutselig und belustigt genannt hatte, durch die Vermittlung des Obersten von der Marwitz zum persönlichen Dienst bei Seiner Majestät, dem König, beordert worden.

Heute befand er sich im Zimmer des Monarchen, als dieser sich mit raschem Griff seinen Dreispitz aufstülpte, hastig und ruckartig die Handschuhe anzog. Mit scharfem Stich schob er den Degen ins Gehänge.

»Blankenburg, Er ist mir für die Karten und mein Periskop verantwortlich.«

Mit hastigen Bewegungen schloß der König die Silberknöpfe an seinem blauen Rock. Alexander hielt ihm seinen Krückstock hin. »Gehen wir, meine Generals warten auf mich!« Energisch schritt er zur Tür hinaus. Eine frische Brise pfiff ihm entgegen. Die Generäle standen eng beieinander in der üblichen Hab-Acht-Stellung. Eiligst rissen sie ihre Hüte oder Pelze vom Kopf. Es war ein herrlicher Anblick, die hohen Gestalten der Generalität in ihren farbenprächtigen Uniformen mit Gold, Silber, Blau, Rot und Weiß geschmückt zu sehen. Auf mancher

Brust blinkte der Schwarze Adlerorden. Da war der Prinz Moritz von Dessau, dann die Generäle von Fouqué und von Schmettau mit dem blinkenden Küraßpanzer.

Die schmächtige Gestalt des kleinen Generals von Zieten nahm sich darunter direkt zwergenhaft aus. An seinem Schnauzbart hatte sich ein leichter Eisansatz gebildet.

»Er kommt!« war zuvor von General von Schmettau gerufen worden. Ein gedämpftes Raunen ging durch die Reihe der Generäle, als sie die ebenfalls kleine Gestalt ihres ›Großen Königs‹ kommen sahen.

»Guten Morgen, meine Herren«, begann Friedrich leise.

Durch das Blitzen seiner großen Augen zwang er alle Blicke der Anwesenden auf sich. Ohne große Umschweife begann der Monarch seine Ansprache: »Sie wissen, meine Herren, daß es dem Herzog von Lothringen gelungen ist, Schweidnitz zu erobern, den Herzog von Bevern zu schlagen und sich Breslaus zu bemächtigen, während ich gezwungen war, dem Offensivdrang der Franzosen Einhalt zu gebieten. Ein Teil von Schlesien mit ihrer Hauptstadt Breslau ist mit allen darin befindlichen Kriegsgeräten für uns verlorengegangen.«

Jedes Wort des Königs war von überzeugender Ehrlichkeit und entwaffnender Offenheit. In hohem, singendem Ton fuhr er fort: »Diese fatale Lage würde sich aufs höchste steigern, setzte ich nicht ein unbegrenztes Vertrauen in Ihren Mut, Ihre Standhaftigkeit und Ihre Vaterlandsliebe, die Sie bei so vielen Schlachten bewiesen haben.«

Der König blickte freundlich in die Runde der entschlossen dreinblickenden Befehlshaber, in deren Mienen sich die gerade erwähnten Eigenschaften widerspiegelten, nämlich Mut, Vertrauen, Entschlossenheit, Disziplin, aber auch Andacht. Mit freundlicher Beredsamkeit sprach er weiter:

»Es ist wohl keiner unter Ihnen, der sich nicht durch große, ehrenvolle Handlungen ausgezeichnet hätte. Ich schmeichle mir daher, Sie werden es auch jetzt nicht an dem mangeln lassen, was der Staat von Ihnen an Tapferkeit zu fordern berechtigt ist.«

Alexander, der nur wenige Schritte von den hohen Herren entfernt stand, staunte über die geschickte Wortwahl des Königs.

Dieser sprach in gedämpftem Ton weiter: »Die Entscheidung

rückt näher, denn ich würde glauben, nichts getan zu haben, ließe ich die Österreicher im Besitz von Schlesien.«

Jetzt hob und verstärkte der König seine Stimme: »Lassen Sie sich also gesagt sein: Ich werde gegen alle Regeln der Kunst die beinahe dreimal stärkere Armee des Prinzen Karl angreifen, wo immer ich sie finde! Es ist hier nicht die Frage nach der Anzahl der Feinde und der Stärke ihrer Truppen, noch nach dem Ort ihrer ausgewählten Stellung. Alles dies, so hoffe ich, wird die Herzhaftigkeit meiner Truppen und die richtige Befolgung meiner Dispositionen zu überwinden imstande sein!«

Der König streckte seine linke Hand nach vorn, die rechte hielt er auf seinen Stock gestützt.

»Ich muß diesen Schritt wagen, oder es ist alles verloren! Wir müssen den Feind schlagen oder uns alle vor seinen Batterien begraben lassen. So denke ich, muß ich handeln!«

Innerlich ergriffen durch das unerwartete und unfaßbare Bekenntnis des Königs, stand die Generalität vor ihm.

Mit Nachdruck fuhr Friedrich fort: »Bitte, machen Sie diesen, meinen Entschluß allen Offizieren und Soldaten unserer Armee bekannt und schärfen Sie jedermann ein, daß ich mich für berechtigt halte, unbedingten Gehorsam zu fordern.« Er räusperte sich heftig, setzte dann aber noch hinzu: »Wenn ich bedenke, daß Sie Preußen sind, werden Sie sich gewiß dieses Vorzugs nicht unwürdig erweisen wollen.«

Mit listigem Blick hielt Friedrich seine engsten Vertrauten in seinem Bann: »Sollte aber jemand unter Ihnen sein, der sich fürchtet, alle Gefahren mit mir zu teilen, der kann noch heute seinen Abschied nehmen, ohne von mir den geringsten Vorwurf zu hören.«

Eine heilige Stille trat ein, alle verharrten betroffen.

Plötzlich rief Major von Billerbeck: »Das müßte ja ein Hundsfott sein, der in dieser Stunde den König verläßt!«

»Hurra für Friedrich!« rief General von Schmettau. Sein hochgerissener Hut traf von Zieten, der nicht schnell genug hatte ausweichen können, mitten ins Gesicht.

»Ein Hundsfott, wer unsern König verläßt!« rief ebenfalls Prinz Moritz von Anhalt-Dessau.

»Hurra für Friedrich!« fielen jetzt auch alle anderen ein.

Wie ein listiger Fuchs, den psychologischen Höhepunkt seiner

Rede auskostend, fuhr der König fort: »Schon im voraus war ich davon überzeugt, daß mich keiner von Ihnen verlassen würde. Ich rechne also mit Ihrer Hilfe und Ihrem vollen Einsatz bis zum Sieg. Sollte ich fallen und Sie für Ihre Verdienste nicht mehr belohnen können, so muß es das Vaterland tun. Gehen Sie nun in das Lager und wiederholen Sie den Regimentern, was ich Ihnen alles gesagt habe.«

Die Generäle, Stabsoffiziere und Ordonnanzen, darunter auch Alexander, waren tief bewegt und ergriffen. Einige hätten dem König am liebsten die Hand gereicht, um ihm nochmals ihre Treue zu versichern, als sie wie von einem Peitschenhieb getroffen noch einmal die schneidende Stimme ihres Königs hörten, der kraftgeladen rief: »Noch eins, meine Herren! Das Regiment Kavallerie, das sich nicht gleich, wenn es befohlen wird, ohne Zögern auf den Feind stürzt, lasse ich nach der Schlacht absitzen und mache es zu einem Garnisonsregiment. Das Bataillon Infanterie, das, – es treffe, worauf es wolle – auch nur zu stocken anfängt, verliert seine Fahnen und die Seitengewehre, und ich lasse ihnen die Borten von der Montur abschneiden!«

Noch einmal holte Friedrich tief Luft, um sich dann in angemessener Ruhe zu verabschieden: »Nun leben Sie wohl, meine Herren! In Kürze haben wir den Feind geschlagen oder wir sehen uns niemals wieder.«

Alexander stand ganz fasziniert da. Solch eine zündende Rede mit diesem neuerlichen Höhepunkt hatte er noch nicht gehört. Alle Sätze waren auf die Psyche der Zuhörer ausgerichtet, die schwierigsten Punkte ihres Inhalts eingebettet in einen Strom von mitreißender Beredsamkeit, dies alles vor den willensstarken und selbstbewußten Befehlshabern einer kampferprobten Truppe.

In Windeseile verbreiteten sich die Worte des Königs im ganzen Lager. Alte Krieger reichten einander die Hände und versprachen feierlich, sich in Treue beizustehen und keinen Feind zu scheuen.

Alexander hatte am Nachmittag noch Gelegenheit, in sein bescheidenes Quartier zu gehen. Reinhold Friesicke saß am Tisch und schrieb gerade einen Brief. Spontan wollte er sich erheben, als sein Leutnant eintrat.

»Bleib du nur sitzen, Reinhold, und schreibe deinen Brief zu Ende. Ich habe noch etwas für mich zu tun.«

Er setzte sich zunächst und ließ seinen besorgten Gedanken

freien Lauf. Er wußte, daß der nächste Tag furchtbar werden würde, vielleicht sogar schrecklicher als alle anderen, die er bisher erlebt hatte. Zum ersten Mal in seinem Leben trat auch für ihn die Möglichkeit seines eigenen Todes mit aller Deutlichkeit vor Augen. Er dachte darüber nach, was wäre, wenn ihn eine feindliche Kugel treffen würde, – wenn man ihn dann bei den Armen und Beinen greifen und in eine Grube werfen würde, zusammen mit vielen anderen in ein Massengrab, um ihn darin zu verscharren? – Ein kalter Schauer lief ihm über den Rücken. Plötzlich traten ihm längst vergangene Ereignisse aus seinem Leben vor Augen. Blaß und verschwommen zunächst, dann wie an einem Wintermorgen im weißen Licht hinter einer vereisten Scheibe allmählich deutlicher werdend. Jetzt tauchten die drei bewegendsten Erinnerungen seines Lebens in ihm auf, nämlich seine Liebe zu Jeannette, der Tod seines Freundes Heinz Zittelmann, und nicht zuletzt die kürzliche Begegnung mit seinem Vater und Thomas. Insbesondere dachte er über die Liebe zu Jeannette von Priegnitz nach, die er in Frankfurt so richtig ins Herz geschlossen hatte, deren geheimnisvoller Charme und liebenswürdige Ausstrahlung von überschäumender Lebensfreude ihn in Bann geschlagen hatte. Ach, wie sehr hatte er dieses Mädchen geliebt, romantische Pläne geschmiedet für ein Leben mit ihr zusammen. Er hatte geträumt von Liebe und Glück an ihrer Seite. Welch eine große Hoffnung hatte ihm ihr letzter Brief gegeben. Sie wollten sich so bald wie möglich wiedersehen; doch nun tobte schon seit Jahren ein fürchterlicher Krieg. Ja, eigentlich glaubte er noch immer an eine gemeinsame Zukunft. Er hatte sich seine Liebe zu ihr trotz der langen Trennungszeit in Treue bewahrt, – doch jetzt?

Verstohlen zog er ihren letzten Brief aus der Brusttasche. Er war schon ziemlich abgegriffen, leicht fleckig und mürbe geworden, so oft hatte er ihn zur Hand genommen, um ihn zu lesen. Für ihn war er zum Wichtigsten geworden, an das er sich in dieser schlimmen Zeit noch halten und an dem er sich aufrichten konnte. Er ließ sein Herz brennen in Liebe zu ihr. Jeannette, dachte er, wenn ich dich vielleicht doch nie wiedersehen sollte, wenn du vielleicht nie erfahren wirst, wo ich gefallen und begraben worden bin, – o, es war nicht auszudenken.

Er nahm schließlich einen Bogen Papier zur Hand und begann zu schreiben.

»Meine allerliebste Jeannette,

da Gottes Wege nicht immer unsere Wege sind und wir nicht wissen, was unser Vater im Himmel mit uns Menschenkindern vorhat, möchte ich Dir diesen Brief schreiben. Ich trage mich zwar nicht mit dem Gedanken, daß mir etwas passieren könnte, im Gegenteil, ich weise solch ein Ansinnen weit von mir und hoffe, daß unser himmlischer Vater uns doch noch einen gemeinsamen Lebensweg schenken wird.«

Dann berichtete er, wie er zum Adjutanten des Königs berufen wurde, daß er ihre Schwester Josephine und ihren Bruder Maximilian kennengelernt hatte, aber auch, daß sein eigener Vater und sein Bruder Thomas ihn besucht hatten. Ausführlich berichtete er auch von dem Segen, den er durch seinen Burschen Reinhold Friesicke erfahren, und wie er sich mehr und mehr in seinem Herzen zu Jesus Christus hingewandt habe, so daß es bei ihm zu einem gewissen, festen Glauben gekommen sei. Dann schrieb er weiter:

»Wenn Du aber diesen Brief je zu lesen bekommen solltest, hat mich der Vater im Himmel schon in sein lichtes Reich heimgenommen, weil es sein Wille war. Sei dann ganz still in dem Herrn und beuge auch Du Dich unter seinen Willen, denn ich habe gelernt zu beten: ›Dein Wille geschehe!‹
Verschließe nicht Dein Herz vor ihm, sondern tu das, was Gott befiehlt. Sei fröhlich, so lange Du auf dieser von Gott geschaffenen Erde leben darfst.
Noch einmal möchte ich Dir bekennen, wie lieb ich Dich habe und mir ein wunderschönes Bild von einer Ehe mit Dir ausmale. Sei zärtlich umarmt und geherzt von
Deinem Alexander.«

Er hatte gerade seine Schreibfeder aus der Hand gelegt, als ein Feldjäger zur Tür hereinkam.

»Leutnant Alexander Blankenburg wird augenblicklich von Seiner Majestät zum Dienst erwartet!«

»Ich bin sofort zur Stelle«, rief Alexander, faltete seinen Brief

Der König blickte in die Runde der entschlossen dreinblickenden Befehlshaber, in deren Mienen sich gerade die erwähnten Eigenschaften widerspiegelten, nämlich Mut, Vertrauen, Entschlossenheit und Disziplin.

zusammen und steckte ihn sorgfältig in seine Brusttasche. Dann zog er seinen Mantel über und stürmte zur Tür hinaus.

Der große König hatte sein Hauptquartier am Marktplatz im Haus Nr. 6 aufschlagen lassen.

Mein Gott, wie sternenklar ist doch die Nacht, mußte Alexander denken, sie würde bestimmt eine ziemliche Kälte bringen. Ihm kam es so vor, als trieben die Sterne am Himmel ihre Spielchen, mal hell aufflammend, mal trüber werdend, bald zusammenzuckend, dann blinzelnd, als wollten sie sich flüsternd unterhalten, Gespräche führen über Geheimnisvolles oder auch Freudiges.

Durch das erhellte Fenster sah Alexander das markante Profil des Königs, der nachdenklich zur Decke aufsah. Vor dem Fenster verharrte regungslos und vermummt ein Wachsoldat. Ängstlich schien er in das unheimliche Dunkel zu blicken, frierend hatte er seine Schultern hochgezogen.

Einige Zeit mußte Alexander im Vorzimmer bei Major von Massow warten. Ein magerer Herr in Kniehosen und Schnallenschuhen kam ungelenk die Treppe, die zum ersten Stock führte, herunter. Er trug ein Kästchen in der Hand und verhakte sich mit einem seiner dünnen Beine in einem Loch der schadhaften Matte, die am Fußboden lag. Er wäre lang hingefallen, hätte Alexander ihn nicht schnell aufgefangen. Einen Augenblick lang lag er, das Kästchen krampfhaft festhaltend, in Alexanders Armen und sah ihn aus matten Augen an.

»Ach, Herr Leutnant Blankenburg«, stöhnte er, »vielen Dank für Ihre Hilfe. Da hätte ich mir die Beine brechen können, aber Sie haben mich davor bewahrt.« Es war kein Geringerer als der Geheime Kabinettssekretär von Eichel.

Bald danach wurde Alexander in das Zimmer des Königs gerufen. Der König wanderte, wie immer, im Raum auf und ab.

Alexander, der gerade im Begriff war, sich vorschriftsmäßig zu melden, wurde von ihm energisch unterbrochen:

»Ist gut, Blankenburg, Er kann warten. Die Dispositionen sind gleich fertig!«

Der König schritt zum Kartentisch, der Kabinettssekretär Eichel saß bereits in höchster Anspannung vor seinem Schreibpult. Er kannte den Monarchen. Schnell entrollte dieser einen Befehl, der für die Schlacht von größter Wichtigkeit zu sein schien.

»Vorwärts! Schreib Er!« Nervös suchte er eine bestimmte Passage aus seinem ursprünglichen Text. Hastig tippte er mit seinen gichtgekrümmten Fingern auf die besagte Stelle des Befehls: »Hier! Das Regiment Itzenplitz postiert sich vor Tagesanbruch hinter der Kavallerie. Alles hat sich in absoluter Stille zu vollziehen. – Hat Er das? – Bei Borne wartet die Artillerie!«

Der Sekretär schrieb wie wild, daß sich die Feder bog. »Schneller, schneller!« gebot der König ungeduldig. Eichel kratzte auf dem Papier in regelrechter Verzweiflung, seine Nase schien fast das Papier zu berühren. Der König streckte gebieterisch die Hand danach aus: »Her damit!« rief er unwirsch. Er riß das Schreiben kurzerhand vom Tisch, prüfte den Zusatz und unterschrieb hitzig den neu gefaßten Text.

Alexander blickte aus dem winzigen Fenster des alten Bauernhauses. Leise klirrten die kleinen Fensterscheiben; schwer beladene Munitionswagen rumpelten die Straße entlang und ließen das Mobiliar und die Scheiben erzittern.

»Weiter!« rief Friedrich erneut. »Ergänze Er hier den Befehl!« Er warf das Papier wieder auf den Tisch. »Die Grenadierbataillone Schlieben und Wedell sind sofort an die Hauptmacht vorzuziehen! – Hat Er das?«

Energisch lief er zum Tisch, riß dem Sekretär die Feder aus der Hand und unterschrieb das Dokument so heftig, daß der Kiel kreischte. Der hagere Zivilist erhob sich und blickte ganz hilflos im Zimmer umher.

»Was fehlt Ihm?« fragte der Monarch herrisch.

»Es ist kein Streusand da, Majestät«, stotterte er leise.

Der König drückte ihn auf den Stuhl zurück und befahl: »Weiter! Hier, schreib Er das!«

Friedrich vergrub seine Hände in den Taschen. »Königlicher Befehl an den General von Zieten!«

Wieder kratzte die Feder übers Papier.

»Seine Eskadrons schwenken vom linken Flügel unauffällig . . .– bitte unauffällig, – hat Er das? – Hinter dem toten Winkel . . .«, – Friedrich diktierte und überwachte die Ausführung gleichzeitig. Er stand für einige Augenblicke still, jetzt stemmte er seine Hände in die Hüften.

»Hierdurch gebietet der König allen Offizieren von der Kavallerie . . . – bei sonstiger Kassation . . . – oder besser: bei sofortiger Kassation . . . – egal, in welcher Aktion sie sich befinden . . . – sie greift allemal an, wo und wie . . . – unterstreich Er das Wort *allemal,* aber bitte dick! . . . – den Feind unverzüglich und ohne Rücksicht an . . . – unterstreich Er auch die letzten drei Worte!«

Eichel versuchte krampfhaft, die zusammenhanglosen Wortfetzen im Sinne des Königs zu ergänzen. Er wurde zusehends nervöser.

Alexander tat der kleine, zierliche Mann leid, zu gern hätte er ihm geholfen. Er hatte Zeit, den König zu betrachten. In den vergangenen Monaten, so glaubte Alexander beobachtet zu haben, hatte sich an ihm manches verändert. Seine Uniform war noch ärmlicher als die des letzten Garnisonsoffiziers seiner verkommen aussehenden Kampftruppen. Über der dunklen, farblich verschossenen Reithose trug er einen alten, blauen und zudem ausgebesserten Tuchrock. Die abgeschabte, silberne Schärpe hing lose um den ausgemergelten Leib. Seinen kantigen Kopf bedeckte ein ziemlich lädierter Dreispitz, von dessen weißen Hutfedern nur noch Reste zu erkennen waren. Der von Gicht gekrümmte Körper zeigte nicht mehr die einstige Energie. Nur die blauen Augen waren noch immer unverkennbar lebendig und triumphierten über die alternden Mundwinkel.

»Nun, wie weit ist Er gekommen?« herrschte Friedrich seinen Sekretär an.

». . . zugleich und ohne Rücksicht . . .«, wiederholte der Sekretär langsam, um ein wenig Zeit zu gewinnen.

»Vorwärts! – Die Kavallerie gibt weder Pardon noch nimmt sie Pardon!«

Man hörte das laute Kratzen der Feder.

Der König hatte wieder den Marsch durch den Raum in seiner gewohnten Weise aufgenommen. Er schien in seinem Element, voller Tatkraft und Willensstärke.

Er wandte sich plötzlich an Alexander: »Major Massow und drei weitere Adjutanten bitte sofort zu mir!«

Dann blieb er wieder am Schreibtisch stehen und holte aus einem Berg von Papieren einen neuen Befehl hervor.

Nachdem Alexander zurückgekehrt war, sagte der König barsch zu ihm: »Er bleibt an meiner Seite, ich möchte noch einmal einen Gang durchs Lager machen.«

Alexander bat alle bereitstehenden Adjutanten, Ordonnanzen und Feldjäger ins Vorzimmer und rief, nach der Anordnung des

Königs, jeweils den Offizier auf, der hier sein Regiment oder Bataillon vertrat.

Plötzlich erschien der Leutnant von Hohenstock im Hauptquartier, der die Meldung überbrachte, daß die Österreicher aus ihrem Lager aufgebrochen seien und bereits die Lohe und das Striegauer Wasser überschritten hätten. Sie würden gerade im offenen Gelände diesseits des Flusses biwakieren.

»Woher weiß Er das so genau?« fragte der König.

Der Leutnant salutierte: »Euer Majestät, ich habe in Sichtweite des Stromes Posten gestanden und die Bewegungen des rechten Flügels der Österreicher genau beobachtet. Ich habe gesehen, wie sie das Gewässer überquert haben und sich die Armee dann auf freiem Felde entwickelte.«

»Das ist ja tadellos!« freute sich der König. »Der Fuchs ist aus seinem Loch gekommen, wir werden ihm eine gehörige Ladung auf den Pelz brennen.«

Dann wandte er sich an Alexander, der ihn durch das Dorf zu nächtlicher Stunde begleiten sollte, um das Lager seiner eigenen Truppen noch einmal zu inspizieren: »Wir wollen gehen!«

Alexander hielt dem König den Mantel hin, reichte ihm Degen und Schärpe. Er selbst zog sich seinen Mantel hastig über und trat dann mit dem König in die von Finsternis eingehüllte Landschaft hinaus.

Ihre Schritte knirschten im festgetretenen Schnee. Der Wind war seit Einbruch der Dunkelheit abgeebbt. Kein Stern leuchtete am von Wolken bedeckten Himmel. Einige Wachtfeuer waren am Verglimmen, andere flackerten noch recht üppig. Die kahlen Bäume, die Häuser und der Kirchturm hoben sich schemenhaft gegen den schwarzen Hintergrund ab. Wie auf einem Manöverplatz reihte sich Zelt an Zelt. Hinter den dünnen Tuchwänden schnarchten die erschöpften Männer um die Wette.

»Nur durch eine Fügung des Himmels können wir siegen«, die Stimme des Königs klang kleinlaut. »Wir sind doch alle irgendwie abergläubisch, der eine ist fromm, der andere weniger.«

»Mein Leben steht in Gottes Hand, Majestät«, antwortete ihm Alexander.

Der König schneuzte sich. »Nun, ich glaube an mich und an meinen guten Stern, der mich in allen Gefahren dieses verdammten Krieges bewahrt hat«, konterte Friedrich.

»Es gibt verschiedene Sterne, Majestät, sie leuchten nicht alle in gleicher Helligkeit. Manchmal wird unser eigener Stern so klein, daß wir ihn kaum noch wahrnehmen können. Aber über allen Sternen leuchtet der klare Morgenstern des Himmels, dessen Licht in Ewigkeit nicht erlöschen wird.«

»In dieser Nacht sehe ich keinen solchen Stern. Im Krieg darf ein Offizier niemals über die Stunde hinausdenken, merk Er sich das! Jeden Augenblick kann sein Stern erlöschen«, philosophierte der König weiter.

Dünne, farblose Rauchwolken quollen aus schadhaften Stellen der Zelte. Es waren die Ausdünstungen zusammengepferchter Menschenleiber.

Der König räusperte sich wieder.

»Heute schlafen viele meiner Männer zum letzten Mal auf dieser Erde, Blankenburg. Die Dämonen des Krieges heulen schon in der Luft«, seine Stimme klang belegt.

»Halt! Wer da?« rief ein bärtiger Sergeant.

»Viktoria!« rief der König. »Unser ist der Sieg!«

Der eisgraue Wachtposten stand stramm.

»Irgendwelche Vorkommnisse?« fragte ihn Friedrich.

»Nein, Euer Majestät, nur det de Füchse da drüben fürchterlich heulen.«

»In den Zelten herrscht Ruhe?«

»Gewiß, nur det hier oder da mal eener mächtig hustet oder niest.«

»Na, dann wollen wir morgen den Weißröcken da drüben mächtig die Hucke vollhauen«, meinte Friedrich leutselig und deutete hinüber auf die andere Seite, wo die österreichisch-kaiserliche Armee in Ruhe ihre Wachtfeuer brennen ließ. Wenn man angestrengt hinsah, konnte man lange Reihen von Zelten im grauen Dunst erkennen. Prüfend betrachtete der König das feindliche Lager, er schien die Zeltreihen zu zählen.

Aus einiger Entfernung hörte man Patrouillenrufe und Postenantwort: »Viktoria! – Unser ist der Sieg!«

Auf einem Trampelpfad durch den Schnee folgte Alexander der kleinen Gestalt des Königs zum Dorffriedhof. Leise, fast ehrfürchtig, öffnete der König die Pforte. Hinter der Kirchhofsmauer standen vier struppige Gäule, ihre Mähnen waren von einer Reifschicht bedeckt. Sie standen dicht aneinandergedrängt und wärmten sich gegenseitig. Lautlos und geheimnisvoll dampfte es aus ihren Nüstern.

Friedrich schritt an den unter Schnee versunkenen Grabstellen vorüber. Ein angstverzerrtes Gesicht des Gekreuzigten aus Marmor oder Stein blickte auf die beiden herab. Der König deutete auf das verschneite, hohe Grabmonument: »Auch der dort mußte einsam sterben und alles schien umsonst«, stieß er mit zynisch-bitterem Unterton hervor.

»Blankenburg, kann Er mir sagen, was das Leben ist? Wie?« Er tippte ihm mit seinem Stock an die Brust und gab sogleich auch die Antwort: »Ich will es Ihm sagen: Unser Leben besteht darin, daß man seine Mitbürger zur Welt kommen und diese wieder verlassen sieht. Daraus besteht der größte Teil unseres Lebens. Was sagt Er nun?«

Alexander nahm Haltung an und antwortete: »Euer Majestät, die Frage ist doch wohl eher: Wozu sind wir auf der Welt und wohin gehen wir, wenn wir sterben?«

Friedrich schüttelte unwillig seinen Kopf: »Das ist kein Thema für diesen lausigen Ort. Meint Er, daß uns für morgen ein siegreicher Tag beschieden sein wird?«

»Gott kann sich offenbaren durch Zeichen und Wunder«, antwortete Alexander.

Der König winkte ab: »Es ist leicht, von Gottes Führung zu sprechen, solange es einem gut geht. Daß der Allmächtige stets auf Seiten des Siegers wäre, ist ein weitverbreiteter Aberglaube.«

Wieder berührte er mit seiner Stockspitze die Brust seines Adjutanten. »Es gehört ein beträchtliches Maß an Selbstüberwindung zu der Einsicht, daß man Gott auch dafür dankbar sein muß, wenn er uns mit harter Hand zu Boden wirft. Doch gehen wir, mir friert das Blut in den Adern, wenn ich an das Morgenrot denke.«

Nachdenklich, den Kopf leicht gesenkt, schritt Friedrich durch die Grabreihen, vorbei an den geborstenen, schiefen und verwitterten Kreuzen und Grabsteinen. Gespenstisch verliefen sich alle Konturen im weichen Schnee.

Angsterregend knarrte eine mächtige Trauerweide. Mystisch anmutende, verkümmerte Zypressen und verschieden große Lebensbäume standen im Friedhofsgarten. Plötzlich glitt der König auf der eisglatten Fläche zur Seite hin aus. Alexander konnte ihn gerade noch auffangen. Der kleine, leichte Körper ruhte jetzt in seinen Armen.

»Vorsicht, Euer Majestät, diese Wege sind in der Dunkelheit mitunter ganz heimtückisch und gefährlich.«

Friedrich stöhnte leise und richtete sich wieder auf.

»Haben Euer Majestät sich weh getan?«

»Nein, nein, es geht schon, Blankenburg. Bitte, halte Er Seinen König am Arm, bis wir wieder auf der Dorfstraße sind.«

Langsam schloß Alexander die schmiedeeiserne Tür des Friedhofs hinter sich zu. Still lagen die kleinen Bauernhäuser und Tagelöhnerhütten des Dorfes unter der Schneedecke. Im Pfarrhaus brannte noch Licht, hinter vereisten Scheiben bei gedämpftem Kerzenschein schien noch jemand zu lesen.

Aus einer Scheune hörte man das Stampfen von Pferden und hin und wieder ein heißblütiges Schnauben. Die ganze Landschaft wirkte in der Dunkelheit so friedevoll. Man wurde erinnert an die Gemälde alter Meister, die solchen Zauber auf die Leinwand gebannt hatten. Überall im Gelände standen wachhabende Unteroffiziere. Hier und da wurden Parolen gerufen. Vom Kirchturm hörte man zwölf eiskalt klingende Schläge.

Prüfend sah der König zu den feindlichen Wachtfeuern auf dem Judenberg hinüber, ehe er in sein Feldquartier zurückkehrte.

Auch Alexander eilte danach, so schnell er konnte, zu seiner Unterkunft. In voller Uniform warf er sich auf das knarrende Bett und hob seine Beine, die von dem langen und anstrengenden Tag müde geworden waren, auf den Strohsack. Mit seiner rechten Hand entledigte er sich noch seiner Schärpe und des Degens. Die Gedanken schossen ihm kreuz und quer durch den Kopf. Das Blut brauste durch seine Schläfen. Er mußte noch an Jeannette denken, wie sie ihn einst in Frankfurt in ihrem Gästezimmer ermunterte, Offizier in der preußischen Armee zu werden. Er griff in seinen Uniformrock, holte das Medaillon seiner Allerliebsten hervor und betrachtete die fröhlichen und zugleich schelmisch blickenden Augen in ihrem hübschen Gesicht. Dann drückte er das zierliche Kunstwerk an seine Lippen, küßte es mehrmals und flüsterte: »Mein Engel, – mein guter Stern.«

Mit diesem tröstlichen Gedanken sank er in tiefen Schlaf.

Lauter Trommelwirbel, der an diesem fahlen Morgen wie ein

Befreiungsschlag wirkte, weckte die Truppen Seiner Majestät in aller Frühe. Steifgefroren wankten viele Männer aus ihren Zelten. Es dauerte nicht lange, bis alle in Hektik und reger Betriebsamkeit ihre Morgentoilette besorgt und die Kleidung geordnet hatten. Die Dunkelheit wich allmählich einer grauen Morgendämmerung, in der der Kirchturm des Ortes wie ein Mahnmal dastand.

Die ersten Einheiten waren angetreten, um sich in Marsch zu setzen. Die Gewehre geschultert, die langen Bajonette aufgestoßen, so zogen sie in die festgelegten Positionen. Marschtritt erklang, eine Kompanie nach der anderen setzte sich in Bewegung und kam vorüber. Schwer schlugen die vollen Patronentaschen gegen die Körper, von den ungeputzten Schuhen fielen Dreckklumpen ab, die in den letzten Tagen bei den Gewaltmärschen angetrocknet waren. Stumm ritten die Offiziere ihren Mannschaften voran. Die Uniformen der Posten bei den Pferden zeigten schon bunte Farben.

»Halt! Wer da?!« schrie die Wache. »Gebt Losung und Feldgeschrei!«

»Viktoria!« – »Unser ist der Sieg!« erscholl es in der kalten Dezemberluft.

»Passiert!« klang es zurück.

Am Marktplatz warteten, wie befohlen, die Generäle und Stabsoffiziere zur letzten Instruktion. Noch immer marschierten die Infanterieeinheiten Mann für Mann vorüber. Im Osten färbte sich der Himmel gelb, heller Morgenschein lag auf der Hauswand des königlichen Quartiers. Zwei von drei Fenstern waren noch von Kerzenlicht erhellt.

»Der König kommt!« rief General von Zieten. Aller Augen richteten sich auf die Haustür, die gerade von einem Adjutanten geöffnet wurde.

Langsam schritt die schmale Gestalt des Königs über den schneebedeckten Platz, ihm folgten einige Stabsoffiziere. Der große Dreispitz schien den ganzen Kopf verschlingen zu wollen, sein Atem wurde sichtbar in der rauhen Winterluft.

»Guten Morgen, meine Herren«, schnarrte die hohe Stimme des Feldherrn. Kühl und überlegen musterte Friedrich die Generalität mit ihrem Anhang. Keinerlei Bewegung im Mienenspiel des Königs verriet die gewaltige, innere Anspannung vor seiner bisher entscheidendsten Schlacht, die es geben sollte.

»Ich hoffe, Sie hatten alle eine gute Nacht!« Friedrich musterte ihre Gesichter. In ihnen entdeckte er Mut, Ernst und Entschlossenheit.

»Meine Herren«, begann der König langsam und bedächtig, »nun ist die Stunde gekommen. Ich setze mein unbegrenztes Vertrauen in Ihre Treue zu Preußen, in Ihren Mut und in Ihre erprobte Standhaftigkeit. Lassen Sie es mich heute noch einmal laut aussprechen: Diese meine kampferprobte Armee wird den übermächtigen Feind zu schlagen wissen.«

Die kantigen Männerköpfe seiner Generäle erhoben sich allesamt über ihn, nur von Zieten war etwas kleiner als der König.

»Sie alle wissen, daß wir heute den schwersten Gang zu gehen haben, deshalb fordere ich noch einmal von Ihnen allen, ob Offiziere oder Mannschaften, absoluten und unbedingten Gehorsam, die peinlichst genaue Einhaltung meiner Befehle, die Ihnen ja schon bekannt sind, oder derjenigen, die Sie während der Schlacht noch zugestellt bekommen!«

Entschlossene Augen blickten den König an. Verlegen scharrten die hohen Stiefel der Generäle im Schnee.

»Bedenken Sie, meine Herren, daß nur ein Sieg uns die Möglichkeit gibt, den russischen Horden, die unsere ostpreußische Heimat in verheerender Weise plündern und niederbrennen, Einhalt zu gebieten und sie restlos zu vertreiben. Das Sein oder Nichtsein des preußischen Staates steht für uns alle auf dem Spiel!«

In der Ferne hörte man heftigen und wilden Trommelwirbel. Zwischen Lärmen und Waffenklirren, Rufen und Marschschritten, schrien Krähen und segelten über die Köpfe der Männer hinweg, hinauf zum Kirchturm und zum Friedhof.

»Meine Herren«, begann der König erneut, »die Infanterie hält ihr Feuer bis auf hundertfünfzig Schritt fest. Erst, wenn sie das Weiße in den Augen des Feindes sieht, dringt sie mit den Bajonetten vorwärts.«

Friedrich ließ seine großen Adleraugen blitzen: »Die Kavallerie dringt mit mächtigem Ungestüm voran, sie macht keine Gefangenen, die überläßt sie den rückwärtigen Truppen. Prägen Sie sich nun jedes Wort ein! Ich werde den Feind täuschen, indem ich ihnen mein Zentrum und den linken Flügel verweigere, um dann unerkannt hinter den beiden Bergen mit den

Sturmregimentern am rechten Flügel zum Angriff bei Sagschütz vorzustoßen!«

Als jüngster Adjutant stand Alexander im hintersten Glied bei seinen Kameraden zwischen den Ordonnanzen und Feldjägern. Er konnte jedes Wort des Königs messerscharf in seinen Ohren klingen hören.

»General von Zieten umgeht in geschützter Talsohle bei Lobetinz den Schleier-Berg, um die Österreicher in der Flanke und von rückwärts zu umklammern, während Driesen meine Linke am Mittel-Teich starkmacht.« Der König mußte sich kurz räuspern, hatte aber schnell wieder Gewalt über seine Stimme und fuhr fort: »Höre ich Kanonen vom linken Flügel her donnern, greife ich mit der Hauptmasse an. Bitte, meine Herren, alles ist von größter Wichtigkeit.«

Er deutete auf die hohe Gestalt seines Reitergenerals von Puttkammer und auf den General von Krockow.

»Halten Sie sich mit der Kavallerie und Infanterie solange total passiv, bis ich den Befehl zum Angriff gebe! – Haben Sie das alles gut verstanden? Sonst will ich es gern noch einmal wiederholen, meine Herren. Und merken Sie, jedes Detail ist von größter Wichtigkeit! Von der Befolgung meiner Weisungen hängt der Ausgang des Kampfes ab.«

Jetzt wandte sich Friedrich zur anderen Seite: »Mit acht Bataillonen wird General von Wedell im Zentrum sehr viel Aktivität entwickeln, ohne aber anzugreifen, – verstehen Sie, Wedell? Sie spielen dem Feind ein gewaltiges Theater vor, viel Eifer und bevorstehende Stoßkraft, aber nur als Täuschung. Er greift mir nicht an, bis ich den Befehl dazu gebe. Wir täuschen den Österreichern am linken Flügel mit schwachen Kräften einen Angriff vor.«

Vom Lager der Österreicher erscholl jetzt Waffenlärm, dumpfer Trommelklang und etliche Trompetensignale.

Unbeirrbar fuhr der König fort: »General von Kleist marschiert halb rechts, die anderen Truppen schließen sich dicht gestaffelt an, sie bleiben alle eng geschlossen ohne jede Lücke! Meine Herren, ich bitte um größte Aufmerksamkeit, der geringste Fehler könnte für die ganze Schlacht verheerende Folgen haben. Wenn der Feind auch mit seinen Batterien den größten Feuerzauber entwickelt, es wird erst zurückgeschossen, wenn von mir der Befehl dazu kommt!«

Ein Grenadierbataillon zog mit hartem Marschtritt an den versammelten Generälen und dem König vorbei. Rauh klang es aus ihren Männerkehlen:

»Gib', daß ich tu mit Fleiß,
was mir zu tun gebühret,
wozu mich dein Befehl
in meinem Stande führet.
Gib, daß ich's tue bald,
zu der Zeit, da ich's soll,
und wenn ich's tu, so gib,
daß es gerate wohl.«

In diesem Augenblick galoppierte der Bataillonskommandeur heran. Als er den König erkannte, versuchte er, den Gesang der Männer zu unterbrechen. »Gebt Ruhe, Kerls!« rief er ihnen zu. »Seine Majestät, der König, sieht uns!«

Friedrich drehte sich um und drohte mit dem Stock: »Nein!« rief er, »laß Er die Männer singen, Herr Major, mit solchen Leuten wird Gott mir den Sieg schenken!«

Um so kraftvoller sangen die Krieger jetzt die zweite Strophe:

»Find't sich Gefährlichkeit,
so laß mich nicht verzagen,
gib einen Heldenmut,
das Kreuz hilf selber tragen.
Gib, daß ich meinen Feind
mit Sanftmut überwind',
und wenn ich Rat bedarf,
auch Gottes Rat dann find'.«

Als der Gesang geendet, zog General von Schmettau seinen Hut und rief den Grenadieren zu: »Es lebe Seine Majestät, der König von Preußen, hurra!«

Ein weithin hörbares, aus Hunderten von Männerkehlen gebrülltes »Hurraaa!« klang zurück.

Friedrich gab seinem Husarengeneral von Zieten die Hand mit der Aufforderung: »Mach Er Seine Sache gut, bester Zieten! Vorwärts!«

Die kleinen Füße mit den gelben Lederstiefeln zusammenschlagend, rief der zwergenhafte Reiterführer zurück: »Im Namen des allmächtigen Gottes! Sieg oder Tod für Preußen!« Sein Gesicht strahlte, er wandte sich um und schwang sich auf sein reich geschmücktes Pferd. Die Generäle reichten sich abschiednehmend die Hände. Friedrich blieb mit seinem Adjutanten zurück und winkte einen Husarenrittmeister heran: »Hör Er, Prittwitz, Er und Seine Leute sollen mir zur Deckung dienen. Er verläßt mich nicht und gibt acht, daß ich nicht irgendeiner Kanaille von Feind in die Hände falle! Sinke ich tot vom Pferd, so bedeckt Er meinen Körper sogleich mit dem Mantel und läßt einen Wagen holen. Ohne viel Aufhebens legt Er meinen Körper in den Wagen und sagt niemandem ein Wort, hat Er mich verstanden? – Niemandem! Die Schlacht geht weiter, und der Feind, der wird geschlagen!«

Rittmeister von Prittwitz schlug die Hacken zusammen: »Zu Befehl, Euer Majestät!«

»Blankenburg!«

»Zu Befehl, Euer Majestät!« Alexander schlug ebenfalls die Hacken zusammen.

»Blankenburg, Er steht während der ganzen Schlacht zu meiner persönlichen Verfügung!«

»Zu Befehl, Euer Majestät!«

Friedrich trat nun sehr nahe an seinen Adjutanten heran und sagte: »Ist Ihm bekannt, daß ich dem Feind mit seinen 70 000 Mann und 200 Kanonen nur 33 000 Mann und 160 Geschütze entgegenstellen kann? Ich hoffe nur, daß mir Prinz Karl von Lothringen in die Falle geht. Vorwärts!«

Er winkte den Pagen heran, der eines seiner Pferde am Zügel führte.

Alexander ergriff den Stock des Königs, der sich nun mit Hilfe des Pagen in den Sattel schwang. Friedrich saß hoch zu Roß.

Stürmisch jubelten die vorbeiziehenden Truppen ihrem Herrscher zu: »Es lebe der König! – Vivat Friedrich!«

Die tänzelnden Pferde seines gesamten Stabes sammelten sich um den Schlachtenlenker. Die Schenkel des Königs bewegten sich, sein Pferd trabte an. Gegen sechs Uhr befand sich die gesamte Armee bereits in Kolonnenformation. Der König in Begleitung seines Adjutanten überholte Reiter und Kürassiere.

»Guten Morgen, Garde du Corps!« rief er ihnen zu. »Wie geht es?«

»Ganz gut, Euer Majestät«, rief ein älterer Reiter zurück, »aber es ist eine Hundekälte!«

Friedrich orakelte: »Habt nur Geduld, Kinder, es wird heute noch mehr als warm werden!«

Eine starke Vorhut marschierte dem Hauptteil der Armee voraus. An der Spitze vor den Husaren befand sich der König. Die Sonne stieg allmählich aus dem morgendlichen Dunst an einem wolkenlosen Himmel empor und enthüllte mit ihren Strahlen das weite, flache Land ringsumher. Der Boden lag unter der weißen Schneedecke verborgen. Ein Rudel gehetzter Rehe floh über die kurvenreiche Straße in Richtung des Waldes.

Überall waren die Zelte abgebrochen. Das kleine Haushaltszeug wie Kessel, Brotsäcke und Feldflaschen nicht zu vergessen, alles war an den Rücken der Männer befestigt, auch die Patronentaschen hingen dort. Aus dem scheinbar heillosen Durcheinander hatten sich endlos scheinende Marschkolonnen gebildet. Auf hochbepackten Marketenderwagen saßen teilweise kräftige Weibspersonen, die alles Hab und Gut in entgegengesetzter Richtung abtransportierten.

»He, olle Schnapsjule, mach, det de in Sicherheit kommst!« schrie ein bärtiger Grenadier und warf der genannten Person noch die geleerten Branntweinflaschen hinterher.

»Nach der Schlacht will ick ooch noch wat zu saufen haben!« rief ein anderer.

Die gesamte Landschaft schien zu marschieren. Von überall her tönten scharfe Befehle, es brodelte wie eine bunte Lavamasse aus Menschen und Tieren. So weit das Auge sehen konnte, schob sich die Armee über die ausgedehnte Fläche dem Feind entgegen.

In der Ferne erhob sich der Kirchturm von Leuthen, umgeben von vielen, alten Bauernhäusern. Über die ganze Weite bis an den Horizont lag das eisige Leichentuch der Natur, aus funkelnden Kristallen bestehend, ausgebreitet da.

In der Ebene wimmelte es nur so von Kolonnen und Heerzügen blaugekleideter Soldaten. Sie alle strebten im Schatten des Schleier- und des Butterberges in Richtung Süden, um nach Möglichkeit vom Feind unerkannt zu bleiben.

Der König wandte sich im Sattel drehend dem Fürsten von

Anhalt-Dessau und dem Prinzen Franz von Braunschweig zu und rief: »Meine Herren, wir müssen uns beeilen, ein Wintertag geht schnell zu Ende.«

Die großen, stabilen Pferde gingen über in Galopp, dicht aufgeschlossen folgte unter Klappern, Rasseln und Klirren die Mannschaft der Adjutanten, Melder und Ordonnanzen, unter ihnen auch Alexander. Sie erreichten die Kuppe des nicht sehr hohen Schön-Berges.

Friedrich ließ sich sein Fernrohr reichen. Von hier aus konnte er feststellen, daß er sich genau gegenüber vom Zentrum der nord-südlich verlaufenden Stellung der Österreicher befand. Die Nordflanke des Feindes endete im Unterholz des Eichenwaldes am Zettelbusch.

»Phantastisch, meine Herren! Die beiden Hügel zur Rechten bieten uns die einmalige Möglichkeit, vom Feind unbemerkt viele Meilen weit nach Süden vorzurücken, um dann in einem gewaltigen Schwenk unsere Armee nach Osten hin in die Angriffsposition zu bringen und senkrecht dazu den entblößten Flügel der Österreicher bei dem Dorf Sagschütz zu überfallen.«

Eine geraume Zeit spähte der König in die Ferne. Obwohl er jetzt gegen die Sonne blicken mußte, konnte er dennoch die wichtigsten Einzelheiten beim Feind sehr gut erkennen.

»Blankenburg!« rief er plötzlich.

Alexander sprengte heran und salutierte. »Zu Befehl, Euer Majestät!«

»Auf, nach Groß-Heidau zu General von Driesen. Schärf Er Seiner Exzellenz ein: Er darf auf keinen Fall einen Kampf annehmen! Warten, warten und nochmals warten, bis er von mir den Befehl erhält! Hat Er mich verstanden?«

»Zu Befehl, Euer Majestät!« Blitzschnell wiederholte Alexander den Befehl, riß sein Pferd herum und mit dem Schrei – »Raum für den Adjutanten des Königs!« – schoß er an den marschierenden Kolonnen vorbei. Er jagte quer über das Feld. Schnee wirbelte auf und warf hinter ihm eine Wolke aus Pulverschnee empor. Er ritt über Gräben und kleine Bäche. Sein Gesicht schmerzte in der eisigen Luft. Das hochbeinige Pferd brach oftmals bis zur halben Beinhöhe in den Schneewächten ein. Alexander galoppierte, den kürzesten Weg nehmend, parallel zu den Stellungen des Feindes seinem Ziel entgegen. Dabei scheuchte er Scharen von Krähen und Elstern aus den verschneiten, dürren Bäumen und Büschen hoch. Laut schreiend und krächzend flatterten diese gierigen ›Totenvögel‹, wie der Volksmund sie zu nennen pflegt, vor ihm her. Er sah, wie Bauern mit ihren letzten Habseligkeiten in ein nahe gelegenes Wäldchen flüchteten. Hügel auf und Hügel ab ging die wilde Jagd durchs Gehölz, bis Alexander an einer Landstraße hinter blätterlosen Obstbäumen den Stab des jüngst zum Generalleutnant beförderten von Driesen erreichte, den er in seiner glänzenden Kürassieruniform sofort erkannte.

Schnell hatte er seinen Auftrag ausgeführt, als er auch schon wieder zurückgaloppierte. Wie ein jagendes Pünktchen in Weiß, zu seinem König zurückkehrend, schoß er über das weite Land hinweg.

Mächtiger Lärm der österreichischen Feldmusik hallte nervenaufpeitschend von ihrer Höhenstellung herüber. Trommelwirbel und Trompetengeschmetter erfüllten die Luft. Ein trotziger, überheblich anmutender Ton schwang sich über die weite, lange Stellung der Feinde, eine Orgie an Überlegenheit in geradezu unverantwortlicher Sicherheit, wie sich später herausstellen sollte.

Alexander fand Friedrich wieder, als dieser auf dem Weg zu einem Aussichtspunkt war. Noch von seinem Pferd aus machte er Meldung. Doch der König ließ ihn gar nicht ausreden, sondern forderte: »Blankenburg, das Fernrohr und die Karte! Folge Er mir!«

Mit kleinem Gefolge stieg der Monarch schnellen Schrittes diesen Hügel hinauf. Sie erreichten die hochgelegene, verlassene Lobetinzer Windmühle. Er eilte die schmale, knarrende Bodentreppe zum Turm hinauf, bis er zum höchsten Punkt kam. Alexander öffnete eine vereiste Luke, Schnee rieselte über die Handschuhe des Königs, der ihm barsch das Fernrohr entriß. Langsam schwenkte er von links nach rechts, um sich nichts entgehen zu lassen. Vor den Augen des Königs bewegten sich die vielen Bataillone des Feindes in Richtung Norden. Wie krabbelnde Ameisenhaufen sahen sie aus.

Kavallerieabteilungen und Infanteriezüge folgten unaufhörlich.

»Sie gehen uns in die Falle! – Der Feind scheint blind zu sein! – Jetzt gilt es, hart und konsequent zuzupacken!«

Aufmerksam beobachtete der Feldherr die Stellungen der

Österreicher, ihre Palisaden, Mauern, Verhaue und die breitmauligen, schweren Batterien der Kanonen.

»Das ganze Reservekorps und der größte Teil der Reiterei des linken Flügels befindet sich auf dem Weg nach Norden. Der Feind ist gerade dabei, seinen größten Fehler in dieser Schlacht zu machen. Jetzt ist der goldene Zeitpunkt da! Meine Herren, vorwärts zum Angriff!«

Der König sprang beinahe bubenhaft die Stufen hinunter. Behende ließ er sich in den Sattel helfen, um wild galoppierend mit seinem Gefolge zu seinen Sturmtruppen zu eilen, die auf den Angriffsbefehl warteten.

Am linken Flügel angekommen, wendete der König sein Pferd. Im Schrittempo, jeden Grenadier und Musketier streng und durchdringend musternd, ritt er die Front ab. Sein Pferd wedelte mit dem Schweif aufgeregt hin und her. Ernst grüßte Friedrich die Fahnen, indem er seinen Hut vom Kopf zog. Die gelbweißen Tücher mit dem gekrönten Schwarzen Adler flatterten über den Köpfen der angetretenen Formationen von Blauröcken munter im Wind.

Friedrich wendete seinen prächtigen Apfelschimmel erneut und ritt vor die Front. Dort standen die Freikorporale von Barsewisch und von Unruh, der erste mit der Partisane in der Hand, der andere die Regimentsfahne in seiner Rechten haltend. In der Linken die Zügel, mit seinem Stock in der Rechten die Richtung weisend, rief der König den Männern zu:

»Junker der Leibkompanie, sieh Er wohl! Auf den Verhau soll Er zumarschieren. Er muß aber nicht zu stark vorwärtsdrängen, damit die Armee folgen kann. Er marschiert voran und springt als erster in die feindliche Stellung. Wie gesagt, nicht zu langsam und nicht zu schnell, damit mir alles schön in der Ordnung bleibt!«

Der König wandte sich jetzt an das bereitstehende Bataillon und rief mit seiner hellen Stimme: »Burschen, seht Ihr dort wohl die Weißröcke? Die sollt Ihr aus der Schanze verjagen. Ihr müßt nur stark auf sie anmarschieren. Euch folgt die ganze Armee! Heute heißt es: Siegen oder sterben! Vor Euch habt Ihr die Feinde, hinter Euch die Regimenter der Preußen!«

Der König richtete sich im Sattel auf, zog seinen Degen und rief: »Vorwärts! – Musketiere marschiert an!«

Im starken Trommelwirbel und in schrillem Querpfeifenklang

setzte sich das Regiment in Bewegung. Aufpeitschend erscholl die Begleitmusik. Mit Schritt und Tritt lief das militärische Uhrwerk ab. Zehn Schritte vor der schnurgeraden Front des Regimentes gaben die Freikorporale das Gleichmaß der Fortbewegung an. Taktfest mit geringen Geräuschen folgten die blau-rot-weißen Staffeln der Kompanie. Ihnen rückten die Pferde mit den schweren Patronenwagen nach. Die Fahnenjunker Barsewisch und von Unruh strebten zielsicher dem Feind entgegen. Die Kapitäne ließen ihre Pferde im Paradeschritt vor den Kompanien herreiten.

Die Angriffswelle breitete sich, von links nach rechts immer größer werdend, aus. Erregte Schreie drangen aus den feindlichen Verschanzungen. Blaugraue Punkte schossen neben den Schanzkörben der Österreicher hervor. Dröhnend explodierten die ersten Granaten der Feinde. Hakenschlagend rannten aufgescheuchte Hasen im Schnee davon. Alexander hielt sich dicht an den König, der im gestreckten Galopp hinter der ersten Angriffsstaffel quer über das Feld ritt. Formiert in schiefer Schlachtordnung wälzte sich die Heermasse wie eine breite Meereswelle dem Feind entgegen.

Alexander hatte das Gefühl, auf seinem Pferd zu schweben. Durch die Fingerspitzen hindurch, in der Brust und den Gedärmen, hinunter zu den Knien bis in die Waden spürte er das ängstliche Ziehen. Furcht und Siegesrausch erfüllten sein Inneres zugleich. Mehrmals blickte er zur Linken wie zur Rechten, die Ordnung war ebenso vortrefflich wie bei der letzten Königsrevue auf dem Tempelhofer Feld in Berlin.

Friedrich erhob sich im Sattel und starrte hinüber zu den Verhauen der Feinde. Dort flackerte es unaufhörlich. Feuerblitze zischten aus den Schanzkörben. Lärmend traten die feindlichen Geschütze in Aktion. Durch die Luft dröhnte und pfiff es unentwegt. Blauschwarz quoll der Rauch aus den breiten Mäulern der schweren Kanonen. Brausend und sausend heulte es über die Köpfe der Preußen hinweg.

»Sie sind noch nicht eingeschossen, Kinder, nur tapfer voran!« rief Friedrich in die kalte Winterluft. Sein Atem wehte in weißen Schwaden aus Mund und Nase.

Auch die preußischen Geschütze lenkten von hinten her ihre Geschosse über die Sturmbataillone hinweg dem Feind entgegen.

Das dumpfe Poltern der Trommeln gab den trotzigen Marschtritt an. Unaufhaltsam im Wirbeltakt drängend, schritten die Truppen Meter um Meter voran. Metallisch hart hörte sich das Explodieren vieler Granaten über den Köpfen der Truppen an.

»Kartätschen!« brüllten einige mit lautem Angstgeschrei. Aus einem einzigen explodierenden Geschoß zischten die gefährlich kleinen Kugeln in großer Zahl in die Menge und trafen die ersten Preußen. Arme schnellten in die Höhe, Gewehre fielen zur Seite, Körper in ihren blauen Uniformen sanken zur Erde und lagen blutig im Schnee.

Der König brüllte in die Menge: »Aufrücken! – Aufrücken!« Nachrückende sprangen in die Lücken, im Gleichschritt formierte sich wieder die Angriffsmauer.

Jetzt vernahm Alexander von der rechten Seite her das aufpeitschende Trompetengeschmetter der Kavallerie. Zietens Husaren, die die rechte Spitze der preußischen Schlachtordnung bildeten, ritten an und stürmten in ihren roten Dolmanen wie eine Feuerflut dem Feind entgegen. Mit großem Ungestüm fielen seine Reiter über die Feinde her. Da wichen die Bayern und die Württemberger zurück. Aus der Schußweite geraten, wurde dem General von Zieten und seinen Schwadronen unter leichteren Bedingungen Raum zu einem baldigen Frontalangriff geschaffen.

Unaufhaltsam marschierten die beiden Bataillone der Vorhut unter dem Kommando von Generalmajor von Wedell auf den Sagschützer Kiefernberg vor. Sie sollten dort das Gehölz von Kroaten säubern.

»Vorwärts! – Marsch, meine Brüder!« feuerte Friedrich die vorüberziehenden Kompanien an. Mit seinem Degen deutete er auf die Feinde: »Es wird so stark wie nur möglich weitermarschiert!«

Plötzlich vernahm man ein hochgefährliches Pfeifen in der Luft, was näher und näher kam, dann im Ton innehaltend wie jemand, der mitten im Satz sein Reden abbricht. Augenblicklich klatschte eine dunkle Kanonenkugel zwischen dem König und Alexander im Schnee nieder. Wie ein Sprühregen wirbelte der Schnee empor. Die Erde stöhnte gleichsam, als sich die Granate wie ein Kreisel im Schnee drehte. Mit einem fürchterlichen Knall explodierte das Geschoß und schleuderte seine todbringenden Splitter in alle Himmelsrichtungen.

Jetzt brach des Königs Pferd in die Knie, wälzte sich laut schreiend und um sich schlagend auf die linke Seite. Major von Massow rief energisch: »Wir flehen Euer Majestät an, sich nicht dem Kugelhagel so auszusetzen!«

Alexanders Pferd riß die Vorderfüße hoch, so daß er es nur mit größter Kraftanstrengung am Zügel halten konnte. Mit einem gewaltigen Satz sprang es zur Seite, nah an den König heran.

»Das ist ein Höllentanz!« rief der König seinem Adjutanten entgegen. Dabei blickte er dem todbleichen Alexander fest in die Augen.

»Majestät«, brüllte dieser zurück und griff nach des Königs Pferd. »Ihr Pferd blutet!«

»Wer blutet?« fragte Friedrich unwirsch.

»Ihr Pferd, Majestät, hat einen Bauchschuß! Es wird gleich fallen und verbluten!« Alexander sprang mit einem Satz vom Pferd und half dem König aus dem Sattel.

Friedrich sah sich sein Tier überhaupt nicht an, er ging sofort weiter, ohne sich auch nur einmal umzusehen. Als Schlachtenlenker richtete er seinen Blick unentwegt auf das Geschehen an der Front.

Jetzt brach sein Pferd in die Knie, wälzte sich laut schreiend und um sich schlagend auf die linke Seite.

Major von Massow rief energisch: »Wir flehen Euer Majestät an, sich nicht dem Kugelhagel so auszusetzen. Schonen Sie Ihr Leben für Preußen!«

»Ach was, schonen! Heute führe ich Euch zum Sieg! Vorwärts, Burschen! Es geht um Sein oder Nichtsein!«

Ein anderes Pferd war schon für den König herangebracht worden. Major von Massow hielt das Tier, während Alexander dem König beim Aufsitzen half. Friedrich saß wieder im Sattel.

»Blankenburg! Vorwärts! Befehl an den rechten Flügel: Die Krockow-Dragoner zum Angriff . . .!« schrie der König aus Leibeskräften.

Ohne den Befehl noch einmal zu wiederholen, stürmte Alexander davon. Er fegte hinweg über zertrümmerte Blechhauben, zerfetzte Hüte, zerbrochene Gewehre und Partisane. In unmittelbarer Nähe schienen die kaiserlichen Geschütze der Feinde zu blitzen. Mit unbändigem Tempo erreichte Alexander die Dragoner von Oberst von Krockow. Die gelben Fahnen mit den roten Schleifen hatten ihm den Weg gewiesen.

Hoch zu Roß saß der Oberst im hellblauen Rock mit weißem Kragenaufschlag schon in höchst angespannter Erwartung. Im Tosen des Schlachtenlärms hörte er nur Wortfetzen an sein Ohr dringen wie: »... Befehl ... Seiner Majestät ... zum Angriff ...!«

Augenblicklich gab der Oberst den Befehl an seinen Stabstrompeter weiter. Schmetternd erscholl das Hornsignal. Aus dem Wald stürmten die preußischen Dragoner hervor.

Alexander beobachtete noch für kurze Zeit den wütenden Angriff. Der Zusammenprall übertönte das Donnern der Geschütze und das furchtbare Knallen der Kompaniesalven aus Hunderten von Gewehren. Reiterlose Pferde galoppierten in wilder Flucht trotz fürchterlicher Wunden über den weißen Schneeteppich, bis sie irgendwo zusammenbrachen.

Alexander wischte sich den Schweiß von der Stirn. Er war so erschöpft, daß ihn zeitweilig ein leichter Schwindel anfiel. Plötzlich begann sich das Schlachtfeld vor ihm zu drehen. Dunkle Tannen, Sträucher, Hecken und Büsche, ja die gesamte weiße Fläche sowie die roten Feuerblitze in der Ferne tanzten wie in einem Reigen vor seinen Augen. Er holte tief Luft und schloß für Sekunden seine Lider. Dann begann er zu beten:

»Mein Gott und Vater, du hast mir deinen Beistand zugesagt, komm mir jetzt zu Hilfe! – Ich fühle mich so schwach und habe Angst, – o mein Jesus, verlaß mich nicht! Rette mich aus dieser Not!«

Er öffnete seine Augen, holte wieder tief Luft, schüttelte sich und rief mit lauter Stimme:

»Amen! Mein treuer Gott! Amen! Amen!«

Dann gab er seinem Pferd die Sporen und galoppierte zurück zum König. Die preußische Infanterie stürmte verbissen nach Norden auf das kleine Dorf Leuthen zu, wirkungsvoll unterstützt durch die beweglichen Batterien mit den schweren Kanonen.

Die zweite Phase der Schlacht begann gegen halb vier Uhr mit dem Angriff der Infanterie auf die neu errichtete Front der Österreicher, insbesondere gegen den Kern des Widerstandes im Dorf Leuthen selbst.

Die Attacken des Regimentes Garde wurden vom Feind abgeschlagen. Die Österreicher hatten einen Verteidigungsgürtel um die niedrigen Backsteingebäude, die Bauernhäuser, Scheunen und Hütten gelegt.

Sie klammerten sich an dem in der Ortsmitte liegenden Friedhof fest, dessen dicke Umfriedungsmauern mit den vier runden Ecktürmen hinreichend Deckung boten. Schon einige Angriffe der Preußen waren durch die österreichischen Verteidiger zurückgeworfen worden.

Jetzt wurde die preußische Artillerie vorgezogen, die im direkten Beschuß eine Bresche in die Friedhofsmauer schoß.

Alexander meldete sich bei Major von Massow zurück.

»Wo ist der König?« war seine erste Frage.

»Friedrich ist hier – Friedrich ist dort! Er ist immer da, wo das Gedränge am größten wird. Es ist zum Verzweifeln, keiner kann ihn halten!« rief der Major außer sich.

»Herr Leutnant Blankenburg!« rief da eine ihm bekannte Stimme im Tosen der Schlacht. Alexander sah zur Seite und sah ihn, – die Partisane in der Rechten, die Haare wild zerzaust und ohne Hut inmitten seiner Leute voranstürmend, – den Sergeanten Wuttke, der jetzt laut rufend seine Männer anfeuerte: »Vivat, Friedericus! Vivat, Friedericus!«

Der kleine Mann schien völlig außer sich.

»Paß Er auf sich auf, Vater Wuttke!« brüllte Alexander vom hohen Pferd herunter.

Etwas entfernt entdeckte er den Kapitän von Möllendorf, der gerade die Garde führte.

Mitten in diesem schrecklichen Getümmel tauchte plötzlich der König auf. Er war herangaloppiert, um die Männer anzufeuern. Immer heftiger wurde der Angriff. Friedrich riß seinen Kopf herum, denn zur Rechten war ein wutentbranntes Schnellfeuer im Gange.

»Kinder, Kinder, haltet aus!« rief der König. Er drohte den Männern mit dem Säbel, die furchtbar unter dem Kugelhagel zu leiden hatten.

»Wir müssen die Schanze nehmen oder alles ist verloren! Vorwärts, Männer!«

»Der Berg ist uneinnehmbar!« rief Major von Lüderitz dem König entgegen, »wir haben zu wenig Artillerie, Majestät!«

»Nichts ist uneinnehmbar, Major!« entgegnete Friedrich unerbittlich.

Weißgelber Rauch quoll aus den Geschützrohren der Österreicher.

»Majestät!« schrie Kapitän von Möllendorf, »die Luft ist eisenhart, Sie dürfen nicht Ihr Leben riskieren!«

»Wer nichts riskiert, der nichts gewinnt! – Vorwärts, Möllendorf! Setz Er mit der Garde zum Angriff an!« schrie der König wild zurück, »übernehm Er sofort das Kommando!«

Kapitän von Möllendorf sprang vom Pferd, zog seinen Degen und rief: »Vorwärts, Preußen! – Mir nach! – Leute, folgt mir!«

Den Degen in die Höhe gestreckt, stürmte er seinen Männern der dritten Kompanie voran. »Schlagt Euch wacker, Kerls! Der Sieg ist nahe!«

Vom hoch gelegenen Eingangsportal des Friedhofs her prasselte ein mörderisches Feuer auf die Preußen nieder. Oberst von Marwitz drängte sich an den König heran und rief ihn an: »Majestät, hier an der Einfahrt ist Deckung, wir geraten jetzt ins Schrägfeuer der Österreicher!«

Plötzlich erhielt Alexander einen heftigen Stoß in der Herzgegend, aber er konnte sich mit letzter Kraft gerade noch im Sattel halten.

»Er ist getroffen!« rief der König.

Alexander saß wie benommen, starr und bewegungsunfähig, mit geweiteten Augen im Sattel. Er verspürte einen entsetzlichen dumpfen Schmerz. Als die Wirkung nachließ, tastete er vorsichtig mit der rechten Hand seine linke Brustseite ab. Die Uniform war an der Stelle zerrissen, wo es ihn getroffen hatte. Er sah sich seine Hand an, konnte aber kein Blut entdecken. Ungläubig tastete er das Loch ringsherum ab, – kein Blut? »Mein Medaillon war's«, sagte er staunend. In seiner Hand hielt er das zerbeulte Kunstwerk aus Gold.

»Ich danke dir, o großer Gott! Ihr liebes Bild hat mich am Leben erhalten!«

Nun steckte er das kleine Heiligtum in seine rechte Rocktasche.

»Leuthen steht in Flammen! Majestät, das Dorf brennt!« rief Oberst von der Marwitz.

Prasselnd brannten die Dachsparren, der Schnee schmolz schnell auf den flammenden Strohdächern. In der Feuersbrunst schrien die Menschen und das Vieh. Eine Bäuerin warf sich zwischen den Leichen ihrer Kinder und ihres Mannes auf die Knie. Sie zeigte auf seinen zerschmetterten Leib und rief in ihrer Verzweiflung: »Majestät, die Panduren haben ihn ermordet!« Ihr Schreien wollte kein Ende nehmen.

Ringsumher brannte es lichterloh, es knatterte und rauchte.

Funken flogen himmelan. Und noch immer hämmerte die Eisensaat der Kugeln dazwischen. Und wieder hörte man ihn rufen, den Kapitän von Möllendorf: »Mir nach! Musketiere, mir nach!«

Schüsse fielen aus dem Hinterhalt, gackernde Hühner stoben in alle Himmelsrichtungen davon. In den Ställen brüllte das Vieh. Aus allen Fenstern der Häuser blitzten Schüsse. Die Straße war haushoch mit Balken, Wagen, Kisten und Fässern versperrt. Preußische Grenadiere zertrümmerten die Barrikaden, schoben die schweren Hindernisse zur Seite, brachen die Türen und Fenster auf.

Sergeant Wuttke war wieder zu hören mit seinem »Vivat, Fridericus! Wir müssen durch! – Wir müssen durch!«

Leutnant von Wartenberg drängte sich, die Uniform völlig zerfetzt und mit gezücktem Degen, in eine Seitengasse und rief: »Schmeißt den Feind aus seinen Widerstandsnestern! Vorwärts, Männer!«

Die Musketiere sprangen durchs lodernde Feuermeer. Funken wirbelten durch die Luft, Steine prasselten von oben auf sie herab, ja, ganze Mauern stürzten ein. Der Rauch machte allen das Atmen schwer.

Alexander wagte es, dem König in die Zügel zu fallen: »Majestät, wir müssen zurück!«

»Scher' Er sich zum . . .«. Berstend explodierte eine Granate neben ihnen.

Der König sank zur Seite und fiel auf das Pferd von Alexander, der sehr dicht neben ihm geritten war.

Friedrich stöhnte leicht: »Ich danke Ihnen, Blankenburg!« Er war totenbleich im Gesicht.

»Wir müssen zurück!« riefen jetzt auch andere Offiziere.

Friedrich richtete sich auf: »Nein! Nein, Ihr Racker, haltet aus!«

Es wurde weiter gekämpft.

Endlich, – endlich schaffte der Kavallerieangriff des Husarenregimentes von Zieten im Rücken des Feindes Raum. Der Feind begann zu wanken.

»Hurra! – Hurra! Die Weißröcke weichen, vorwärts, Leute!« rief Kapitän von Möllendorf.

Mit sich wild aufbäumenden Pferdeleibern, über Hecken und Zäune, die blitzenden Säbel in der Luft schwingend, fielen die

Zietenhusaren über die Infanterie der Österreicher her. Mit scheinbar ungebrochener Kraft zermalmten die dampfenden, wild arbeitenden Pferde die ungedeckte Flanke der Kaiserlichen. Helden kämpften gegen Helden.

Noch einmal schwoll der Lärm bis ins Unerträgliche an. Man konnte kaum Freund und Feind voneinander unterscheiden. Es war ein Greifen und Würgen, eine wilde Raserei. Dazwischen entluden sich Gewehrsalven über Gewehrsalven.

Feuerblitze durchzuckten die sich schon übers Tal senkende Nacht.

»Sie fliehen!« rief Alexander, der den König aus den Augen verloren hatte.

»Sie fliehen!« riefen Hunderte Soldaten in ihren zerzausten, vielfach blutverschmierten Uniformen. Die Österreicher warfen ihre Waffen fort. Sie flohen oder sie gerieten in Gefangenschaft bei der Verfolgung durch Zietens Husaren.

Der Kampflärm ebbte ab wie das Donnern nach einem Gewitter, das sich entladen hat. Es wurde merklich ruhiger. Immer weniger Schüsse blitzten durch die Dunkelheit.

»Viktoria! – Viktoria!« rief Sergeant Wuttke erneut und fiel dem Feldwebel Mengke in die Arme. Überall umarmten sich die Männer, ob Husaren oder Grenadiere, Dragoner, Füsiliere oder Kürassiere; Jubelrufe aller Orten, hier und da beteten sogar einige.

Erschüttert blickte Alexander von seinem Pferd herab auf das Schlachtfeld. Dunkelheit hatte sich über der Kampfstätte ausgebreitet, nur der Schein von lichterloh brennenden Gebäuden, der feuerspeienden Munitionswagen und anderer Gegenstände wie den Fässern und Kisten aus dem österreichischen Nachschub, warfen Licht auf die grausige Bilanz dieser Auseinandersetzung. Er sah die getöteten Kämpfer dieser Schlacht und die vielen Verwundeten, wie sie weithin verstreut in gespenstisch wirkender Umgebung im weißen Schnee lagen. Er hörte ihr Klagen und Stöhnen, mitunter auch markerschütternde Schreie. Dazwischen aber hob auf einmal die Stimme eines einzigen Soldaten zu singen an, zunächst kaum hörbar, dann aber immer stärker werdend:

»Nun danket alle Gott...«

Alexander erkannte die Stimme von Feldwebel Liebler, der mit rauher Stimme sang:

»...mit Herzen, Mund und Händen...«

Und dann, wie knickende Bäume, fielen die Männer auf ihre Knie, erst zwei, dann drei, vier, – zehn – zwanzig und mehr, so sanken sie nieder und stimmten mit ein in den Choral:

»der große Wunder tut...«

Es klang gewaltig wie ein Engelruf aus dem verhangenen Himmel, – eine Sinfonie des Lobes und Dankes an den Schöpfer.

Die Klagerufe wurden immer schwächer. Dafür schwoll der Chor von Hunderten, nein – Tausenden tapfere Krieger an. Sie sangen aus vollem Herzen:

»...an uns und allen Enden.«

Es rauschte wie brausende Wasser eines Meeres. Offiziere, Sergeanten und Mannschaften sangen vereint:

»...der uns von Mutterleib
und Kindesbeinen an
unzählig viel zu gut
und noch jetzt hat getan.«

Jedes Wort durchdrang das Innere von Alexander, er fühlte sich entrückt in die Nähe Gottes. Es war ihm, als spräche Gott zu ihm. Wollte der Ewige ihn heimsuchen?

Inzwischen waren es wohl Zehntausende, die mit in den Lobgesang einstimmten:

»Der ewig reiche Gott
woll uns bei unserm Leben
ein immer fröhlich Herz
und edlen Frieden geben...«

Alexander konnte nur staunen, denn wie weggeblasen war auf einmal alles Zittern und Zagen. Alle Angst und Düsternis schien auch bei den Singenden wie ausgelöscht. Sie alle hockten nicht mehr im Grab der Verzweiflung und Hoffnungslosigkeit, nicht mehr in der Hölle der Ohnmacht, – nein, sie waren vom Geist Gottes erfaßt und aufgerufen, die Botschaft des Lebens und der Freude im Lied kundzutun.

Das Singen schwoll an zu einem Brausen, so, als würde die ganze preußische Armee den Abendchoral singen:

»...und uns in seiner Gnad
erhalten fort und fort...«

Aus Menschenmund gesungen, wurden diese Worte zu einem übermächtigen Dankgebet. Ihm, dem Ewigen, wollten sie die Ehre geben, ihn rühmen und preisen für jede Hilfe, Bewahrung und Errettung aus dem Grauen der Schlacht. Auffahrend zum Throne Gottes wurde es ein allumfassendes »Gloria« eine Huldigung seiner Kraft und Allmacht.

Ein brausender Hymnus mit Inbrunst und Dankbarkeit in Demut ertönte:

»...und uns aus aller Not
erlösen hier und dort.«

Noch nie hatte Alexander diese göttliche Kraft so gefühlt, den Geist Gottes so in sich wirken erlebt. Noch nie war er von der Allmacht Gottes so durchströmt worden, noch nie hatte er die himmlischen Ströme des Geistes Gottes so tief empfunden, wie bei diesem Chorgesang.

Mit Tränen verdunkelten Augen blickte er zum Himmel auf. Unter dem Gesang spürte er etwas Neues in sich entstehen. Es war ihm, als würde er jetzt schon, in diesen Augenblicken, einen Vorgeschmack der Auferstehung erleben. Ganz ergriffen gab er sich dem Lobpreis im Gesang hin und fiel mit der ganzen Kraft seiner Stimme ein:

»...Lob, Ehr und Preis sei Gott,
dem Vater und dem Sohne
und dem, der beiden gleich
im höchsten Himmelsthrone.«

Sein dankerfülltes Singen ging auf im Chor der zigtausend Stimmen. Gottes Atem erfüllte seine Brust. Die Nähe Gottes und sein inbrünstiger Gesang wirkten wie eine wiedergebärende Kraft, die ihm eine neue Dimension des Daseins eröffnete.

Alexander ahnte, – ein Wunder war an ihm geschehen. Etwas nie gekanntes wurde ihm bewußt: Er war ein neuer Mensch, ein nie gekannter Frieden erfüllte ihn, ein neues Leben hatte begonnen.

Auf den Hals seines Pferdes gelehnt, konnte er von Herzen singen:

»Nun danket alle Gott
mit Herzen, Mund und Händen,
der große Dinge tut
an uns und allen Enden.
Der uns von Mutterleib
und Kindesbeinen an
unzählig viel zu gut
und noch jetzt hat getan.«

Neben zahlreichen Taschenbüchern sind u. a. folgende Hauptwerke des Autors bei Johannis lieferbar:

Geheimkommando zwischen Himmel und Erde
TELOS-Paperback, 128 Seiten, Bestell-Nr. 72 325

Adolf Hitler – Verführer der Christenheit
TELOS-Präsente, 220 Seiten, geb., Bestell-Nr. 72 171

Ludwig Richter
Das geistliche Leben eines deutschen Malers. TELOS-Präsente, 336 Seiten, geb., Bestell-Nr. 72 142

Liebenswerter Ludwig Richter
Seine bekanntesten Gemälde und Lebenserinnerungen. Bildband, 72 Seiten, davon 34 Farbbildseiten, geb., Bestell-Nr. 57 031

Johann Sebastian Bach – Musiker im Dienste Gottes
Bildband, 72 Seiten, davon 18 Farbbildseiten, Bestell-Nr. 57 032

Gerhard Tersteegen – Leben und Botschaft
TELOS-Paperback, 160 Seiten, Bestell-Nr. 72 360

Die Rebellion des Herzens
Preußen-Saga Bd. 1, TELOS-Paperback, 200 Seiten, Bestell-Nr. 72 365